北大法律硕士实务丛书

新三板股票发行与重组并购

操作实务与图解

（修订版）

刘 婷 编著

法律出版社 LAW PRESS·CHINA

教育部关于做好全日制硕士专业学位研究生培养工作的若干意见(教研〔2009〕1号)

长期以来,我国硕士研究生教育主要是培养具有独立从事科学研究或教学工作能力的教学科研人才。但随着研究生规模的不断扩大和社会需求的不断变化,硕士研究生的就业去向已更多地从教学、科研岗位转向实际工作部门。从世界研究生教育发展状况来看,硕士研究生教育基本是以面向实际应用为主,教学科研人才更多是来源于博士研究生。为促进我国研究生教育的更好发展,必须重新审视和定位我国硕士研究生的培养目标,进一步调整和优化硕士研究生的类型结构,逐渐将硕士研究生教育从以培养学术型人才为主向以培养应用型人才为主转变,实现研究生教育在规模、质量、结构、效益等方面的协调、可持续发展。

教育部等部门关于进一步加强高校实践育人工作的若干意见(教思政〔2012〕1号)

进入21世纪以来,高校实践育人工作得到进一步重视,内容不断丰富,形式不断拓展,取得了很大成绩,积累了宝贵经验,但是实践育人特别是实践教学依然是高校人才培养中的薄弱环节,与培养拔尖创新人才的要求还有差距。要切实改变重理论轻实践、重知识传授轻能力培养的观念,注重学思结合,注重知行统一,注重因材施教,以强化实践教学有关要求为重点,以创新实践育人方法途径为基础,以加强实践育人基地建设为依托,以加大实践育人经费投入为保障,积极调动整合社会各方面资源,形成实践育人合力,着力构建长效机制,努力推动高校实践育人工作取得新成效、开创新局面。

丛书编辑组织者

主编简介

隋平：北京大学法律硕士，香港城市大学法学博士，哈佛大学行为金融学博士后，曾经在北京德恒律师事务所从事律师工作，后在多家大型机构担任高层领导职务，长期致力于推动法学院模拟实务教学。

副主编简介

刘宽：北京大学法律硕士研究生，第 12 届北大法律硕士联合会主席。

甘凯云：北京大学法律硕士研究生，第 13 届北大法律硕士联合会主席。

作者简介

刘　婷

北京大学法学院2005级法律硕士，毕业后长期从事金融法律工作，熟悉资本市场运作法律法规。2008年加入安邦金融集团，分别在法务部、风险合规部，法律稽核总部工作，参与公司并购、资产管理公司筹建、负责重大资产购置项目法律类文件审核工作。2011年9月加入东吴证券股份有限公司投资银行部，任高级项目经理，主持并参与完成多项项目立项、改制、推荐挂牌材料制作工作。2013年10月加入方正证券股份有限公司投资银行总部，从事质量控制工作。现任职于信达证券投资银行总部负责质量控制和持续督导业务。

致　谢

为推动本丛书的编写,北大法律硕士联合会现任领导班子成员专门组织了编辑委员会,为本丛书的顺利编写提供了鼎力支持和帮助,在此对以下人员表示感谢!

刘　宽　刘　坦　高至人　冯钰宸　李雨宸

吴　梅　郭蓬勃　郭慧阳　罗艺欣　谢舒婷

吴昕颖　王红媛　卢　苑　刘思琪

此外,本丛书的编写得到众多目前工作在金融实务届和法律实务界的北大法律硕士毕业生们(名单如下)的热心帮助和支持,在此致谢!

庞世之　北大法律硕士　中国保监会

金姗姗　北大法律硕士　中国银监会

景　燕　北大法律硕士　中国证监会

黎　亮　北大法律硕士　中国证监会

杨文静　北大法律硕士　中国证监会

孙　漪　北大法律硕士　中国人民银行

陈利强　北大法律硕士　上海证券交易所

张　炎　北大法律硕士　深圳证券交易所

毛剑锋　北大法律硕士　全国中小企业股份转让系统公司

庄海燕　北大法律硕士　北京金融资产交易所

张　浩　北大法律硕士　长城资产管理公司

蔡　鹏　北大法律硕士　信达资产管理公司

张　玥　北大法律硕士　东方资产管理公司

段　凯　北大法律硕士　中债增信

周　健　北大法律硕士　中投证券

周　俊　北大法律硕士　中信证券
张润潮　北大法律硕士　光大证券
刘　斌　北大法律硕士　长城证券
何辛欣　北大法律硕士　海通证券
杨　娇　北大法律硕士　国泰君安证券
安　宁　北大法律硕士　东北证券
李　军　北大法律硕士　宏源证券
张　建　北大法律硕士　银河证券
黄亚颖　北大法律硕士　安信证券
龚利娟　北大法律硕士　民生证券
陈　波　北大法律硕士　东方证券
黄亚颖　北大法律硕士　安信证券
赵英华　北大法律硕士　西部证券
邢　凯　北大法律硕士　招商证券
倪　军　北大法律硕士　申银万国证券
潘天永　北大法律硕士　金元证券
邓安民　北大法律硕士　华安证券
章龙平　北大法律硕士　东吴证券
刘　敏　北大法律硕士　中国银行
杨　涛　北大法律硕士　中国工商银行
杨艺宁　北大法律硕士　中国工商银行
刘永利　北大法律硕士　兴业银行
王军宝　北大法律硕士　光大银行
戴华祥　北大法律硕士　中国农业银行
方　冰　北大法律硕士　徽商银行
范常涛　北大法律硕士　包商银行
邵　菲　北大法律硕士　国家开发银行
张庆霞　北大法律硕士　中国进出口银行
饶　杨　北大法律硕士　中国建设银行
刘晓棠　北大法律硕士　中国邮政储蓄银行
孙玉洁　北大法律硕士　昆仑银行
杨　第　北大法律硕士　中国交通银行

古　村	北大法律硕士	汇丰银行
张　硕	北大法律硕士	中信银行
吴志刚	北大法律硕士	浙商银行
李　森	北大法律硕士	阳光保险资产管理公司
李世涛	北大法律硕士	光大永明保险公司
申筱然	北大法律硕士	安邦保险公司
郭婧然	北大法律硕士	泰康保险公司
王　嵘	北大法律硕士	长城寿险
黄贤明	北大法律硕士	中融信托
吴　政	北大法律硕士	中信信托
康　顺	北大法律硕士	平安信托
王大伟	北大法律硕士	中粮信托
李　敢	北大法律硕士	苏州信托
杨　帆	北大法律硕士	陆家嘴信托
黄建华	北大法律硕士	大业信托
周　慧	北大法律硕士	云南信托
冯　博	北大法律硕士	民生证券
李冠宇	北大法律硕士	国投信托
于　佳	北大法律硕士	北京信托
薛显志	北大法律硕士	新华信托
何世军	北大法律硕士	渤海信托
平云旺	北大法律硕士	北京大成律师事务所
余祖丽	北大法律硕士	北京中盛律师事务所
林久初	北大法律硕士	北京金杜律师事务所
林海宁	北大法律硕士	北京君合律师事务所
刘月鹏	北大法律硕士	北京德恒律师事务所
林艳萍	北大法律硕士	北京中伦律师事务所
赵　琳	北大法律硕士	北京华税律师事务所
王大伟	北大法律硕士	北京中伦文德律师事务所
杨　帆	北大法律硕士	北京君泽君律师事务所
郭　治	北大法律硕士	北京通商律师事务所
高　巍	北大法律硕士	北京中银律师事务所

金明浩　北大法律硕士　北京时代九和律师事务所
雷春辉　北大法律硕士　北京金台律师事务所
武礼斌　北大法律硕士　北京明税律师事务所
朱东升　北大法律硕士　北京中闻律师事务所
聂　学　北大法律硕士　北京华卫律师事务所
段家星　北大法律硕士　最高人民检察院
王海南　北大法律硕士　吉林省高级人民法院
王翠竹　北大法律硕士　辽宁省高级人民法院
邢会丽　北大法律硕士　河北省高级人民法院
张一苇　北大法律硕士　北京西城区法院
李振武　北大法律硕士　上海市二中院
窦江涛　北大法律硕士　北京市二中院
郭　琳　北大法律硕士　北京市三中院
赵　奇　北大法律硕士　北京市四中院
江　溯　北大法律硕士　北京大学法学院副教授

总　序

首先需要说明的是，本丛书中各书的作者主要是北京大学法学院法律硕士毕业生。我本人是2001级北大法律硕士。我们2001级北大法律硕士是北大法学院招收的第一届全日制本科专业为非法学的法律硕士研究生。我们毕业至今已经十年。在这十年里，我们经历了很多，也对法学院教学内容和方式有很多的思考。实际上，不只我们，后来毕业的师弟师妹们都有着和我一样的感受，甚至是目前在校的师弟师妹们也都渴望实务界的知识进入法学院的课堂。遗憾的是，这种渴望一直是渴望，因为法学院的教师们一直坐在法学院舒适的办公室里，并不了解我们这些实务界打拚的毕业生们具体在做什么，所以他们尽管也想把实务知识引进课堂，但由于不了解外面有什么样的实务知识，所以也就无法引进。

北大法律硕士从2001级开始，至今已经有十几届了。令我感到很自豪的是，这个群体非常优秀，在实务界发展得非常出色，很多人已经身居高层领导职位或者在本单位中是业务中坚力量。这个群体更值得称道的一个方面是，他们很团结，社会责任感很强，愿意帮助别人。北大法律硕士从我们这一届起就组织了北大法硕联合会，为北大法律硕士在校和毕业生提供服务。法律硕士联合会经常组织毕业生们的聚会，交流感情和工作经验，举行慈善募捐活动。此外，在法律硕士联合会的组织下，为师弟师妹们提供实习机会，甚至是工作机会成了北大法硕毕业生们一项经常性的活动。有感于课堂教育存在的局限性，我们北大法律硕士毕业生们从2007年开始就自发组织起来，经常为在校学生开办实务讲座,给他们提供实务知识,帮助他们了解学校围墙外面的世界。

2014年4月我们受北大法硕联合会时任主席刘宽的邀请,在北大法学院再次组织了一系列的金融实务讲座。很多同学感觉获益良多,但由于时间上的限制,我们的很多讲座没有展开,而且很多种类的业务也没有机会和师弟师妹们共享。鉴于此,有很多同学就问,是否有一些实务书可以推荐阅读?于是,这启发了我们组织已经毕业了的北大法律硕士毕业生们为北大法律硕士在校生编写一套实务丛书,把我们所了解到的业务操作知识告诉他们。这是一件很不容易的事情。要知道,在北京工作不是一件轻松的事情。尽管如此,很多人都愿意参与这个项目,在工作时间和休息时间中挤出时间来写书。

本丛书初衷是为北大法律硕士在校生而作,但也奉献给其他在校学生,特别是商学院、法学院这些实践性学科的在校学生和那些有志从事金融、法律职业的其他学科的在校生,帮助他们初步了解外面的世界。这套丛书为在校生们提供入门的知识,并不指望他们能够读了这些书而成为高手(当然,能成为更好),但确实希望能够帮助他们了解各种业务操作的基本知识,而不至于在实习时和工作初期面对工作一脸茫然,不知从何下手。通过阅读这些实务书,他们可以知道各种业务操作的流程,了解这些业务的核心问题和解决方案,明白相关文件如何制作。如此,他们就能够在实习时不会因为对业务一无所知而被冷落去打杂。并且,相比其他的实习生,他们会因为能够尽早上手做业务而在职位获取方面更有竞争优势。客观上来说,这些实务书籍如果能够在高校内推广,也会推动实务界专业水平的提高。我们期待最好的社会效果!

丛书主编　隋　平

2014年9月于金融街

《北京大学法律硕士实务丛书》序言

从2014年9月开始在燕园攻读法律硕士，不知不觉已经过去十八个月。这十八个月是自己学生生涯最为充实、也是课业最为繁重的一段日子。整个研一期间，我修了17门课程，而且绝大多数课程都是三个甚至四个课时。对于硕士研究生来说，这样的课程密度可能是绝无仅有的。但对于北大的法律硕士来说，这却是司空见惯。

作为无数学子心中的学术殿堂，北京大学对于全国各地的学生都有着无可比拟的吸引力。我相信绝大多数人从小便有一个北大梦，可现实是通过高考就实现了梦想的人毕竟是少数。不过让人欣慰的是很多学生并不因此就轻易地埋葬了自己的梦想：来到中国最好的法学院、攻读目前最热门的法律专业，成了很多本科生更为真切的目标。所以，每年各个高校的众多优秀学生都拼尽全力以求保送或考上北大法律硕士。以考研为例，自我国开始招收法律硕士以来，北大法学院的录取分数线一直稳居全国第一。就此我们可以想象竞争是多么的激烈，而能从中突围最后入读北大法硕的学生，其学习能力和精神毅力都算得上是出类拔萃的。

北大法学院也一直很注重对法律硕士的培养，尤其在学习方面的要求严格得近乎严苛。比如在课程安排上，因为北大法律硕士本科所学的都是法学以外的专业（北大法学院于2014年9月首次招收法学法硕，但人数很少，所以在一般观念中北大法硕主要指非法学法硕），为了夯实法律基础，北大法学院给研一学生安排了众多专业基础课程，意使法硕学生能通过一年的专业学习达到法学本科生四年的基础知识储备。这也就解释了为什么会出现我上文提到的一学年修17门课程的情况。除了量的积累,北大法学院对法硕学生的学习也有质的要求。如所有法硕专业课成绩及格线均为70分;挂科达到三门即强制退学等。根据这些情况,我们可以感受下北大法律硕士平时得在学习上花费多少精力、时间。当然,这也意味着北大法律硕士在法学领域的学术理论、文本知识上应该有着不错的造诣。

学以致用,再好的学理不能运用在实践中,也是水中月、镜中花。更何况国家招收、培养法律硕士的宗旨,就是以实务为导向,向立法、司法、行政执法与监督,以及经济管理等部门、行业输送高层次法律专业人才与管理人才。可以说衡量法律硕士是否合格,一个重要标准就是评断其在实务上取得的成就。所以,如何最高效地将在北大法学院学到的知识运用在现实的社会工作中,是北大法学院也是北大法律硕士一直探索的问题。

以隋平师兄为首的各级已毕业北大法硕师兄师姐,作为不同行业的杰出人士,整合自身多年的实务工作经验,不遗余力、煞费心血,终于编撰出《北京大学法律硕士实务丛书》。这套丛书是北大法硕人凭借扎实的法学理论功底,根据真实的工作经历,经过审慎的推敲,最后做到质而不俚、辩而不华才予以面世。《北京大学法律硕士实务丛书》既是北大法硕已毕业师兄师姐留给我们这些在校师弟师妹们的精神财富,更反映了北大法硕人薪火相传的伟大传统。所以,遇上这套书是我们的幸运,读好这套书是我们的责任。

北大法律硕士联合会现任主席　甘凯云

2015年1月16日于北大法律图书馆

执行主编序言

法律硕士在中国的发展可谓突飞猛进、一日千里。目前,一大批法律硕士出身的专业人才正活跃在中国立法、司法、律师、公证、审判、检察、监察、金融、经济管理等各个领域,他们依凭自己的专业知识、实践技能和法治信仰,为中国的法治进程贡献力量,为中国的市场经济添砖加瓦。

当然,法律硕士的发展与现状并不是只有成绩、没有遗憾。

作为专业硕士,法律硕士的对应概念是位列学术型硕士谱系的法学硕士。按照《关于设置法律专业硕士学位的报告》以及《关于开展法律硕士专业学位研究生试点工作的通知》这两个基本文件,法律专业硕士学位是具有特定法律职业背景的专业性学位,它以培养应用型高层次法律人才为培养目标,法律专业硕士与现行法学硕士在学位上处于同一层次,但规格不同、各有侧重,法律硕士专业要着力改变法学研究生教育尚存在的偏重学术性而对实务性注重不够,专业划分过细,培养规格单一的状况。由此,应用型、实务型、职业型是法律硕士区别于法学硕士的基本特征,这一特征决定了法律硕士的培养目标、培养计划和培养方式必须以实务为导向。

然而较为遗憾的是,当前各高等院校法律硕士的培养并没有很好地突出专业硕士的实务特色,而或多或少存在如下一些问题:(1)课程设置上借鉴法学本科,授课内容上参考法学硕士;(2)缺乏专职师资队伍,基本依靠学术型教师队伍;(3)教学方式仍以传统课堂讲授为主,案例教学、实践教学很少或基本没有;(4)学位论文选题偏重理论,较少关注司法实践问题的应用研究。对于这些问题更为通俗、形象的诠释来自法律硕士学生一种较为普遍的感受:学生如果积极主动一些、跟老师接触多一些、学术能力强一些,老师会按法学硕士培养;对于一般的学生,就像在读法学本科,中规中矩地上课、写论文、毕业。总之,学校里学不到实务技能。

之所以会产生法律硕士培养与实务导向背离的现象,是长期以来讲授式教学方式、缺乏具有实务经验的专职师资、未设置专门的实务课程体系和授课内容等多方面因素综合作用的结果。无怪乎一位泰斗级法学教授曾无奈地说过,给法律硕士上课不知道上什么。设立之初便以培养实务人才为目标的法律硕士,实际培养中却相去甚远,这对于每一位可能付出了非常多努力才读上法律硕士的学生来说无疑是一种悲哀。

问题需要解决,现状需要改变。北京大学法学院一直致力于探索法硕培养之道。经过十几年的发展,北大法学院逐步形成一套比较完整的培养模式,具体包括分方向培养、开设专业中高级课程、双导师制等。与此同时,作为在读法律硕士研究生自治组织和已毕业法律硕士校友联谊组织的北京大学法律硕士联合会,也通过举办法律硕士成长成才论坛、未名金融实务论坛、协办职业发展训练营等多种形式提升法律硕士实务能力。

编写《北京大学法律硕士实务丛书》是北京大学法律硕士联合会为切实帮助法律硕士提高自身实务能力进行的又一努力,通过邀请法律硕士出身的各行业杰出人士就所在领域的业务实务进行系统、全面、深入浅出的讲解,希望能够向在读的法律硕士研究生传递实务知识和业务操作经验。丛书撰稿人均为所在领域经验丰富的代表人士,他们都将自己多年积累下来的实务经验在书中毫无保留地倾囊相授。本套丛书能够顺利出版,要特别感谢2001级北大法律硕士毕业生隋平师兄,隋平师兄承担了选题、联系作者、审稿等大量任务,没有他不知疲倦的付出和不遗余力的支持,这套丛书是难以呈现在读者面前的。

此套丛书也是北大法律硕士联合会从自身的需求出发,在历届师兄、师姐们的帮助下自发进行的一次尝试,是一个法律硕士培养方案的"民间版本",希望能够为法律硕士培养方案的版本提供一些思路和经验。

第12届北京大学法律硕士联合会主席　刘　宽

2014年10月1日于北大万柳学区

序　　言

时光荏苒，岁月如歌。今受隋平师兄之托为书作序，方觉自己毕业已数载，校园种种依稀就在昨日。数月前，闻知隋平师兄有编书之意，当即深感此事甚好，很有意义。反观自己在新三板市场工作多年，日积有余，岁积不足，未有所著，自叹弗如。而今作序，聊表对师兄主编丛书之敬佩，对后来人之寄托。

这套丛书汇聚了奋战在市场和业务一线朋友们的实践经验和聪明智慧，我认为至少在两个方面特别能够对同学们有所启迪：

其一，专注于为在校学生提供实务指导。一方面，现在实务类书籍林林总总、不计其数，但很多是为已经步入职场的人们服务，对在校学生针对性不强；另一方面，很多同学虽然也利用暑期等业余时间实习，但往往时间短、事务杂、边缘化，核心业务未接触、实习期限已结束，难以获得系统性的实务帮助。一头是意气风发的学生，一头是热火朝天的职场，中间隔着的确是碧海蓝天。怎么才能跨过去拥抱你们梦寐以求的事业，实现你们心比天高的理想？这套丛书就是要送你一条船、一双桨、一道帆，给你们多一些指导，让你们少一些阵痛，针对性很强，实用性很强。

其二，关注对金融市场提供实务说明。金融市场是充满魅力和机会的市场，像巨大的磁石，吸引着一批批应届毕业生前赴后继。这套丛书介绍了金融市场的诸多方面，有助于在校学生们系统了解和掌握金融市场。就新三板市场而言，2006 年国务院批准中关村园区进入股份报价转让试点，到 2011 年只有几十家挂牌公司，挂牌公司股东不能超过 200

人,股份只允许协议转让,交易清淡,融资功能有限,市场规模小,市场关注少,挂牌公司、投资者、中介机构参与的热情都不高,社会各界对市场都不太了解。但就是这个在当时看起来名不见经传、在证券行业不起眼的一个探索,经过经验积累,经国务院批准,2012 年 7 月试点扩大至武汉东湖、天津滨海、上海张江等四个园区,2013 年国务院又专门出台《关于全国中小企业股份转让系统有关问题的决定》,将市场覆盖范围进一步扩大到全国,支持创新、创业、成长型企业发展。市场进入快速发展期,目前挂牌企业已达 1000 多家,市值总计 1300 多亿元,覆盖 17 个行业、28 个省份。市场功能不断完善,股票融资次数和规模大幅增长,机构参与程度日益增高;股权质押、知识产权质押融资逐渐增多;并购重组日趋活跃;做市交易平稳起步。市场各方积极参与,证监会、全国股份转让系统公司制定各项政策规则支持市场发展,各地政府出台各项优惠措施鼓励企业挂牌,主办券商等中介机构积极开拓市场,公司挂牌积极性明显提升。总体来说,新三板市场对经济结构调整和转型升级的支持作用初显成效。这套丛书关于新三板市场的内容丰富,许多见解精辟独到,值得研读,值得玩味。

少年智则国智,少年强则国强。希望这套丛书能为师弟、师妹们增智图强以帮助。

第 5 届北大法律硕士联合会主席　毛剑锋

2014 年 10 月于北京金融街金阳大厦

致“金融派”的新生代

最近，经常会有人问我这样的问题：“你不是学法律吗？那为什么不愿意去律所和法院呢？”“学法律的在金融公司能做些什么啊？”“你现在在券商实习做的事和律师有区别吗？”

每次我都会回答：“因为我喜欢啊，其实金融行业也需要很多法律人才的，做的事嘛，券商比律所做的尽调要更全面……”我知道，这样泛泛地回答并不能释明对方的疑惑，因为甚至连我自己对即将迈入的行业以及未来职业规划都不是那么的明晰和笃定，一切的决定，似乎都是出于一腔热血和激情。

但是，这样一个占据行业链顶端、吸引着全球顶尖人才争相进入、改变着世界经济面貌的行业，不正是因为这样的热血激荡才不断生长繁衍的吗！

我是一名“90后”，在即将到来的2015年中，又会有一批我的同龄人将离开校园、迈入职场，开始书写属于我们新生代的华彩篇章。而当下，随着前不久《证券法》的修改，新一轮资本市场改革已进入纵深化发展，可以预见，未来的金融行业必将大有作为，与国际接轨的步伐也会大大加快。

说来也巧，“90后”的成长轨迹与我国资本市场的发展竟十分一致，就如同一对双生花，互相见证着对方从稚嫩到成熟的蜕变。1990年，当我们刚刚落地、嗷嗷待哺时，上海、深圳两家证券交易所开始营业，资本市场雏形渐成；1992年，当我们开始蹒跚学步时，证监会成立了，我国开始有了统一的市场监管框架；1997年，当我们刚进入校园开始十年寒窗路时，《证券法》开始实施，从此资本市场有了统一的法律规范;2004年、2005年,当我们迈入高中为人生第一次“战役”奋斗时,《国九条》、股权分置改革出台,大大拓展了资本市场的深度和广度、将资本市场的发展提升到了国民经济的战略高度……如今,我们即将迎来继高考后又一次的人生转折点,但与之前不同的是,这一次,我们会亲身参与到资本市场的这一轮改革新浪潮,体会它、认识它,甚至改变它。

进入券商实习于我而言是一次偶然的邂逅,在此之前,我一直徘徊于律所、法院、企业法务中,做着一些说不上喜欢也说不上讨厌的工作,正是因为毫无感觉,所以更加不确定未来的发展方向。一直到隋平师兄有一天跟我说:“为什么不去投行试试呢?你肯定会喜欢的。”我很讶异这一建议,因为我一直对自己进入金融业,尤其是投行这种被广泛认知为高大上、非名校MBA不得进入的行业是没有信心,甚至是不敢奢望的。就个人素质而言,我在北大这种最高学府也不是出类拔萃的,将近六年时间没有接触过数学,会计、审计等财务知识更是一窍不通,除早早地通过司法考试,貌似没有其他明显的优势了。但隋平师兄的一席话打消了我的顾虑:“没有基础不要紧,大家都是从什么都不会开始的。不懂投行业务也不要紧,求职前多攻读一些实务类书籍,入门并不难。”

此后几个月,我抱着“头悬梁,锥刺股”的心理准备开始了“啃书虫”的生活。从IPO实务操作、到企业并购重组、再到最近很火的新三板实务,通读了几本之后,我的心里很快就踏实了。因为我发现,金融业,并不完全是充满着艰涩的数学模型和计算公式的,尤其是对于投行业务而言,相当一部分业务内容是辅导项目公司的合规化治理,而这些对于学了几年法律的我来说并不陌生,看书的过程实际就是将以往的知识储备进行整合而已。后来进入券商投行部实习,凭借从书上获取的知识,虽然冒充不了内行,但也不会让前辈和合作的律师产生“这小孩什么也不懂也来投行实习”的感觉,有时候也能就项目过程中遇到的问题与他们进行激烈的探讨。

阅读实务类书籍带给我最大的感受是,我能清晰地在脑海中构建起整个项目的流程图:一个项目的完成有哪几个阶段;每个阶段的具体内容、大概时间、参与机构;监管部门的审查重点;公司与中介机构应对审查的规范化措施等。在很长的一段时间内,我之所以对投行望而生畏,原因就在于我一直都不清楚投行具体是做什么的,再加上大众、媒体对它的渲染和吹捧,不由得我不发怵。但是,一件事物,一旦刺破了它神秘的外纱,它立刻就会变得亲近、接地气了。隋平师兄的这套丛书,也许就能起到“刺破投行面纱”的作用。

如果说读书是给一幅图画勾勒了轮廓,那么实战就是给这幅画描绘细节、填充色彩。在实习过程中,我不止一次发现,我明明已经发现了问题,但是却不知如何解决,书本并没有给我提供一个现成的答案。当然,这也正是投行业务的魅力:每个项目公司都有自身特点和问题,你参与的项目越多、越见多识广,就越能累积可贵的经验、提升工作的能力。这也许也正是我愿意义无反顾投身于这个行业的原因吧,即使我会为此牺牲掉许多的个人生活(业界传说的“投行女难嫁”)和身体健康(高强度工作是投行一贯的风格)——试问:世上又有几份工作能像投行这样,能让你深入各行各业、接触不同风格的精英、遇到接踵而至的挑战,并能在短短几年内就实现素质、能力的飞速提升呢?

投行是个需要复合型人才的地方,我深知自身的不足,需要学习的地方还太多太多。但我内心也为此激动地期待着,期待着见证自己在未来的成长和蜕变,在这个行业,我的未来有无数的可能性,让我忍不住去探寻。

说了这么多,似乎有负于隋平师兄让我写序的重托,实在惭愧。师兄可以说是我人生的一个导师,在我迷茫的时候给我指出了一条崭新的道路,他给我提出的很多建议我也都一一采纳,并收到了很好的效果。师兄给我列出的实务类书单中,有他本人著作,也有他经过大浪淘沙后筛选出的适合初学者、可读性较强的书籍,但由于数量太多、内容也较为分散,迄今为止我仍未能全部读完,颇为遗憾。此套丛书出版,于我而言实乃一大幸事,因为不用再纠结如何在众多实务类书籍中作出取舍,这样一套书籍,足以帮助我重新理清知识体系并补充新的知识储备。师兄已出版多本实务类畅销著作,其一直以来的梦想就是出版一套适合学生进入金融职场的实务类丛书,如今终于得偿所愿,实在是可喜可贺!希望更多对金融业有兴趣、愿意投身于此行业的“新生代”朋友们能通过此套丛书实现自身的目标和愿望!

2012 级北京大学法律硕士

国泰君安证券投资银行部实习生　谢舒婷

2014 年 9 月 14 日于北大万柳学区

自　序

——未来的不可知，是我们前进的原动力

2018 年注定要载入金融监管史史册，银保监会正式挂牌，这意味着金融监管格局进入了“一委一行两会”时代，新的金融监管时代已来，从监管方向来看，重点是治理过去几年积累的突出问题。一是打破刚性兑付。刚兑是畸形的债务关系，银行理财不能向投资者刚兑，发债企业没必要向投资者刚兑，政府也没必要给金融机构兜底。二是打击监管套利，如代持、嵌套、通道、非标等。

对企业来说，金融监管体系的巨变并不遥远，你的任何一项经营活动都离不开金融，而任何一项金融活动都需要通过金融机构的金融业务去完成，监管之火烧遍金融机构的时候，也涉及每家新三板挂牌前企业，目前新金融监管对实体企业的影响突出体现在以下几个方面：

（一）IPO 过会率创下 9 年来低点

2018 年作为史上最严发审委上任后首个完整年份，IPO 过会率创下 9 年来低点，发审委共迎来上会企业 185 家，仅有 111 家幸运儿通过了审核，过会率约 60%。IPO 审核越来越严，难度不断提高。而且 IPO 新政规定 IPO 被否企业作为标的资产至少三年才可借壳上市，导致不少企业纷纷撤单，目前已有 100 多家企业撤单，撤单数约为去年全年的八成。这些企业要么转向借壳上市，要么转向海外。值得关注的是，虽然 IPO 审核放缓，但对新经济企业的支持力度前所未有，致力于新能源动力电池研发的宁德时代 IPO 过会只用了

5 个月,仅为 2018 年平均过会时间的一半,利好新经济企业。

(二)港交所 IPO 上市数量和筹资额均位居全球第一,却七成破发

港交所数据显示,2018 年共有 207 家公司在港交所 IPO 上市,募集资金总额(含股东售股)为 2778 亿港元,全年 IPO 上市数量和筹资额均位居全球第一。同时,2018 年港股破发率 70.4%。

IPO 过会率低导致内地企业纷纷“组团”赴港上市,1 月有腾讯系的希玛眼科,2 月有汇聚科技,3 月有新华教育,5 月登陆港股的是平安好医生,6 月有江西银行。到了 2018 年下半年更是迎来了几家重量级的企业,小米集团、美团点评、百济神州、中国铁塔、美团点评、海底捞纷纷在港交所敲锣上市。但港股投资者对高利润公司的友好度,要明显高于低利润公司及亏损公司。利润越低,新股的二级市场表现会越来越差,亏损公司的股价跌幅中位数达到 35.80%;而 11 家净利润超过 10 亿元的公司,只有 5 家破发,除甘肃银行跌幅超 20% 外,其余均未超过 3%。

(三)新三板涌发摘牌潮,迎来负增长时代,融资制度全面优化完善,重大增量改革措施陆续落地

新三板自推出以来快速发展,市值近 5 万亿元,约为 A 股的十分之一,但整体流动性不佳,日均成交量不足 10 亿元,不到 A 股日均成交量的百分之一,严重影响后续企业挂牌的积极性,挂牌公司增速由 2014 年的 3 倍下滑到 2017 年的 14.43%。新三板分层制度实施后,新三板内部出现明显分化。2017 年数据显示,创新层平均每家挂牌企业成交额是基础层的 7.99 倍,融资额是基础层的 5.83 倍。新的监管环境下,资金将会向创新层进一步集中,头部效应更加明显。对于中小微企业而言,新三板仍是一种重要的融资渠道;2018 年以来新三板迎来一系列重大增量改革措施,全宇宙第一大证券交易市场“新三板”亦迈入新历史阶段。从年初明确三类股东、升级交易制度,到二季度随着香港联交所的重大改革,新三板与港交所达成战略合作,创新出新三板 + H 股的新模式。三季度国务院确认对二级市场买卖新三板股票差价收入免征个税,打消了脆弱市场上的又一担忧。

8 月初国家发改委等五部委提出深化新三板改革后,8 月底证监会表示将对在创新层之上设置精选层的可行性与必要性进行深入论证。这是主管部门少有的对新三板的明确、具体表态,表明新三板的深化改革在推进中。2018 年 10 月 26 日,全国股转公司发布实施新制定的《关于挂牌公司股票发行有关事项的规定》《全国中小企业股份转让系统股票发行业务指引第 1 – 4 号》和新修订的《全国中小企业股份转让系统股票发行业务指南》,发布实施《全国中小企业股份转让系统非上市公众公司重大资产重组业务指引》《挂牌公司重大资产重组业务问答》《挂牌公司权益变动与收购业务问答》，同时发布《全国中小企业股份转让系统做市商评价办法（试行）》，对新三板市场股票定向发行制度、并购重组制度、做市商制度等存量制度进行优化改革。这一系列的文件的发布，涉及新三板市场股票的定增、并购重组和做市商等，是过往实践经验的积累，对现有制度的全面优化、完善。标志着新三板终于要迈向完善升级的新阶段，2019 年新三板将迎来新机会。

（四）并购重组一半是海水一半是火焰

2018 年 2 月，证监会发布并购重组审核新规，区分交易类型，对标的资产 IPO 被否的重组项目加强监管，"对于重组上市类交易（俗称借壳上市），企业在 IPO 被否决后至少应运行 3 年才可筹划重组上市"，这一新规，最戳中痛处。号称史上最严审核新规出台。

2018 年 10 月，证监会针对不构成重大资产重组的小额交易，推出"小额快速"并购重组审核机制，直接由上市公司并购重组审核委员会审议，简化行政许可，压缩审核时间。同月，证监会宣布新增十余类并购重组豁免、快速通道适用产业类型，将包括高档数控机床和机器人、航空航天装备、新能源、生物产业等在内的产业纳入审批"快行道"。

2018 年证监会并购重组委共召开 72 次审核会议，共计审核 140 家（次）公司，涉及交易金额 5405.93 亿元。其中 123 家（次）公司通过审核，17 家（次）公司未通过审核，否决率为 12.14%，远超 2017 年的 6.94%。高度关注产业并购是否具备合理的产业本质、标的资产的持续盈利能力、严控"忽悠式"并购以及严防"高承诺、高估值、高商誉"等问题。但也必须注意，有利于产业升级和行业有效整合的并购还是未来的趋势。

新的金融监管时代已来，目前你看到的不是尾声，而是序曲，未来强监管必将成为金融体系的常态，打铁还需自身硬，学习和理解政策在这个时代显得尤为重要。2016 年到 2018 年期间已有 100 多家新三板公司涉及 A 股上市公司并购，也有多家新三板的公司通过定向增发主动出击，甚至还有新三板公司并购上市公司的案例。并购已经成为资本市场的浪潮，为什么要并购？并购是行业发展必然趋势"从企业的角度来说，中国改革开放在 2012 年左右已经三十多年，国内大部分产业已经由粗放式发展进入到整合阶段，之前很多企业依托人口红利和制度红利，依靠市场增量就足以满足发展，但是发展到一定阶段后，很多行业已经进入红海，企业更多面临的是残酷的竞争，这个时候就需要并购的方式，通过‘大鱼吃小鱼’来稳定行业发展”。

国内现状,很多行业集中度非常低,竞争无序,小散乱弱,很多时候都是在打价格战。所以从企业的角度考虑,在发展到一定阶段的时候一定要通过外延式的增长来寻求新的增长与发展。此外,从投资机构的角度进行分析时,原来大家大多做PE,主流退出方式为IPO,但是国内的IPO主要以审核制为主,事实证明主流退出渠道是不畅的,连续性不够强。每隔一段时间IPO就会关一次。机构要是依赖IPO退出,流动性是面临着很大的风险的。因此,投资机构做大的时候,一定要找一个除了IPO以外的退出渠道。相较而言,新三板挂牌公司的业绩显然没有主板公司亮丽,可偏偏新三板公司并购越来越受到并购市场青睐。

新三板企业无论何时都要持有“并购思维”,“你并购别人,说明你有能力;你被别人并购,说明你有价值”,时刻具备并购或被并购的选择权,是十分重要的。并购并不是一家企业把另一家企业吃掉,并购本质是互补性的“合作”,不需要是行业里最好的,应该去寻找最合适的。随着证券市场并购重组交易日趋活跃,交易金额小、发股数量少的小额并购交易不断涌现。2018年11月1日,证监会发布《试点定向可转债并购支持上市公司发展》的公告,支持上市公司可以向特定对象发行可转债用于购买资产或者与其他公司合并。11月8日,赛腾股份发布《发行可转换债券、股份及支付现金购买资产并募集配套资金预案》公告,称拟通过发行可转换债券、股份及支付现金的方式购买张玺、陈雪兴、邵聪持有的菱欧科技100%的股权。赛腾股份收购案则是A股首单定向可转债并购。公司披露的重组预案显示,一个并购案中使用了现金、股份发行以及定向可转债三种支付方式。这显示出上市公司收购新三板支付方式不断丰富。同时,A股首单定向可转债并购就发生在上市公司对新三板企业的并购中,这也显示出新三板市场的重要性。

《新三板股票发行与重组并购操作实务与图解》(第一版)出版以来,本人收到大量读者朋友的来信,此书会引起如此多的关注实属意料之外,在隋平师兄一再催促下,此次对原版进行了全面修改,收录了最新发布的监管标准和近期完成的经典案例。力图做到收录全面,体系清晰、编排合理、查询方便。希望能对新三板市场参与人员的实践工作提供帮助。再次对隋平师兄表示感谢。

自强则万强,未来的不可知,是我们前进的原动力。

刘 婷
2019年1月于北京金融街

目　　录

第一部分　业务操作指南

第二部分　典型案例评析

第一部分　业务操作指南

第一章　股票发行业务操作指南

第一节　市场概述

一、新三板挂牌进入负增长时代

2018年，新三板挂牌企业共计10691家，挂牌企业比2017年底11630家减少了939家；新三板进入负增长时代。

表1-1　2015～2018年挂牌新三板数据一览

		2018年	2017年	2016年	2015年
挂牌规模	挂牌公司家数	10691	11630	10163	5129
	总股本（亿股）	6324.53	6756.73	5851.55	2959.51
	总市值（亿元）	34487.26	49404.56	40558.11	24584.42
股票发行①	发行次数	1399	2725	2940	2565
	发行股数（亿股）	123.27	239.26	294.61	230.79
	融资金额（亿元）	601.55	1336.25	1390.89	1216.17
优先股发行	发行次数	9	10	3	—
	融资金额（亿元）	2.59	1.80	20.20	—
股票转让	成交金额（亿元）	888.01	2271.80	1912.29	1910.62
	成交数量（亿股）	236.29	433.22	363.63	278.91
	换手率（%）	5.31	13.47	20.74	53.88
	市盈率（倍）	20.86	30.18	28.71	47.23
投资者账户数	机构投资者（万户）	5.63	5.12	3.85	2.27
	个人投资者（万户）	37.75	35.74	29.57	19.86

① 统计快报中股票发行数据均截至2018年12月27日。资料来源：全国中小企业股转系统。

二、2018 年股票发行业务发行次数与融资金额呈现双低

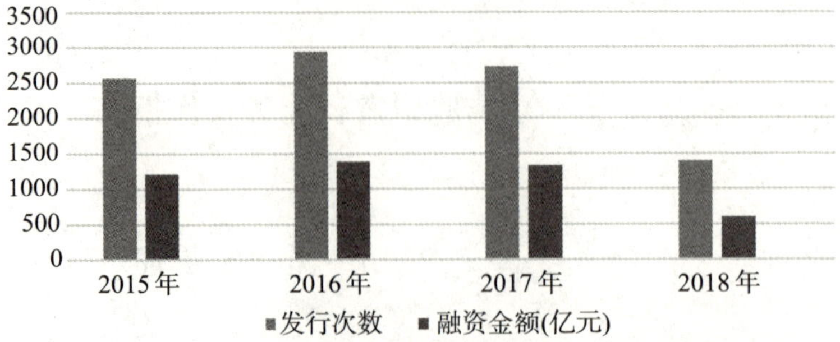

图 1－1　2015～2018 年发行次数与融资金额

与 2015 年、2016 年、2017 年股票发行情况对比，2018 年股票发行业务呈现以下几个特点：

(1)发行目的上，补充流动资金仍是主流，其次是偿还债务，项目融资占比较少。

(2)支付方式方面，纯现金支付系主要支付方式；仅 77 单非现金认购，占比 5.5%。

(3)参与认购的投资者中机构投资者仍是主力，认购金额占比 2018 年融资规模占 80%。

三、定增资金持续向“高市值、高利润”公司集中

依据 choice 统计数据，2018 年融资金额过亿的企业有 91 家，占参与定增企业总数的 6.5%；融资金额 5000 万元至 1 亿元之间企业 136 家，占参与定增企业总数的 9.72%；融资金额 3000 万元至 5000 万元之间企业 191 家，占参与定增企业总数的 13.65%；融资金额 1000 万元至 3000 万元之间企业 509 家，占参与定增企业总数的 36.38%；融资金额 1000 万元以下企业 471 家，占参与定增企业总数的 33.67%；定增资金持续向“高市值、高利润”公司集中。2018 年新三板挂牌企业定增募资金额的具体分布如图 1－2 所示：

2018 年，新三板定增市场上，参与募资的企业家数排名前三的地区是广东省、北京市和江苏省，其中广东省参与募资的企业数量最多，有 251 家企业实施完毕；四川省募集资金额度为 160.29 亿元，领先于其他地区；北京、江苏、广东、上海依次为 82 亿元、80 亿元、77 亿元、50 亿元，其他地区募集资金额度低于 50 亿元。

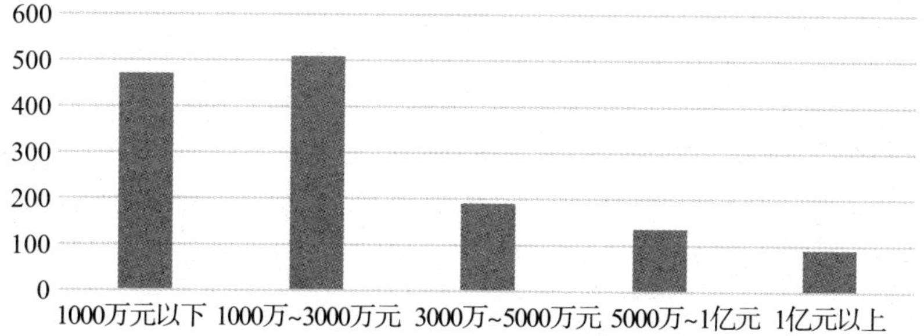

图 1－2　2018 年新三板企业定增募资金额分布

资料来源：choice。

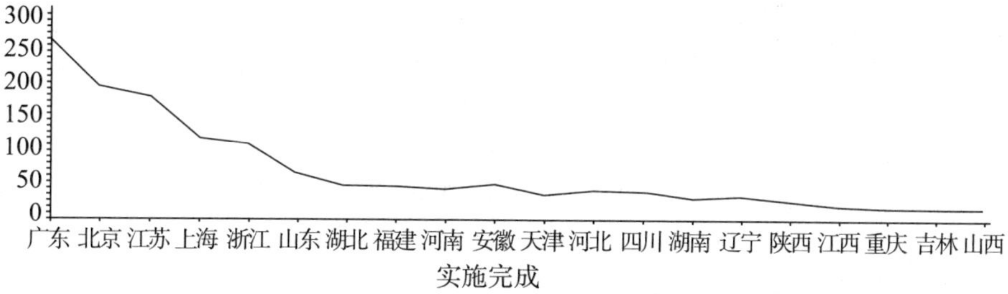

图 1－3　新三板募资企业省份排名

资料来源：choice。

2018 年制造业、信息传输、软件和信息技术服务业、金融业三大行业融资能力最强，具体情况如表 1－2 所示。

表 1－2　2018 年各行业募资情况

行业门类	2018 年		2017 年	
	金额（亿元）	次数	金额（亿元）	次数
制造业	290.09	684	570.29	1334
信息传输、软件和信息技术服务业	85.17	280	281.83	563
金融业	34.47	11	102.59	18
批发和零售业	32.11	64	57.78	121
文化、体育和娱乐业	6.40	18	54.65	70
科学研究和技术服务业	28.26	83	49.85	123
租赁和商务服务业	14.10	53	47.25	127
农、林、牧、渔业	16.09	30	45.05	63
建筑业	23.94	58	33.24	84
水利、环境和公共设施管理业	25.09	30	28.16	50

续表

行业门类	2018 年		2017 年	
	金额(亿元)	次数	金额(亿元)	次数
电力、热力、燃气及水生产和供应业	5.92	14	20.15	36
交通运输、仓储和邮政业	9.72	31	13.96	44
教育	2.13	10	12.72	26
卫生和社会工作	2.60	5	6.91	19
房地产业	20.25	12	4.64	26
居民服务、修理和其他服务业	2.22	6	3.57	10
住宿和餐饮业	2.17	5	2.34	8
采矿业	0.83	5	1.26	3
合计	601.55	1399	1336.25	2725

资料来源:股转公司。

第二节　股票发行业务要点

一、储架发行

储架发行是指一次核准,多次发行的再融资制度。该制度主要适用于定向增资需要经中国证监会核准的情形,可以减少行政审批次数,提高融资效率,赋予挂牌公司更大的自主发行融资权利。公司申请定向发行股票,可申请一次核准,分期发行。自中国证监会予以核准之日起,公司应当在3个月内首期发行,剩余数量应当在12个月内发行完毕。超过核准文件限定的有效期未发行的,需重新经中国证监会核准后方可发行,首期发行数量应当不少于总发行数量的50%,剩余各期发行的数量由公司自行确定,每期发行后5个工作日内将发行情况报中国证监会备案。

储架发行制度可在一次核准的情况下为挂牌公司一年内的融资留出空间。例如,挂牌公司在与投资者商定好500万元的增资额度时,可申请1000万元的发行额度,先完成500万元的发行,后续500万元的额度可与投资者根据实际经营情况再行商议发行或者不发行,并可重新商议增发价格。该制度除了能为挂牌公司节约大量的时间和成本外,还可以避免挂牌公司一次融资额度过大,造成股权过度稀释或资金使用效率低下。

二、融资豁免

《非上市公众公司监督管理办法》(以下简称《监管办法》)第45条规定:

“在全国中小企业股份转让系统挂牌公开转让的公众公司向特定对象发行股票后股东累计不超过200人的，中国证监会豁免核准，由全国中小企业股份转让系统自律管理，但发行对象应当符合本办法第三十九条的规定。”

由此可见，挂牌公司必须满足以上条件时，才需要向证监会申请核准。目前，绝大多数新三板挂牌公司的股东人数离200人还有较大差距，这些公司在突破200人之前的所有定向增发都不需要向中国证监会申请核准，这种便捷的发行通道让挂牌公司基本可以实现定向融资的“随时用随时发”。

三、授权发行

1. 挂牌公司股东大会作出决议时，应当明确授权董事会办理股票发行有关事项的有效期，前述有效期至多不超过12个月，期满后仍决定继续发行股票的，应当重新提请股东大会审议。

2. 挂牌公司年度股东大会可以根据公司章程的规定，授权董事会在募集资金总额不超过1000万元的范围内发行股票，该项授权在下一年年度股东大会召开日失效。

3. 授权发行股票的，挂牌公司年度股东大会应当就下列事项作出决议，作为董事会行使授权的前提条件：

(1)发行股票数量上限；

(2)发行对象、发行对象范围或发行对象确定方法；

(3)现有股东优先认购安排；

(4)发行价格、发行价格区间或发行价格确定办法；

(5)募集资金总额上限；

(6)募集资金用途；

(7)对董事会办理本次发行事宜的具体授权；

(8)其他必须明确的事项。

4. 存在以下情形之一的，挂牌公司不得授权发行股票：

(1)董事会审议股票发行方案时，发行对象包括挂牌公司控股股东、实际控制人、董事或前述主体关联方的；

(2)认购人以非现金资产认购的；

(3)发行股票导致挂牌公司控制权发生变动的；

(4)本次发行中存在特殊投资条款安排的；

(5)挂牌公司或其控股股东、实际控制人最近12个月内被中国证监会及其

派出机构行政处罚或被全国中小企业股份转让系统有限责任公司(以下简称全国股转公司)采取纪律处分措施的;

(6)挂牌公司或其控股股东、实际控制人因涉嫌违反证券法律、行政法规、规章正被司法机关立案侦查或者被中国证监会及其派出机构立案调查,尚无明确结论的;

(7)全国股转公司认定的其他情形。

四、限售期要求

最新的业务规则中不再对新三板增资后的新增股份限售期进行规定,除非定向增发对象自愿做出关于股份限售方面的特别约定,否则,定向增发的股票无限售要求,股东可随时转让。

无限售期要求的股东不包括公司的董事、监事、高级管理人员所持新增股份,其所持新增股份应按照《公司法》第 141 条的规定进行限售:公司董事、监事、高级管理人员应当向公司申报所持有的本公司的股份及其变动情况,在任职期间每年转让的股份不得超过其所持有本公司股份总数的百分之二十五;上述人员离职后半年内,不得转让其所持有的本公司股份。

五、股东优先认购权

以现金认购发行股票的,现有股东在同等条件下对发行的股票享有优先认购权,除非公司章程另有规定;排除适用优先认购的表述应当合规、清楚;每一股东认购上限 = 股权登记日的持股比例 × 本次发行股份数量上限。

现有股东是指审议本次股票发行的股东大会通知公告中规定的股权登记日(以下简称股权登记日)的在册股东;挂牌公司授权发行股票(股东大会授权董事会审议)的,现有股东是指审议本次股票发行的董事会召开日的在册股东。

六、股票发行方案变更

对股票发行方案作出重大调整,是指以下两种情形:

(1)发行对象名称(现有股东除外)、认购价格、认购数量或数量上限、现有股东优先认购办法的调整;

(2)发行对象范围、发行价格区间、发行价格确定办法、发行数量或数量上限的调整。

七、定价依据

2012年以来63起实施或公布预案的定向发行挂牌公司中，有59起在发行方案中披露了定价依据，几乎所有的公司都众口一词披露：定价参考公司所处行业、成长性、每股净资产、市盈率等因素，并与投资者沟通后确定。只有宜爱智能和尚水股份等少数几家公司明确以每股净资产作为定向发行价格，这几家公司的共同点是都仅对原股东与核心员工进行定向发行，没有外部投资者参与。

挂牌公司股票发行股份支付

根据《全国中小企业股份转让系统业务规则（试行）》第4.2.1条的规定，挂牌公司应当按照《企业会计准则》的要求编制财务报告，全国股份转让系统公司另有规定的除外。因此，在全国股转系统挂牌的公司在股票发行业务中符合《企业会计准则第11号——股份支付》规定情形的，均应适用股份支付的会计准则并相应进行账务处理。

在股票发行中，如果符合以下情形的，挂牌公司的主办券商一般应按照《企业会计准则第11号——股份支付》的规定，就本次股票发行是否适用股份支付进行说明：

（1）向公司高管、核心员工、员工持股平台或者其他投资者发行股票的价格明显低于市场价格或者低于公司股票公允价值的；

（2）股票发行价格低于每股净资产的；

（3）发行股票进行股权激励的；

（4）全国股转系统认为需要进行股份支付说明的其他情形。

挂牌公司的主办券商就是否适用股份支付发表意见时，应当从以下四个方面进行说明：

1. 发行对象

说明本次股票发行的对象，如公司高管、核心员工、员工持股平台、做市商或者其他外部投资者等。

2. 发行目的

说明本次股票发行的目的，并说明是否以获取职工或其他方服务为目的，或者以激励为目的。

3. 股票的公允价值

说明挂牌公司股票的公允价值，并说明公允价值的判断方法。公允价值的论述应当充分、合理，可参考如下情形：

(1)有活跃交易市场的,应当以市场价格为基础,并考虑波动性;

(2)无活跃交易市场的,可以参考如下价格:

①采用估值技术。估值方法应当符合《企业会计准则第22号——金融工具确认和计量》的有关规定确定权益工具的公允价值,并根据股份支付协议的条款的条件进行调整。可以使用的估值方法包括现金流折现法、相对价值法以及其他合理的估值方法,也可聘请估值机构出具估值报告。企业应当根据具体条件恰当选择合理的评估方法,科学合理使用评估假设,并披露评估假设及其对评估结论的影响,形成合理评估结论。

②参考同期引入外部机构投资者过程中相对公允的股票发行价格,发行价格不公允的除外。例如,由于换取外部投资者为企业带来的资源或其他利益而确定了不合理的发行价格应当被排除掉。

挂牌公司需注意的是,无论采用何种方法确定公允价格,对公允价格的论述应当合理、充分并可量化,而非只有定性的说明。

4. 结论

主办券商应当结合本次股票发行的对象、发行的目的、股票的公允价值和发行的价格,判断是否需要适用股份支付并说明具体的账务处理方法。

八、以非现金资产认购股份的特别规定

1. 以股权资产认购的,股权资产应当经过具有证券、期货等相关业务资格的会计师事务所审计;以非股权资产认购的,非股权资产应当经过具有证券、期货等相关业务资格的资产评估机构评估。

2. 以股权资产认购股票的,应当最晚在披露股东大会通知时一并披露具有证券、期货相关业务资格的会计师事务所出具的标的资产最近一年及一期(如有)的审计报告。财务报告在审计截止日后6个月内有效,特殊情况下可以申请延长,但延长期至多不超过1个月。

3. 以非股权资产认购股票的,应当最晚在披露股东大会通知时一并披露具有证券、期货相关业务资格的资产评估机构出具的评估报告。评估报告在评估基准日后1年内有效,特殊情况下可以申请延长,但延长期至多不超过1个月。

九、连续发行

新三板的监管规则在不断明晰,由于不设财务门槛,被中小企业解决“融资难、融资贵”寄予厚望。为规范挂牌公司股票连续发行行为,全国中小企业股份

转让系统明文规定,拟连续发行股票的挂牌公司应当在前一次股票发行的新增股份登记手续完成后,才能召开董事会审议下一次股票发行方案。这意味着,新三版挂牌公司前一次股票发行新增股份没有登记完成前,不得启动下一次股票发行的董事会决策程序。新三板发布的最新通知表示,挂牌公司股票发行在取得全国股转系统出具的新增股份登记函后,应当在10个工作日内向中国结算申请办理新增股份登记手续。

实践中,部分挂牌公司连续启动决策程序进行多次股票发行,这种做法客观上提高了挂牌公司股权融资效率,但在监管实践中逐步凸显出一些问题。例如,有的挂牌公司连续启动多个股票发行程序,前一次发行备案通过后,一直不进行新增股份登记。这种做法一是导致前一次发行的认购对象在股份登记完成前无法就下一次发行行使股东表决权,使其合法权益陷于不确定状态,可能产生纠纷的隐患;二是若连续发行后股东人数累计超过200人,还会存在涉嫌违反股票发行监管程序的违规情形。还有的挂牌公司连续启动股票发行程序,但在定价环境没有明显变化的情况下定价差异较大,扰乱了公司股票的合理估值和二级市场交易价格。因此,为保护投资者合法权益,明确市场预期,有必要规范挂牌公司股票连续发行行为。

十、募集资金管理与使用

1. 募集资金的专户管理

(1)挂牌公司应当建立募集资金存储、使用、监管和责任追究的内部控制制度,明确募集资金使用的分级审批权限、决策程序、风险防控措施及信息披露要求。

(2)挂牌公司募集资金应当存放于募集资金专项账户,该账户不得存放非募集资金或用作其他用途。挂牌公司应当与主办券商、存放募集资金的商业银行签订三方监管协议。挂牌公司在取得股份登记函前,不得使用本次股票发行募集资金。

2. 募集资金的使用

(1)挂牌公司募集资金应当用于主营业务及相关业务领域,暂时闲置的募集资金可以投资于安全性高、流动性好、可以保障投资本金安全的理财产品。

除金融类企业外,募集资金不得用于持有交易性金融资产和可供出售的金融资产或借予他人、委托理财等财务性投资,不得直接或者间接投资于以买卖有价证券为主营业务的公司,不得用于股票及其他衍生品种、可转换公司债券等的交易,不得通过质押、委托贷款或其他方式变相改变募集资金用途。

(2)挂牌公司应当按照股票发行方案中披露的募集资金用途使用募集资金。改变募集资金用途的,应当经公司董事会、股东大会审议通过,并及时披露募集资金用途变更公告。

(3)挂牌公司以募集资金置换前期资金投入的,应当在股票发行方案中披露前期资金投入的具体情况或安排,置换发生时应当及时披露募集资金置换公告。

(4)挂牌公司董事会应当每半年度对募集资金使用情况进行专项核查,出具核查报告,并在披露年度报告及半年度报告时一并披露。主办券商应当每年就挂牌公司募集资金存放及使用情况至少进行一次现场核查,出具核查报告,并在挂牌公司披露年度报告时一并披露。

3. 股票发行方案的信息披露要求

挂牌公司股票发行方案中应当详细披露本次发行募集资金的用途并进行必要性和可行性分析:

(1)募集资金用于补充流动资金的,应当结合公司目前的经营情况、流动资金情况,说明补充流动资金的必要性和测算的过程。

(2)募集资金用于偿还银行贷款的,应当列明拟偿还贷款的明细情况,披露募集资金偿还贷款对挂牌公司经营和财务状况的影响。

(3)募集资金用于项目建设的,应当结合项目立项文件、工程施工预算、采购协议及其他资金使用计划量化说明资金需求和资金投入安排。

(4)募集资金用于股权收购的,应当对标的资产与挂牌公司主业的相关程度、协同效应进行说明,列明收购后对挂牌公司资产质量及持续经营能力的影响。

(5)募集资金用于购买非股权资产(是指构成可独立核算会计主体的经营性资产)的,发行前挂牌公司应当与交易对方签订合同或协议,在发行方案中披露交易价格,并有审计报告或者资产评估报告的支持。

(6)挂牌公司发行股份购买资产构成重大资产重组并募集配套资金的,应当从以下方面进行说明,包括但不限于:

①挂牌公司前次募集资金金额、具体用途及剩余资金安排;

②本次配套募集资金与本次重组事项的相关性,募集资金金额是否与挂牌公司及标的资产现有生产经营规模、财务状况相匹配等。

独立财务顾问应当对募集资金用途、合理性、必要性进行核查并发表明确意见。

(7)募集资金用于其他用途的,应当明确披露募集资金用途、资金需求的测算过程及募集资金的投入安排。

挂牌公司股票发行方案中应当详细披露前次发行募集资金的使用情况,包括募集资金的具体用途、投入资金金额以及对挂牌公司经营和财务状况的影响等。

十一、特殊投资条款的监管要求

1. 挂牌公司股票发行认购协议及相关补充协议中签订有业绩承诺及补偿、股份回购等特殊投资条款的,相关协议应当经过挂牌公司董事会与股东大会审议通过。

2. 挂牌公司与认购对象签订的认购协议中,以及挂牌公司控股股东、实际控制人或其他第三方与认购人签订的补充协议中,不得存在以下条款:

(1)挂牌公司作为特殊投资条款的义务承担主体;

(2)限制挂牌公司未来股票发行融资的价格或发行对象;

(3)强制要求挂牌公司进行权益分派,或不能进行权益分派;

(4)挂牌公司未来再融资时,如果新投资方与挂牌公司约定了优于本次发行的条款,则相关条款自动适用于本次发行认购方;

(5)发行认购方有权不经挂牌公司内部决策程序直接向挂牌公司派驻董事或者派驻的董事对挂牌公司经营决策享有一票否决权;

(6)不符合相关法律、法规规定的优先清算权、查阅权、知情权等条款;

(7)其他损害挂牌公司或者其股东合法权益的特殊投资条款。

挂牌公司应当在股票发行情况报告书中完整披露认购协议中的特殊条款;挂牌公司的主办券商和律师应当分别在“主办券商关于股票发行合法合规性意见”“股票发行法律意见书”中就特殊条款的合法合规性发表明确意见。

目前,小额贷款公司、融资担保公司、融资租赁公司、商业保理公司、典当公司等具有金融属性的挂牌公司(不包括“一行两会”监管的企业、私募基金管理机构,以下统称“其他具有金融属性的挂牌公司”)能否进行股票发行、重大资产重组(包括发行股票购买资产构成重大资产重组)等相关业务?挂牌公司的股票发行、收购(包括发行股票构成收购)等业务,如涉及其他具有金融属性的挂牌公司,有哪些监管要求?

根据《关于金融类企业挂牌融资有关事项的通知》(股转系统公告〔2016〕36号),其他具有金融属性的挂牌公司在相关监管政策明确前,应当暂停股票发行、重大资产重组等相关业务。

收购人在收购挂牌公司时,如收购人控制的企业中包含其他具有金融属性的企业,或收购人自身为其他具有金融属性的企业,应当承诺完成收购后不将其控制的其他具有金融属性的企业注入挂牌公司。被收购的挂牌公司不得经营其他具有金融属性的业务,但以募集资金之外的自有资金购买或者投资其他具有金融属性的企业相关资产,在购买标的或者投资对象中的持股比例不超过20%,且不成为投资对象第一大股东的除外。

非其他具有金融属性的挂牌公司发行股票的,发行对象不得以所持有的其他具有金融属性的企业相关资产进行认购;募集资金不得用于参股或控股其他具有金融属性的企业;如果其股东或子公司为其他具有金融属性的企业,应当承诺不以拆借等任何形式将募集资金提供给该其他具有金融属性的企业使用。非其他具有金融属性的挂牌公司可以以募集资金之外的自有资金购买或者投资其他具有金融属性的企业相关资产,但在购买标的或者投资对象中的持股比例不得超过20%,且不得成为投资对象的第一大股东。

私募基金管理机构股票发行应当满足《关于金融类企业挂牌融资有关事项的通知》(股转系统公告〔2016〕36号)等相关规定的监管要求。

十二、终止备案审查

1. 在股票发行备案审查期间,存在下列情形的,全国股转公司终止备案审查:

(1)挂牌公司因涉嫌违反证券法律、行政法规、规章,正被司法机关立案侦查或者被中国证监会及其派出机构立案调查,尚无明确结论的;

(2)挂牌公司存在违反募集资金管理和使用相关规定、违规对外担保、资金占用等行为,情节严重且提交备案材料时尚未整改完毕或消除影响的;

(3)挂牌公司未在规定期限内披露定期报告的;

(4)认购人以非现金资产认购股票,未完成相关资产权属过户或相关资产存在重大法律瑕疵的;

(5)挂牌公司与认购人协商一致,主动申请终止股票发行备案审查的;

(6)全国股转公司认定的其他情形。

2. 挂牌公司与认购人签订的认购合同中应当明确约定全国股转公司终止备案审查时退款安排等事项的纠纷解决机制。

3. 全国股转公司终止相关股票发行备案审查的,挂牌公司应当及时进行信息披露。

4. 全国股转公司终止相关股票发行备案审查后,相关情形消除的,挂牌公司与认购对象协商一致后,可以在董事会办理股票发行有关事项的有效期内重新提交备案材料。

第三节　股票发行对象

一、人数不得超过 35 人

公司确定发行对象时,公司的董事、监事、高级管理人员、核心员工与符合投资者适当性管理规定的自然人投资者、法人投资者及其他经济组织合计不得超过 35 人,如图 1－4 所示。

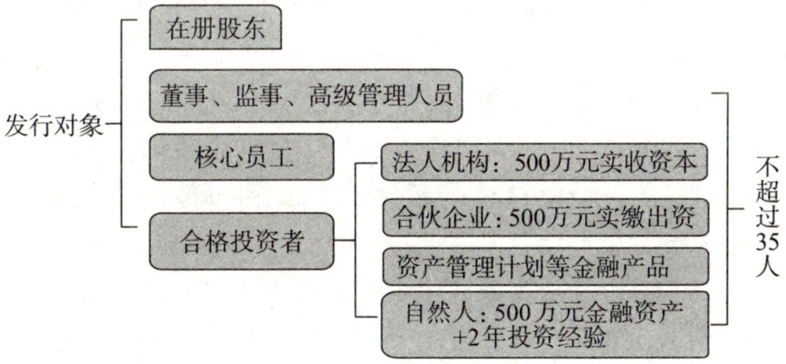

图 1－4　持股人不得超过 35 人

例外:中国证监会发布《证券期货法律适用意见第 14 号》,发行股份购买资产构成重组的发行对象突破 35 人及投资者适当性的限制。

二、核心员工

核心员工的认定,应当由公司董事会提名,并向全体员工公示和征求意见,由监事会发表意见后经股东大会审议批准。

这一规定调整了发行对象范围和人数限制:首先,公司在册股东参与定向发行的认购时,不占用 35 名认购投资者数量的名额,相当于扩大了认购对象的数量;其次,将董事、监事、高级管理人员、核心员工单独列示为一类特定对象,暗含着鼓励挂牌公司的董、监、高级核心人员持股,将董、监、高级核心人员的利益和股东利益绑定,降低道德风险;最后,将核心员工纳入定向增资的人员范围,明确了核心员工的认定方法,使原本可能不符合投资者适当性管理规定的核心员工也有了渠道和方法成为公司的股东,且增资价格协商确定,有利于企业灵活进行股权激励,形成完善的公司治理机制和稳定的核心业务团队。

三、合格投资者认定

1. 以下机构投资者可以申请参与挂牌公司股票公开转让:

(1)实收资本或实收股本总额500万元人民币以上的法人机构;

(2)实缴出资总额500万元人民币以上的合伙企业。

证券公司资产管理产品、基金管理公司及其子公司产品、期货公司资产管理产品、银行理财产品、保险产品、信托产品、经行业协会备案的私募基金等理财产品,社会保障基金、企业年金等养老金,慈善基金等社会公益基金,合格境外机构投资者(QFII)、人民币合格境外机构投资者(RQFII)等机构投资者,可以申请参与挂牌公司股票公开转让。

同时符合下列条件的自然人投资者可以申请参与挂牌公司股票公开转让:

(1)在签署协议之日前,投资者本人名下最近10个转让日的日均金融资产500万元人民币以上。金融资产是指银行存款、股票、债券、基金份额、资产管理计划、银行理财产品、信托计划、保险产品、期货及其他衍生产品等。

(2)具有2年以上证券、基金、期货投资经历,或者具有2年以上金融产品设计、投资、风险管理及相关工作经历,或者具有《证券期货投资者适当性管理办法》第8条第1款规定的证券公司、期货公司、基金管理公司及其子公司、商业银行、保险公司、信托公司、财务公司,以及经行业协会备案或者登记的证券公司子公司、期货公司子公司、私募基金管理人等金融机构的高级管理人员任职经历。

四、核查私募投资基金备案

1. 申请挂牌同时发行股票的,请主办券商和律师核查公司股票认购对象中是否存在私募投资基金管理人或私募投资基金,是否按照《证券投资基金法》《私募投资基金监督管理暂行办法》及《私募投资基金管理人登记和基金备案办法(试行)》等相关规定履行登记备案程序,并请分别在《推荐报告》《法律意见书》或其他关于股票发行的专项意见中说明核查对象、核查方式、核查结果并发表意见。

2. 在挂牌公司发行融资、重大资产重组等环节,对中介机构核查私募投资基金备案情况具体要求:

挂牌公司报送的股票发行融资备案材料中,主办券商和律师应当分别核查挂牌公司股票认购对象和挂牌公司现有股东中是否存在私募投资基金管理人或私募投资基金,其是否按照《证券投资基金法》《私募投资基金监督管理暂行办法》及《私募投资基金管理人登记和基金备案办法(试行)》等相关规定履行了登记备案程序,并分别在《主办券商关于股票发行合法合规性意见》和《股票发行法律意见书》中对核查对象、核查方式、核查结果进行专门说明。

挂牌公司披露的挂牌公司重大资产重组《独立财务顾问报告》和《法律意见书》中,独立财务顾问和律师应当分别核查交易对手方和挂牌公司现有股东中是否存在私募投资基金管理人或私募投资基金,其是否按照《证券投资基金法》《私募投资基金监督管理暂行办法》及《私募投资基金管理人登记和基金备案办法(试行)》等相关规定履行了登记备案程序,并对核查对象、核查方式、核查结果进行专门说明。

五、持股平台、员工持股计划

为保障股权清晰、防范融资风险,单纯以认购股份为目的而设立的公司法人、合伙企业等持股平台,不具有实际经营业务的,不符合投资者适当性管理要求,不得参与非上市公众公司的股份发行。

全国中小企业股份转让系统挂牌公司设立的员工持股计划,认购私募股权基金、资产管理计划等接受证监会监管的金融产品,已经完成核准、备案程序并充分披露信息的,可以参与非上市公众公司定向发行。其中金融企业还应当符合《关于规范金融企业内部职工持股的通知》(财金〔2010〕97 号)有关员工持股监管的规定。

报送挂牌公司股票发行备案材料时,股转公司要求在主办券商合法合规性意见和股票发行法律意见书中,就本次股票发行是否存在“股权代持”情形发表明确意见。挂牌公司股票发行审查要点中相应增加该审查要求。

判断一家有限合伙企业或公司是否属于持股平台的核心要素有两个:

(1)单纯以认购股份为目的而设立;

(2)不具有实际经营业务的。

因此,未来在新三板定增业务中判断持股平台可能要出以下几方面入手:

(1)认购主体的设立时间,如果是在定增前突击设立的,由于成立时间较短一般也不可能存在实际经营业务,基本可以判定属于持股平台;

(2)认购主体的经营范围,如果经营范围中多以“投资管理”“投资咨询”之类的业务范围为主,那么需要审慎判断是否属于“单纯以认购股份为目的设立”;

(3)认购主体的经营记录,从中介机构核查的角度,可以考虑要求有可能被认定为持股平台的认购主体提交最近一年的审计报告,如果通过认购主体的财务报告看出认购主体基本上不产生经营性的现金流,也可以判断属于“不具有实际经营业务的”持股平台。

第四节　股票发行工作流程

一、公司内部决策程序

挂牌公司董事会、股东大会应当对股票发行等事项作出决议。董事会、股东大会表决应当执行公司章程规定的表决权回避制度。

1. 董事会决议

挂牌公司董事会作出股票发行决议,应当符合下列规定:

(1)董事会决议确定具体发行对象的,董事会决议应当明确具体发行对象(是否为关联方)及其认购价格、认购数量或数量上限、现有股东优先认购办法等事项。认购办法中应当明确现有股东放弃优先认购股票份额的认购安排。已确定的发行对象(现有股东除外)与公司签署的附生效条件的股票认购合同应当经董事会批准。

(2)董事会决议未确定具体发行对象的,董事会决议应当明确发行对象的范围、发行价格区间、发行价格确定办法、发行数量上限、现有股东优先认购办法等事项。

(3)发行对象用非现金资产认购发行股票的,董事会决议应当明确交易对手(应当说明是否为关联方)、标的资产、作价原则及审计、评估等事项。

(4)董事会应当说明本次发行募集资金的用途。

(5)董事会决议确定具体发行对象的,挂牌公司应当与相关发行对象签订附生效条件的股票认购合同。认购合同应当载明该发行对象拟认购股票的数量或数量区间、认购价格、限售期,同时约定本次发行经公司董事会、股东大会批准后,该合同即生效。

董事会决议的主要内容包括:

(1)发行目的;

(2)发行对象范围(或发行对象)及现有股东的优先认购安排;

(3)发行价格及定价方法(已确定发行对象的前提下);

(4)发行股份数量;

(5)公司除息除权、分红派息及转增股本情况;
(6)本次股票发行限售安排及自愿锁定承诺;
(7)募集资金用途;
(8)本次股票发行前滚存未分配利润的处置方案;
(9)本次股票发行前拟提交股东大会批准和授权的相关事项;
(10)设立的募集资金专项账户事项及募集资金管理制度。

董事会审议的材料形式主要体现为:
(1)关于某公司股票发行方的议案;
(2)关于某公司章程修正案的议案;
(3)关于本次定向发行股份认购协议的议案;
(4)关于提请股东大会授权董事会全权办理本次股票发行相关事宜的议案;
(5)关于提请召开某公司某年第某次(临时)股东大会的议案;
(6)募集资金管理制度。

2. 股东大会决议

挂牌公司股东大会审议通过股票发行方案后,董事会决议作出重大调整的,公司应当重新召开股东大会。

二、发行、认购与备案

1. 发行方式

董事会决议确定具体发行对象的,挂牌公司应当按照股票发行方案和认购合同的约定发行股票。有优先认购安排的,应当办理现有股东优先认购手续。

董事会决议未确定具体发行对象的,可以通过询价确定发行对象、发行价格和发行股数。挂牌公司及主办券商可以向包括挂牌公司股东、主办券商经纪业务客户、机构投资者、集合信托计划、证券投资基金、证券公司资产管理计划以及其他个人投资者在内的询价对象进行询价,询价对象应当符合投资者适当性的规定。挂牌公司及主办券商应当在确定的询价对象范围内接收询价对象的申购报价;主办券商应根据询价对象的申购报价情况,按照价格优先的原则,并考虑认购数量或其他因素,与挂牌公司协商确定发行对象、发行价格和发行股数。确定发行价格后,挂牌公司应当与发行对象签订正式认购合同,发行对象应当按照合同约定缴款。

发行对象可用现金或者非现金资产认购发行股票。挂牌公司股票发行以现金认购的,公司现有股东在同等条件下对发行的股票有权优先认购。每一股东可优先认购的股份数量上限为股权登记日其在公司的持股比例与本次发行股份数量上限的乘积。公司章程对优先认购另有规定的,从其规定。

发行对象承诺对其认购股票进行转让限制的,应当遵守其承诺,并予以披露。

2. 披露认购公告

认购公告中应当包括股东大会股权登记日、现有股东优先认购安排、认购对象名称、认购数量、认购价格、认购方式、缴款账户、缴款时间等(附件1)。

现有股东优先认购安排包括但不限于以下内容:

(1)现有股东在本次发行前放弃优先认购的情况;

(2)现有股东优先认购的缴款期限和缴款方式;

(3)现有股东放弃优先认购股份的处理方式。

公司章程已约定不安排优先认购或全体现有股东在发行前放弃优先认购的,也应予以专门说明。

缴款账户应为挂牌公司董事会为本次发行批准设立的募集资金专户,该专户不得存放非募集资金或用作其他用途。

3. 认购与缴款

发行对象可用现金、非现金资产,以及同时以非现金资产和现金认购发行股票。

参与认购的投资者和现有股东应按照认购公告和认购合同的约定,在缴款期内进行缴款认购。认购完成后,挂牌公司应当按照相关规定,办理验资手续。验资报告应当由具有证券、期货相关业务资格的会计师事务所出具。挂牌公司在取得股份登记函之前,不得使用本次股票发行募集的资金。如需延期缴款认购的,挂牌公司应最迟于缴款截止日披露延期认购公告。

4. 披露认购结果公告

挂牌公司最迟应当在缴款期限届满后两个转让日披露认购结果公告。认购结果公告中应当包括最终认购对象名称、认购数量、认购价格、认购金额、募集资金总额等(附件2)。

5. 披露中介机构专项意见

主办券商、律师应当在认购结果公告披露后10个转让日内,按照要求出具并披露主办券商关于股票发行合法合规性意见和法律意见书。

6. 报送信息披露文件及信息披露文件审查

主办券商应当在挂牌公司披露董事会决议公告、股票发行方案、股东大会通知公告(如有)、审计或评估报告(如有)、收购类公告(如有)、股东大会决议公告

（如有）、认购公告、延期认购公告（如有）、认购结果公告、中介机构专项意见的当日，按照相关要求，通过股票发行电子化报送与审查系统（以下简称发行电子化系统）完成公告关联等业务操作。

全国股转公司对信息披露文件进行审查，如发现挂牌公司、主办券商、律师事务所有需要补充披露或说明的情形，将向主办券商发送问题清单。相关主体应当在10个转让日内，对问题清单进行回复，特殊情况下，可以申请延期；经全国股转公司确认后，挂牌公司、主办券商、律师可以对已披露公告进行更正或进行补充披露。

7. 签订募集资金专户三方监管协议与验资

（1）挂牌公司应当在发行认购结束后，与主办券商、存放募集资金的商业银行签订募集资金三方监管协议（附件3）。

（2）挂牌公司应当在认购完成后的10个转让日内，按照相关规定办理验资手续。

8. 提交备案文件

挂牌公司应当在签订募集资金专户三方监管协议且完成验资后的10个转让日内，按照相关要求，通过发行电子化系统向全国股转公司报送备案文件。

经接收人员核对，确认提交的文件齐备后，向挂牌公司出具《股票发行备案受理通知书》。文件一经受理，未经全国股转公司同意，不得变更或撤回。

在挂牌公司认购完成后，至提交备案文件前，如出现2018年10月25日全国中小企业股份转让系统有限责任公司发布的《关于挂牌公司股票发行有关事项的规定》（股转系统公告〔2018〕1220号，以下简称（《发行规定》）第20条或其他可能对本次发行产生影响的重大事项，主办券商应当在提交备案文件时向全国股转公司一并提交相关情况说明。

9. 备案材料审查

全国股转公司对提交的备案文件进行审查。如发现挂牌公司、主办券商有需要补充披露或说明的情形，将向主办券商发送问题清单。主办券商应协助挂牌公司在10个转让日内提供补充材料，并对问题清单进行回复，特殊情况下，可以申请延期。

10. 出具股份登记函

全国股转公司对文件审查后出具股份登记函，送达挂牌公司并送交中国证券登记结算有限责任公司北京分公司（以下简称中国结算北京分公司）和主办券商。

11. 披露相关公告并办理股份登记

挂牌公司按照中国结算北京分公司发布的《全国中小企业股份转让系统股份登记结算业务指南》的要求向中国结算北京分公司申请办理股份登记。

公司办理股份登记时,应与中国结算北京分公司协商确定新增股份挂牌并公开转让日期,并按照相关要求披露股票发行情况报告书、本次股票发行新增股份挂牌并公开转让公告、权益变动报告书(如有)。

12. 公开转让

完成股份登记后,本次股票发行中无限售条件和无锁定承诺的股份按照挂牌转让公告中安排的时间在全国股转系统公开转让。

13. 经中国证监会核准发行的特殊要求

中国证监会对挂牌公司的定向发行申请作出受理、中止审查、核准、不予核准的决定后,挂牌公司应当在两个转让日内披露相关情况。在中国证监会作出核准决定前,挂牌公司不得披露认购公告,安排认购事宜。

中国证监会作出核准决定后,挂牌公司应当在两个转让日内披露定向发行说明书、主办券商推荐工作报告、法律意见书等文件。

三、挂牌公司主动申请终止股票发行备案审查业务流程

1. 董事会与股东大会决议

挂牌公司主动申请终止股票发行备案审查,应当经董事会、股东大会审议通过,且在两个转让日内披露相关决议公告。

2. 退款安排

挂牌公司应当结合认购协议中关于终止备案审查时的退款安排等事项的纠纷解决机制,在相关申请文件中说明是否与全部认购对象就退款事宜协商一致。

3. 提交文件

挂牌公司主动申请终止股票发行备案审查的,应当在审议终止股票发行的股东大会审议通过后10个转让日内按照要求报送相关申请文件。

经接收人员核对,确认提交的文件齐备后,向挂牌公司出具《终止股票发行备案受理通知书》。文件一经接收受理,未经全国股转公司同意,不得变更或撤回。

4. 材料审查

全国股转公司对报送文件进行审查。如发现挂牌公司、主办券商有需要补充披露或说明的情形,将向主办券商发送问题清单。主办券商应协助挂牌公司在10个转让日内提供补充材料,并对问题清单进行回复,特殊情况下,可以申请

延期。

5. 出具终止股票发行备案审查通知书

全国股转公司对文件审查后出具终止股票发行备案审查通知书，送达挂牌公司和主办券商。

6. 披露相关公告

挂牌公司在取得终止股票发行备案审查通知书后两个转让日内，披露股票发行终止备案审查公告。

表 1－3 挂牌公司申请终止股票发行流程

<table>
<tr><td colspan="6">第一步召开董事会</td></tr>
<tr><td>序号</td><td colspan="2">工作内容</td><td colspan="2">需要披露文件</td><td>披露时间</td></tr>
<tr><td>1</td><td colspan="2">草拟股票发行方案</td><td colspan="2">1.《董事会决议公告》</td><td rowspan="3">T</td></tr>
<tr><td>2</td><td colspan="2">公司召开董事会，审核通过股票发行方案，通知召开临时股东大会</td><td colspan="2">2.《召开股东大会通知》</td></tr>
<tr><td>3</td><td colspan="2">股转公司审核股票发行方案</td><td colspan="2">3.《股票发行方案》</td></tr>
<tr><td colspan="6">第二步召开临时股东大会</td></tr>
<tr><td>序号</td><td colspan="2">工作内容</td><td colspan="2">需要披露文件</td><td>披露时间</td></tr>
<tr><td>1</td><td colspan="2">草拟股票发行认购办法</td><td colspan="2">《股东大会决议公告》</td><td>T＋15</td></tr>
<tr><td>2</td><td colspan="2">审议通过股票发行议案</td><td colspan="2" rowspan="3">《股票发行认购公告》</td><td rowspan="3">缴款起始日前两转让日</td></tr>
<tr><td>3</td><td colspan="2">授权董事会办理相关事宜</td></tr>
<tr><td>4</td><td colspan="2">修改公司章程</td></tr>
<tr><td colspan="6">第三步缴款与披露认购结果公告</td></tr>
<tr><td>序号</td><td colspan="2">工作内容</td><td colspan="2">需要披露文件</td><td>时间</td></tr>
<tr><td>1</td><td colspan="2">缴款</td><td colspan="2"></td><td>缴款期限内</td></tr>
<tr><td>2</td><td colspan="2">披露认购结果</td><td colspan="2">《股票发行认购结果公告》</td><td>缴款期限届满后两个转让日</td></tr>
<tr><td colspan="3">第四步缴款与披露认购结果公告</td><td colspan="3">披露中介机构意见</td></tr>
<tr><td>序号</td><td>工作内容</td><td>时间</td><td>序号</td><td>披露文件</td><td>时间</td></tr>
<tr><td>1</td><td>签署募集资金三方监管协议</td><td rowspan="2">认购完成后 10 个工作日内</td><td>1</td><td>法律意见书</td><td rowspan="3">认购结果公告披露后 10 个转让日内</td></tr>
<tr><td>2</td><td>验资</td><td rowspan="2">2</td><td rowspan="2">主办券商关于股票发行合法合规性意见</td></tr>
<tr><td>3</td><td>提交备案文件</td><td>验资完成后 10 个工作日内</td></tr>
<tr><td colspan="6">第五步股转出具股份登记函</td></tr>
<tr><td colspan="6">第六步披露相关公告并办理股份登记</td></tr>
</table>

续表

序号	工作内容		需要披露文件		披露时间
1	中登办理股权登记	1. 股票发行情况报告书			
2	工商登记	2. 本次股票发行新增股份挂牌并公开转让公告			
		3. 权益变动报告书(如有)			

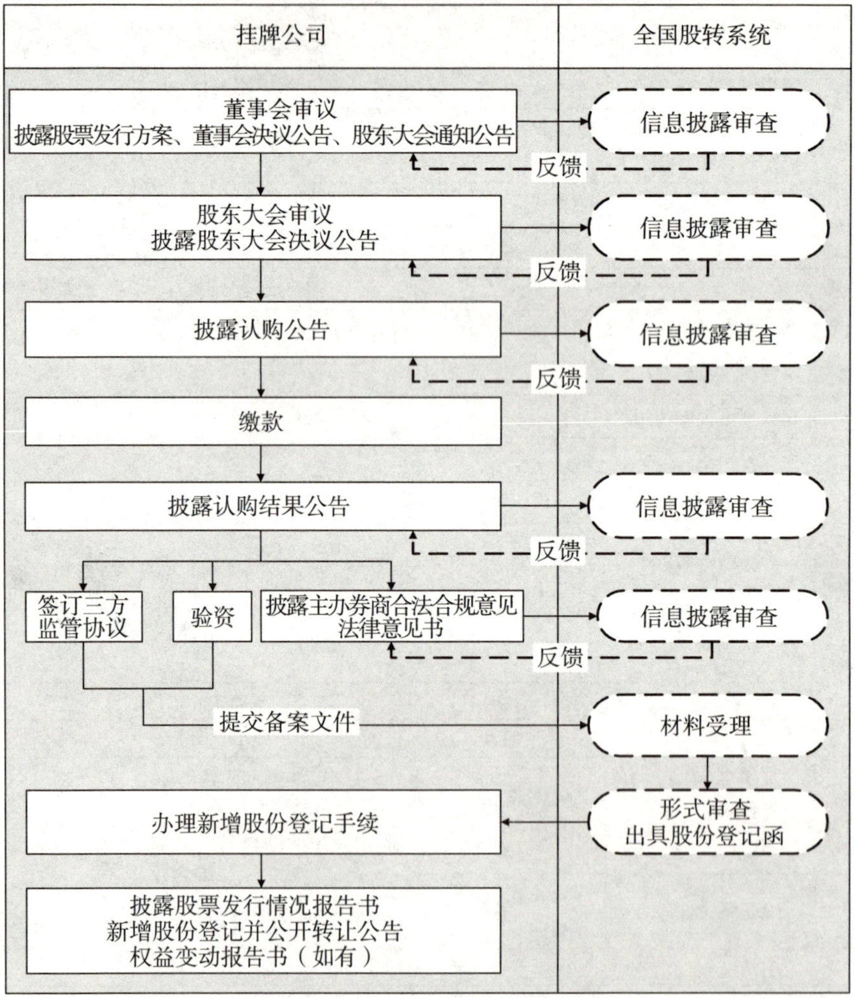

图1-5　挂牌公司股票发行流程

附件 1

股票发行认购公告模板

公告编号：

证券代码：　　　　　　　证券简称：　　　　　　　主办券商：

××××股份(有限)公司股票发行认购公告

本公司及董事会全体成员保证公告内容不存在任何虚假记载、误导性陈述或者重大遗漏,并对其内容的真实、准确和完整承担个别及连带责任。 董事×××、×××因(具体和明确的理由)不能保证公告内容真实、准确、完整。

________年________月________日,××××股份(有限)公司20××年度第×次临时股东大会审议通过《××××股份(有限)公司股票发行方案》,现就认购事宜安排如下：

现有股东优先认购安排

现有股东的认定：

现有股东行使/放弃优先认购权的具体情况：

现有股东缴款时间：

1. 缴款起始日：

2. 缴款截止日：

其他相关事项：

其他投资者认购程序

其他投资者认购安排：

挂牌公司应当以表格形式明确披露其他投资者名称、认购数量、认购价格、认购金额、认购方式等基本信息。

其他投资者缴款时间

1. 缴款起始日：

2. 缴款截止日：

认购程序：

认购成功的确认方法：

其他相关事项：

缴款账户

户名:

开户行:

账号:

银行对增资款缴款的要求:

其他注意事项

联系方式

联系人姓名:

电话:

传真:

联系地址:

特此公告。

××××股份(有限)公司董事会

××××年××月××日

附件2

股票发行认购结果公告模板

公告编号:

证券代码:　　　　　　　证券简称:　　　　　　　主办券商:

××××股份(有限)公司股票发行认购结果公告

本公司及董事会全体成员保证公告内容不存在任何虚假记载、误导性陈述或者重大遗漏,并对其内容的真实、准确和完整承担个别及连带责任。 董事×××、×××因(具体和明确的理由)不能保证公告内容真实、准确、完整。

________年________月________日,××××股份(有限)公司20××年度第×次临时股东大会审议通过《××××股份(有限)公司股票发行方案》,并于________年________月________日披露《××××股份(有限)公司股票发行认购公告》及《××××股份(有限)公司股票发行延期认购公告》(如有),对于投资者认购安排、认购成功的确认办法、缴款账户及其他事项进行了说明。

本次认购对象合计××人,募集资金合计××万元。现将具体认购结果公告如下：

现有股东优先认购结果

挂牌公司应当以表格形式明确披露参与优先认购的现有股东数量、现有股东名称、股权登记日持股比例、优先认购比例、优先认购数量、认购价格、认购金额、认购方式等基本信息。

其他投资者认购结果

挂牌公司应当以表格形式披露其他投资者数量、其他投资者名称、认购数量、认购价格、认购金额、认购方式等基本信息。

备查文件

《股票发行认购协议》 《认购缴款单》或《银行缴款回单》 其他文件

特此公告。

××××股份(有限)公司董事会

××××年××月××日

附件3

募集资金三方监管协议(范本)

甲方：____________________公司(以下简称甲方)

乙方：__________银行__________分行(以下简称乙方)

丙方：____________________(主办券商)(以下简称丙方)

注释：协议甲方是实施募集资金投资项目的法人主体，如果募集资金投资项目由挂牌公司直接实施，则挂牌公司为协议甲方，如果由子公司或者挂牌公司控制的其他企业实施，则挂牌公司、子公司或者挂牌公司控制的其他企业为协议共同甲方。

本协议以全国中小企业股份转让系统股票发行相关业务规则中相关条款为依据制定。

为规范甲方募集资金管理，保护投资者合法权益，根据有关法律法规及全国

中小企业股份转让系统股票发行相关业务规则的规定,甲、乙、丙三方经协商,达成如下协议:

一、甲方已在乙方开设募集资金专项账户(以下简称专户),账号为__________________________________,专户金额为________。该专户仅用于甲方____________________________(募集资金用途),不得用作其他用途。

二、甲乙双方应当共同遵守《中华人民共和国票据法》《支付结算办法》《人民币银行结算账户管理办法》等法律、行政法规、部门规章。

三、丙方作为甲方的主办券商,应当依据有关规定指定主办券商负责人或者其他工作人员对甲方募集资金使用情况进行监督。丙方应当依据全国中小企业股份转让系统股票发行相关业务规则要求履行持续督导职责,并有权采取现场核查、书面问询等方式行使其监督权。甲方和乙方应当配合丙方的核查与查询。丙方对甲方现场核查时应同时检查募集资金专户存储情况。

四、甲方授权丙方指定的主办券商负责人________、________可以随时到乙方查询、复印甲方专户的资料;乙方应当及时、准确、完整地向其提供所需的有关专户的资料。

主办券商负责人向乙方查询甲方专户有关情况时应出具本人的合法身份证明;丙方指定的其他工作人员向乙方查询甲方专户有关情况时应出具本人的合法身份证明和单位介绍信。

五、乙方按月(每月________日之前)向甲方出具对账单,并抄送丙方。

乙方应保证对账单内容真实、准确、完整。

六、甲方一次或者十二个月以内累计从专户中支取的金额超过________万元或募集资金净额的________%(具体金额由甲方与丙方协商确定)的,乙方应当及时以传真方式通知丙方,同时提供专户的支出清单。

七、丙方有权根据有关规定更换指定的主办券商负责人。丙方更换主办券商负责人的,应将相关证明文件书面通知乙方,同时按本协议第十一条的要求向甲方、乙方书面通知更换后的主办券商负责人联系方式。更换主办券商负责人不影响本协议的效力。

八、乙方连续三次未及时向丙方出具对账单或者向丙方通知专户大额支取情况,以及存在未配合丙方调查专户情形的,丙方有权提示甲方及时更换专户,甲方有权单方面终止本协议并注销募集资金专户。

九、本协议自甲、乙、丙三方法定代表人或其授权代表签署并加盖各自单位公章之日起生效，至专户资金全部支出完毕后失效。

十、本协议一式________份，甲、乙、丙三方各持一份，向全国股转系统报备一份，其余留甲方备用。

十一、联系方式：

1. ____公司(甲方)

地址：____

邮编：____

传真：____

联系人：____

电话：____

手机：____

E-mail：____

2. __________________________银行__________________分行(乙方)

地址：____

邮编：____

传真：____

联系人：____

电话：____

手机：____

E-mail：____

3. ____(主办券商)(丙方)

地址：____

邮编：____

主办券商负责人A：________________________________

电话：____

手机：____

E-mail：____

传真：____

主办券商负责人B：________________________________

电话：____

手机：____

E-mail：____

传真:______________________________

协议签署:

甲方:______________________股份(有限)公司(盖章)

法定代表人或授权代表:______________________

20______年______月______日

乙方:__________银行__________分行__________支行(盖章)

法定代表人或授权代表:______________________

20______年______月______日

丙方:____________________证券股份(有限)公司(盖章)

法定代表人或授权代表:______________________

20______年______月______日

附件4

挂牌公司股票发行备案报告模板

(豁免申请核准的股票发行适用)

××××股份(有限)公司股票发行备案报告

全国中小企业股份转让系统有限责任公司:

××××股份(有限)公司经××××证券股份有限(或有限责任)公司推荐,于××××年××月××日在全国中小企业股份转让系统(或原代办股份转让系统)挂牌,证券简称:××××,证券代码:××××。

××××于××××年××月××日召开董事会,审议通过了拟进行股票发行的决议和本次股票发行方案。××××年××月××日公司召开股东大会,经出席会议的有表决权股东所持表决权2/3以上通过,决议批准本次股票发行。

××××年××月××日至××月××日,发行对象就本次股票发行的股份进行了认购。本次发行对象合计×人,包括公司在册股东×人,其中董事、监事、高级管理人员、核心员工×人;新增股东×人,其中董事、监事、高级管理人员、核心员工×人,符合投资者适当性管理规定的其他自然人投资者×人,法人及其他经济组织投资者×人。

截至本次股票发行股权登记日××××年××月××日,我司共有×名在册股东。本次股票发行完成后,股东人数合计×人。因本次股票发行完成后,股东累计不超过 200 人，依据《非上市公众公司监督管理办法》的规定，豁免向中国证监会申请核准。

本次股票发行总计××××万股，其中限售××××万股，不予限售××××万股（详见附表）。现特向贵公司申请备案，并请予出具股份登记函。

××××股份（有限）公司

（盖章）

××××年××月××日

附表

本次发行股票登记明细表

公司全称：××××股份（有限）公司　证券简称：××××

证券代码：××××　主办券商：××证券　单位：股

序号	股东姓名或名称	是否为董事、监事、高级管理人员	身份证号或统一社会信用代码	是否为做市股份	本次股票发行新增股份数量	本次限售股份数量	不予限售的股份数量
1							
2							
合计							

附件 5

挂牌公司申请出具股份登记函的报告模板

（经中国证监会核准的股票发行适用）

××××股份（有限）公司申请出具股份登记函的报告

全国中小企业股份转让系统有限责任公司：

××××股份（有限）公司经××××证券股份有限（或有限责任）公司推荐，于××××年××月××日在全国中小企业股份转让系统（或原代办股份转让系统）挂牌，证券简称：××××，证券代码：××××。

××××于××××年××月××日召开董事会，审议通过了拟进行股票发行的决议和本次股票发行方案。××××年××月××日公司召开股东大会，经出席会议的有表决权股东所持表决权 2/3 以上通过，决议批准本次股票发行。

××××年××月××日,中国证监会以××××号文核准本次股票发行。

××××年××月××日至××月××日,发行对象就本次股票发行的股份进行了认购。本次股票发行股份总计××××万股,其中限售××××万股,不予限售××××万股(详见附表)。

现特向贵公司申请出具股份登记函。

××××股份(有限)公司

(盖章)

××××年××月××日

附表

本次发行股票登记明细表

公司全称:××××股份(有限)公司　证券简称:××××

证券代码:××××　主办券商:××证券　单位:股

序号	股东姓名或名称	是否为董事、监事、高级管理人员	身份证号或统一社会信用代码	是否为做市股份	本次股票发行新增股份数量	本次限售股份数量	不予限售的股份数量
1							
2							
合计							

附件6

××××股份(有限)公司及相关股东关于提请协助出具限售股份登记函的申请书

全国中小企业股份转让系统有限责任公司:

××××股份(有限)公司(公司简称:××××;证券代码:××××)××等××名股东自愿锁定其持有××××股份(有限)公司的股份(具体锁定股份数量和锁定时间详见附表),经与××××股份(有限)公司协商一致,现向全国中小企业股份转让系统有限责任公司申请协助出具限售股份登记函,以便于在中国证券登记结算有限责任公司办理上述限售股份登记手续。

申请人:××××股份(有限)公司(盖章)

股东××(签字)

申请日期:××××年××月××日

附表

挂牌公司股东所持股份转让限制明细表(＊. xls 格式)

公司全称:××××股份有限公司　证券简称:××××　证券代码:××××　单位:股

序号	股东名称	任职	是否为控股股东、实际控制人	身份证号或统一社会信用代码	本次股票发行新增的股份数量	本次股票发行新增的无限售股份数量	本次申请转让限制登记股份数量			自愿限售股份时间(××年×月×日～××年×月×日)
							法定限售数量	自愿限售数量	限售数量合计	
1										
2										
合计										

主办券商盖章

××××年××月××日

附件 7

××证券公司关于××××股份(有限)公司

自愿限售股份申请限售登记的审查意见

全国中小企业股份转让系统有限责任公司:

经核查,××××股份(有限)公司(公司简称:××××;证券代码:××××)××、××等××名股东与××××股份(有限)公司协商一致,承诺自愿锁定其持有××××股份(有限)公司的股份,××××股份(有限)公司于××××年××月××日向贵司提交的《××××股份(有限)公司及相关股东关于提请协助出具限售股份登记函的申请书》真实、准确、完整,××、××等××名股东在《××××股份(有限)公司及相关股东关于提请协助出具限售股份登记函的申请书》上的签字或盖章为其本人自愿、真实签署。

××证券(盖章)

××××年××月××日

附件 8

××××股份(有限)公司关于终止股票发行备案的申请

全国中小企业股份转让系统有限责任公司:

××××股份(有限)公司(公司简称:××××;证券代码:××××)于××××年××月××日召开董事会,于××××年××月××日召开股东大会,审议通过了《××××股份(有限)公司股票发行方案》(请具体写明议案名称)等相关议案,并于××××年××月××日向全国股转公司报送了《××××股份(有限)公司股票发行备案报告》及相关文件。

现因×××(请详细说明终止原因),本公司决定终止此次股票发行,并于××××年××月××日召开董事会,××××年××月××日召开股东大会,审议通过了终止此次股票发行的议案,上述董事会、股东大会决议和终止股票发行的公告已及时披露。

目前公司已与全部认购人就终止股票发行和退款事宜达成一致意见,现特向贵公司申请终止本次股票发行备案。

××××股份(有限)公司

(盖章)

××××年××月××日

附件 9

××证券公司关于××××股份(有限)公司终止股票发行备案的审查意见

全国中小企业股份转让系统有限责任公司:

经核查,××××股份(有限)公司(公司简称:××××;证券代码:××××)于××××年××月××日召开董事会,于××××年××月××日召开股东大会,审议通过了《××××股份(有限)公司股票发行方案》(请具体写明议案名称),并于××××年××月××日向全国股转公司报送了《××××股份(有限)公司股票发行备案报告》及相关文件。

现因×××(请详细说明终止原因),××××公司决定终止此次股票发行,并于××××年××月××日召开董事会,××××年××月××日召开股东大会,审议通过终止此次股票发行的议案。

经核查,××××公司终止股票发行程序合法合规,并已及时履行了信息披露义务。××××公司已与全部认购人就终止发行和退款事宜达成一致意见,

《××××股份(有限)公司关于终止股票发行备案的申请》及相关文件真实、准确、完整。

××证券

(盖章)

××××年××月××日

第五节　发行业务相关文件的内容与格式

一、股票发行备案文件内容

挂牌公司在验资完成后10个转让日内,报送以下备案文件:

1－1 股票发行情况报告书

2－1 募集资金三方监管协议

2－2 股票发行备案报告

2－3 挂牌公司全体董事对备案文件真实性、准确性和完整性的承诺书

2－4 本次股票发行的验资报告

2－5　××股份(有限)公司及相关股东关于提请协助出具限售股份登记函的申请书(如有)

2－6　××证券公司关于××股份(有限)公司自愿限售股份申请限售登记的审查意见(如有)

2－7 签字注册会计师、律师或者资产评估师的执业证书复印件及其所在机构的执业证书复印件

2－8 国资、外资等相关主管机关核准、登记、备案相关文件(如有)

2－9 资产权属证明文件(如有)

2－10 资产生产经营所需行业资质的资质证明或批准文件(如有)

2－11 挂牌公司及中介机构联系方式

2－12 要求报送的其他文件

二、文件格式

1. 信息披露文件、备案文件所有需要签名处,均应为签名人亲笔签名,不得以名章、签名章等代替。

2. 备案文件的封面应标明"××公司股票发行备案文件"字样,扉页应标明挂牌公司法定代表人、董事会秘书或信息披露事务负责人及联系方式,主办券商主管

领导、项目负责人,以及相关中介机构项目负责人姓名、电话、传真等联系方式。

3. 信息披露文件、备案文件章与章之间、节与节之间应有明显的分隔标识,文件中的页码应与目录中的页码相符。

三、相关文件审核要点

(一)股票发行方案

1. "公司基本信息"部分需要包含以下信息:

公司名称、证券简称、证券代码;公司的注册地址、联系方式;公司的法定代表人、董事会秘书或信息披露负责人。

2. "发行计划"部分需要包含以下信息:

(1)发行目的;

(2)发行对象或发行对象的范围,以及现有股东的优先认购安排;

①股票发行确定对象的,应介绍新增发行对象基本情况,并说明是否存在关联关系;发行对象为券商的,应当明确是否为做市库存股;

②以现金认购发行股票的,现有股东在同等条件下对发行的股票享有优先认购权,除非公司章程另有规定(现有股东是指召开股东大会股权登记日的在册股东);

③排除适用优先认购的表述应当合规、清楚。

(3)发行价格或价格区间,以及定价方法;

①结合发行价格初步判定可能适用股份支付的,做好股份支付的说明;

②发行价格不确定的,应当明确价格区间,包括价格的上限和下限。

(4)发行股份数量或数量上限,预计募集资金总额;

①发行价格与发行股份数量的乘积应该为预计募集资金总额;

②发行价格区间与发行股份数量上限的乘积应该与预计募集资金总额对应。

(5)在董事会决议日至股份认购股权登记日期间预计将发生除权、除息的,是否已说明发行数量和发行价格是否相应调整;以及公司挂牌以来的分红派息、转增股本及其对公司价格的影响;

(6)本次发行股票的限售安排或发行对象自愿锁定的承诺;

(7)募集资金用途;

(8)本次发行前滚存未分配利润的处置方案;

(9)本次发行拟提交股东大会批准和授权的相关事项;

(10)本次发行涉及主管部门审批、核准或备案事项情况。

3."董事会关于本次发行对公司影响的讨论与分析"部分需要包含以下信息:

(1)公司与控股股东及其关联人之间的业务关系、管理关系、关联交易及同业竞争等变化情况;

(2)本次发行对其他股东权益或其他类别股东权益的影响;

(3)与本次发行相关特有风险的说明。

4.发行方案中认购合同摘要(董事会确定发行对象的情形适用)需要包含以下信息:

(1)合同主体、签订时间;

(2)认购方式、支付方式;

(3)合同的生效条件和生效时间;

(4)合同附带的任何保留条款、前置条件;

(5)自愿限售安排;

(6)估值调整条款;

(7)违约责任条款。

5."其他重大事项"部分需要包含以下信息:

(1)公司的权益被股东及其关联方严重损害且尚未消除的情形;

(2)公司及其附属公司违规对外提供担保且尚未解除的情形;

(3)现任董事、监事、高级管理人员最近24个月内受到过中国证监会行政处罚,或者最近12个月内受到过全国股份转让系统公司公开谴责的情形;

(4)其他严重损害股东合法权益或者社会公共利益的情形。

(二)验资报告

1.验资报告不能由会计师事务所分所出具;

2.验资报告不能仅就新增加的注册资本做说明,还应当就计入资本公积的新增资本说明;

3.出具验资报告的会计师事务所应当具备证券、期货从业资格。

(三)涉及资产认购股票发行项目的特殊要求

1.董事会决议和盈利预测报告

(1)董事会决议是否明确交易对手(是否为关联方)、标的资产、作价原则及审计、评估等事项;

(2)以非现金资产认购股票涉及资产审计、评估或者盈利预测的,经具有证券、期货相关业务资格的中介机构出具的资产审计结果、评估结果和盈利预测报告是否最晚和召开股东大会的通知同时公告。

2. 股票发行方案

(1)以非股权资产认购发行股票的,需要披露相关资产的下列基本情况:

①相关资产的名称、类别以及所有者和经营管理者的基本情况;

②资产权属是否清晰,是否存在权利受限、权属争议或者妨碍权属转移的其他情况;

③相关资产涉及许可他人使用,或者作为被许可方使用他人资产的,是否简要披露许可合同的主要内容资产交易;

④涉及债权债务转移的,是否披露了相关债权债务的基本情况,债权人同意转移的证明及与此相关的解决方案所从事业务需要取得许可资格或资质的,是否披露当前许可资格或资质的状况;

⑤涉及需呈报有关主管部门批准的,是否说明已获得有效批准相关资产独立运营和核算的,是否披露了最近一年及一期(如有)经具有证券、期货相关业务资格的会计师事务所审计的财务报表及审计意见;

⑥财务报表被出具非标准审计意见的,是否披露了涉及事项及其影响;

⑦资产的交易价格、定价依据,资产评估方法及资产评估价值。

(2)以股权资产认购发行股票的,需要披露相关股权的下列基本情况:

①股权所在公司的名称、企业性质、注册地、主要办公地点、法定代表人、注册资本、实收资本;

②股权及控制关系,包括公司的主要股东及其持股比例、最近两年控股股东或实际控制人的变化情况;

③股东出资协议及公司章程中可能对本次交易产生影响的主要内容;

④原高管人员的安排;

⑤股权权属是否清晰、是否存在权利受限、权属争议或者妨碍权属转移的其他情况;

⑥股权资产为有限责任公司股权的,股权转让是否已取得其他股东同意,或有证据表明其他股东已放弃优先购买权;

⑦股权对应公司所从事业务需要取得许可资格或资质的,还应当披露当前许可资格或资质的状况;

⑧涉及需呈报有关主管部门批准的,应说明是否已获得有效批准;

⑨股权对应公司主要资产的权属状况及对外担保和主要负债情况;

⑩披露最近一年及一期(如有)经具有证券、期货相关业务资格的会计师事务所审计的财务报表及审计意见,被出具非标准审计意见的应当披露涉及事项及其影响;

⑪股权的交易价格、定价依据,资产评估方法及资产评估价值(如有);

⑫资产交易价格以经审计的账面值为依据的,公司董事会应当对定价合理性予以说明;

⑬资产交易根据资产评估结果定价的,在评估机构出具资产评估报告后,公司董事会应当对评估机构的独立性、评估假设前提和评估结论的合理性、评估方法的适用性、主要参数的合理性、未来收益预测的谨慎性等问题发表意见,并说明定价的合理性,资产定价是否存在损害公司和股东合法权益的情形。

(3)资产转让合同的内容摘要需要包括以下内容:

①合同主体、签订时间;

②认购方式、支付方式;

③合同的生效条件和生效时间;

④合同附带的任何保留条款、前置条件;

⑤自愿限售安排;

⑥估值调整条款;

⑦违约责任条款;

⑧目标资产及其价格或定价依据;

⑨资产交付或过户时间安排;

⑩资产自评估截止日至资产交付日或过户日所产生收益的归属;

⑪与资产相关的负债及人员安排。

(4)主办券商关于股票发行合法合规性意见

主办券商对交易对手是否为关联方、标的资产权属是否清晰、审计或资产评估是否规范等事项发表明确意见;涉及需呈报有关主管部门批准的,主办券商需对是否已获得有效批准发表明确意见;资产相关业务需要取得许可资格或资质的,主办券商需对是否具备相关许可资格或资质发表明确意见。

(5)法律意见书

①说明资产评估程序是否合法合规,是否存在资产权属不清或者其他妨碍权属转移的法律风险;

②标的资产尚未取得完备权属证书的,应说明取得权属证书是否存在法律障碍;

③涉及需呈报有关主管部门批准的,应说明是否已获得有效批准;

④资产相关业务需要取得许可资格或资质的,应说明是否具备相关许可资格或资质。

四、股票发行常见问题

1. 挂牌公司进行定向发行,定向发行对象是否有数量限制?

【答复】依据《非上市公众公司监督管理办法》第39条之规定,除公司原股东之外,每次定向发行,发行对象为公司董事、监事、高级管理人员、核心员工,以及符合投资者适当性管理规定的自然人投资者、法人投资者、其他经济组织的,合计不得超过35人。

2. 定向发行对象为外资企业的是否有限制性规定?

【答复】全国股转系统原则上对此没有限制性规定,但引入外资企业应符合国家有关部门对行业准入、外汇等相关规定。

3. 境外机构和外国人是否可以直接参与定向增发及交易?外资股东如何办理开具股票交易账户?

【答复】全国股转系统是经国务院批准设立的全国性证券交易场所,所有符合《合格境外机构投资者境内证券投资管理办法》和《人民币合格境外机构投资者境内证券投资试点办法》规定的合格境外机构投资者(QFII)和人民币合格境外机构投资者(RQFII)均可参与。外资股东办理证券账户应遵照中国证券登记结算有限责任公司《关于外国战略投资者开立A股证券账户等有关问题的通知》。

4. 合伙企业能否参与认购挂牌公司定向发行的股份?

【答复】在符合投资者适当性的前提下,可以参与认购。

5. 挂牌公司准备向外部投资者和原股东定向增资,价格不一,是否可以?

【答复】不可以。挂牌公司定向发行应遵循同股同价原则。同一次定向发行中,不同认购对象的认购价格应保持一致。如果员工认购股份构成股份支付的,应执行有关会计准则并进行信息披露。

6. 定向发行募集资金用于股权投资的,是否可以根据公司战略调整在必要时出售其购买的子公司股份,是否会影响公司下一轮定向发行?

【答复】公司依战略调整出售子公司股份属于公司自治的范畴,不会影响公司下一轮定向发行。但公司应依公司章程及公司治理的有关要求,履行相应程序,如存在关联交易应及时履行信息披露义务。

7. 定向发行申请文件中律师事务所出具的法律意见书是否是必须项，为控制成本，是否可以省略？

【答复】是必须项，不能省略。

8. 定向发行业务申请备案时，何种情况下需要提交审计报告，何种情况下需要提交资产评估报告？

【答复】发行对象可以以非现金资产认购新增股份，非现金资产应当经过具有证券、期货相关业务资格的会计师事务所、资产评估机构审计或评估。

非现金资产若为股权资产，应当提供会计师事务所出具的标的资产最近一年一期的审计报告，审计截止日距审议该交易事项的股东大会召开日不得超过六个月。

非现金资产若为股权以外的其他非现金资产，应当提供资产评估事务所出具的评估报告，评估基准日距审议该交易事项的股东大会召开日不得超过一年。

9. 挂牌公司定向发行，是否可以由主办券商以外的券商代为向全国股转系统报送有关备案资料？

【答复】不能。依据《全国股转系统业务规则（试行）》第 434 条的要求，"按照《管理办法》豁免申请核准的定向发行，主办券商应履行持续督导职责并发表意见"。

10. 挂牌公司需要一直有主办券商持续督导吗？是否有督导期，比如 3 年后不再需要主办券商督导？

【答复】需要一直有主办券商持续督导。依据全国股转系统要求，全国股份转让系统实行主办券商制度，即挂牌公司在全国股转系统进行股票转让、定向发行等业务，需要主办券商持续督导。

11. 股权激励是否可以开展？

【答复】挂牌公司可以通过定向发行向公司员工进行股权激励。挂牌公司董监高人员和核心员工可以参与认购本公司定向发行的股票，也可以转让所持有的本公司股票。挂牌公司向特定对象发行股票，股东人数累计可以超过 200 人，但每次定向发行除公司股东之外的其他投资者合计不超过 35 人。因此，挂牌公司通过定向发行进行股权激励应当符合上述规定。需要说明的是，全国股转系统允许存在股权激励未行权完毕的公司申请挂牌。

12. 定向发行情况报告书中，"发行前后相关情况对比"需比较发行前后几名股东持股数量、持股比例？

【答复】前 10 名。根据《关于定向发行情况报告书必备内容的规定》第 6 条第1项之规定,"发行前后相关情况对比应至少包括:(1)发行前后前10名股东持股数量、持股比例及股票限售等比较情况……"

13. 挂牌公司已发布的定向发行方案中规定拟募集资金"不超过2000万元",实际募集资金仅1500万元,是否可以?

【答复】可以。挂牌公司定向发行实际募集的资金金额未超过定向发行方案中披露的募集资金金额,未违反已披露的定向发行方案要求。但是建议挂牌公司在制定定向发行方案时,应合理规划,设定合理的募集资金总额。

14. 挂牌公司发布的定向发行方案中是否还要披露"防止发行过程中股东人数超过200人的措施"?

【答复】股转系统挂牌公司是已经证监会核准的非上市公众公司,股东人数可以超过200人,因此不需要在定向发行方案中做上述安排。

15. 定向发行验资报告应由会计师事务所出具,股转系统是否有推荐或者其他要求?

【答复】挂牌公司自主选择为当次定向发行出具验资报告的会计师事务所,但是必须是具有证券、期货相关业务资格的会计师事务所。

附件

2018年新三板企业定增融资TOP10

序号	代码	名称	募集总额(万元)	增发数量(万股)	主承销商	发行公告日	证监会行业
1	835930. OC	杉杉能源	199999. 9978	8267. 8792	国信证券	2018年11月27日	制造业
2	871728. OC	如皋银行	144900. 0000	35000. 0000	招商证券	2018年3月2日	金融业
3	872452. OC	华塑股份	92000. 0000	87178. 6625	国元证券	2018年7月11日	制造业
4	833581. OC	长城华冠	89698. 2600	8462. 1000	国信证券	2018年7月5日	科学研究和技术服务业
5	834082. OC	中建信息	58664. 9985	3910. 9999	信达证券	2018年12月26日	批发和零售业
6	833365. OC	民基生态	53986. 9900	10733. 0000	华龙证券	2018年11月7日	水利、环境和公共设施管理业
7	872087. OC	天士营销	51999. 9998	5561. 4973	国信证券	2018年10月10日	批发和零售业

续表

序号	代码	名称	募集总额（万元）	增发数量（万股）	主承销商	发行公告日	证监会行业
8	871392. OC	ST 泽生	50399. 9959	3662. 7904	东方花旗证券	2018 年 1 月 25 日	制造业
9	871381. OC	剑门旅游	48000. 0000	20000. 0000	国信证券	2018 年 8 月 13 日	租赁和商务服务业
10	830881. OC	圣泉集团	45100. 0000	5000. 0000	国泰君安证券	2018 年 8 月 7 日	制造业

第二章　并购新三板企业操作指南

第一节　新三板并购市场概述

2018 年以来,随着新三板指数走低,优质挂牌企业遭市场错杀,不少资本以及上市公司开启了“买买买”模式,新三板价值洼地受到资金的追捧。被收购公司中,部分业绩表现出色,或者持有金融牌照等稀缺资源。国资进入新三板市场抄底,表明市场随着估值极度低估,具备较高的吸引力及长期投资价值。在这其中,还有部分高溢价收购频频出现。

依据股转公司官网披露数据,2018 年新三板企业共披露 226 次收购报告书,收购交易金额 364.63 亿元,披露 45 次重大资产重组报告书,重组交易金额 46.7 亿元。

表 2－1　新三板 2018 年收购概况一览

年份	重大资产重组次数	重组交易金额(亿元)	收购次数	收购交易金额(亿元)
2015	106	292.67	107	55.14
2016	99	122.11	239	412.44
2017	115	167.11	336	476.41
2018	45	46.70	226	364.63

资料来自全国股转。

依据 choice 数据显示,2018 年 IPO 过会率创下 9 年来低点,发审委共迎来上会企业 185 家,仅有 111 家幸运儿通过了审核,过会率约 60%。盈利可持续性可能已成为拟上市企业面前的巨大挑战。在此形势下,不少拟上市的新三板企业纷纷终止 IPO,可能成为新三板被并购企业的一员。新三板公司作为并购标的，优势主要在于信息披露公开，收购方比较容易寻找和对接，且对接后获取企业的业务和财务信息更方便，有利于筛选和决策。除此之外，新三板企业财务相对规范，有利于收购方推进并购重组。同时，不少新三板企业自身有并购需求，通过同业收购或产业上下游整合，有利于企业做大做强。

2018 年，新三板并购业务呈现以下特点：

(1)上市公司青睐业务协同、业绩优良标的，能对其主营业务起到直接推动作用；对应的有竞争力、业绩优良的新三板公司，为了通过并购发展壮大、延伸产业链条、推动产业整合。作为被收购方的挂牌企业，也可以通过收购摆脱流动性困局；

(2)非上市公司(含私募、个人)收购交易占比大，看好挂牌企业所处平台价值。一方面是新三板挂牌企业是经过规范的企业，其各项指标可信度高，相较于新三板外的非规范性市场，投资优先级更高；另一方面是更多市场参与方已认可新三板资本平台价值，通过收购低市值的挂牌公司获得其控股权，后续注入其他资产，并发挥好新三板资本平台的融资、宣传功能，从而改善挂牌公司业绩、实现其资本增值目的。

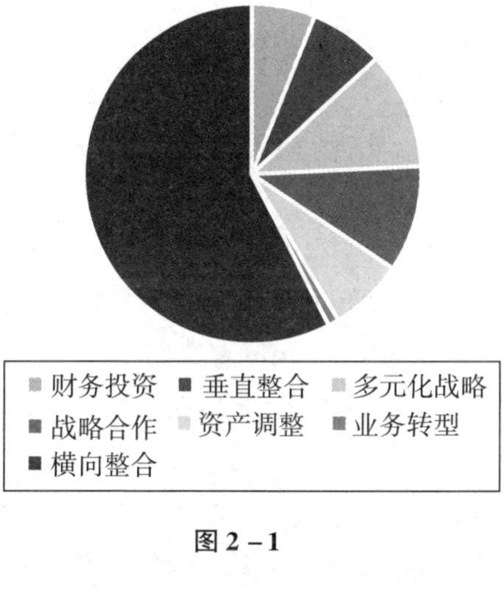

图 2－1

近期案例显示，上市公司的付款方式越来越多元化，发行股份收购新三板公司的案例进一步增加。赛腾股份收购案则是 A 股首单定向可转债并购。公司披露的重组预案显示，赛腾股份拟通过发行定向可转换债券、股份及支付现金的方式购买菱欧科技股东持有的菱欧科技 100% 的股权。A 股首单定向可转债并购就发生在上市公司对新三板企业的并购中，这也显示出新三板市场的重要性。

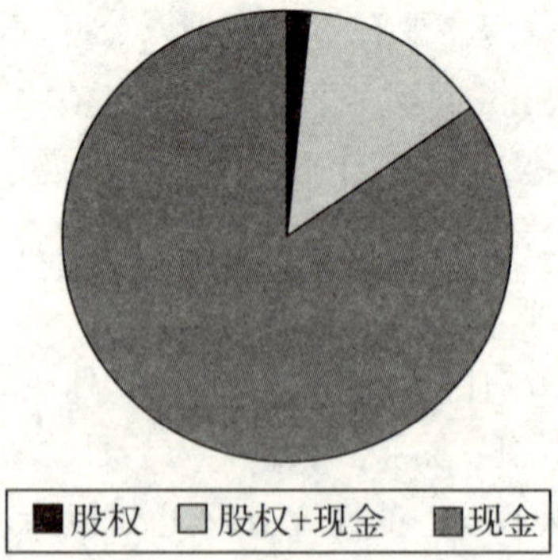

图2-2

资料来源:choice。

2018年10月证监会正式推出“小额快速”并购重组审核机制,明确了并购重组“小额快速”审核的适用情形和不适用情形等政策。该政策被认为将为上市公司并购新三板企业提供较大的便利。小额快速通道实施后,预计越来越多的上市公司将尝试通过发行股份收购新三板公司股权。上市公司现金压力将降低,对新三板企业的并购动能将进一步释放。

第二节　收购新三板企业操作要点

一、收购概述

2014年6月27日,中国证监会发布《非上市公众公司收购管理办法》(以下简称《公众公司收购办法》),并将于2014年7月23日正式实施。随着《公众公司收购办法》的颁布及实施,围绕非上市公众公司及上市公司收购将形成并行的规则体系及监管制度。

《公众公司收购办法》制定中参考了上市公司收购监管制度,部分内容沿袭了《上市公司收购管理办法》(以下简称《上市公司收购办法》)的规定,主要包括:

1. 在立法理念方面,《公众公司收购办法》与《上市公司收购办法》均采用“控制权”与“比例划分”标准对收购及权益变动进行监管,即取得控制权构成收购的,报送并披露收购报告书,对于未构成收购的,设定了一定持股比例的信息披露要求。

2. 在投资人披露及交易限制方面,《公众公司收购办法》与《上市公司收购办法》均要求投资人在取得公司一定比例股份后,应依法进行披露,在披露后一定期间内不得买卖公司股份。

3. 在收购人资格要求方面,《公众公司收购办法》与《上市公司收购办法》均对收购人不得收购的情况进行了规定,主要包括:收购人负有数额较大债务,到期未清偿,且处于持续状态;收购人最近有重大违法行为或者涉嫌有重大违法行为或有严重的证券市场失信行为等。

4. 在对收购人资格提出要求的同时,《公众公司收购办法》与《上市公司收购办法》均对被收购公司原控股股东及实际控制人的退出提出了要求,退出前应主动消除之前存在的对被收购公司的全部损害,未能消除损害的,应就消除全部损害做出安排,并取得被收购公司股东大会的批准。

5. 收购人的股份限售方面,通过收购,收购人成为非上市公众公司或上市公司第一大股东或者实际控制人的,其持股比例变动将直接影响公司股价稳定,故《公众公司收购办法》与《上市公司收购办法》均要求控制权在一定期限内保持稳定。《公众公司收购办法》规定进行非上市公众公司收购后,收购人成为公司第一大股东或者实际控制人的,其持有的被收购公司股份在收购完成后12个月内不得转让。

在借鉴上市公司收购监管制度的同时,《公众公司收购办法》结合非上市公众公司的特点,在以下方面做出了创新:

1.《公众公司收购办法》强调信息披露,淡化行政许可。由于上市公司收购行为对证券市场影响大、波及面广,因此,目前相关法律在上市公司收购中设置了较多许可事项,比较典型的如豁免要约收购许可。相较上市公司收购,非上市公众公司收购及权益变动影响范围相对较小,因此《公众公司收购办法》不设事前行政许可,由投资者在完成收购或权益变动后履行信息披露义务。全国股份转让系统履行监管职责,监督信息义务披露人履行信息披露义务。

同时,与上市公司收购及相关权益变动相比,非上市公众公司收购及相关权益信息披露内容也大为简化。对未构成收购的权益变动只需要披露权益变动报告书,权益变动报告书仅要求简要披露收购人持股种类、数量、持股比例、所持股份性质及性质变动情况、股东持股变动达到规定比例的日期及权益变动方式。对于要约收购或者收购活动导致第一大股东或实际控制人发生变更的,需披露要约收购报告书或收购报告书,对于要约收购报告书或收购报告书披露内容也大幅缩减,强调客观性事实披露,如收购人的基本情况(如股权结构、守法情况)、财务状况、前6个月买卖公司股份情况、前24个月与公司及关联方之间的重大交易等。

2. 在权益变动披露义务触发比例方面,《上市公司收购办法》对于达到5%、20%、30%比例的信息披露程度进行了划分,《公众公司收购办法》则结合非上市公众公司的股权结构高度集中、股东人数少、股权流动性差等特点,对于投资者持股比例达到10%及后续增减触及5%的倍数时,要求披露权益变动报告书。需要强调的是,投资者持股比例达到10%后,其持股比例每增减5%的信息披露,指的是其持股比例每达到5%的整数倍时进行信息披露。例如,某投资者持股比例为14%,如其想进行5%的减持操作,其触发信息披露的时点不是在其持股9%时,而是在其持股10%时。

3. 在要约收购制度设计方面,不同于《上市公司收购办法》设置了30%红线,《公众公司收购办法》未设置强制要约收购红线,仅规定投资者可自愿选择全面要约收购或部分要约收购,但部分要约收购比例不得低于5%。

(一)收购人

收购人包括投资者及其一致行动人。

进行公众公司收购,收购人及其实际控制人应当具有良好的诚信记录,收购人及其实际控制人为法人的,应当具有健全的公司治理机制。任何人不得利用公众公司收购损害被收购公司及其股东的合法权益。

有下列情形之一的,不得收购公众公司:

(1)收购人负有数额较大债务,到期未清偿,且处于持续状态;

(2)收购人最近2年有重大违法行为或者涉嫌有重大违法行为;

(3)收购人最近2年有严重的证券市场失信行为;

(4)收购人为自然人的,存在《公司法》第146条规定的情形;

(5)法律、行政法规规定以及中国证监会认定的不得收购公众公司的其他情形。

收购人为机构投资者还需同时符合以下新三板投资者适当性规定:

(1)实收资本或实收股本总额500万元人民币以上的法人机构;

(2)实缴出资总额500万元人民币以上的合伙企业。

证券公司资产管理产品、基金管理公司及其子公司产品、期货公司资产管理产品、银行理财产品、保险产品、信托产品、经行业协会备案的私募基金等理财产品,社会保障基金、企业年金等养老金,慈善基金等社会公益基金,合格境外机构投资者(QFII)、人民币合格境外机构投资者(RQFII)等机构投资者,可以申请参与挂牌公司股票公开转让。

收购人为自然人需要符合以下条件:

(1)在签署协议之日前,投资者本人名下最近10个转让日的日均金融资产为500万元人民币以上。金融资产是指银行存款、股票、债券、基金份额、资产管理计划、银行理财产品、信托计划、保险产品、期货及其他衍生产品等。

(2)具有2年以上证券、基金、期货投资经历,或者具有2年以上金融产品设计、投资、风险管理及相关工作经历,或者具有《公众公司收购管理办法》第 8 条第 1 款规定的证券公司、期货公司、基金管理公司及其子公司、商业银行、保险公司、信托公司、财务公司,以及经行业协会备案或者登记的证券公司子公司、期货公司子公司、私募基金管理人等金融机构的高级管理人员任职经历。

(二)被收购人

被收购公司的控股股东或者实际控制人不得滥用股东权利损害被收购公司或者其他股东的合法权益。

被收购公司的控股股东、实际控制人及其关联方有损害被收购公司及其他股东合法权益的,上述控股股东、实际控制人在转让被收购公司控制权之前,应当主动消除损害;未能消除损害的,应当就其出让相关股份所得收入用于消除全部损害做出安排,对不足以消除损害的部分应当提供充分有效的履约担保或安排,并提交被收购公司股东大会审议通过,被收购公司的控股股东、实际控制人及其关联方应当回避表决。

被收购公司的董事、监事、高级管理人员对公司负有忠实义务和勤勉义务,应当公平对待收购本公司的所有收购人。

被收购公司董事会针对收购所做出的决策及采取的措施,应当有利于维护公司及其股东的利益,不得滥用职权对收购设置不适当的障碍,不得利用公司资源向收购人提供任何形式的财务资助。

(三)财务顾问

收购人进行公众公司收购的,应当聘请具有财务顾问业务资格的专业机构担任财务顾问,但通过国有股行政划转或者变更、因继承取得股份、股份在同一实际控制人控制的不同主体之间进行转让、取得公众公司向其发行的新股、司法判决导致收购人成为或拟成为公众公司第一大股东或者实际控制人的情形除外。

收购人聘请的财务顾问应当勤勉尽责,遵守行业规范和职业道德,保持独立性,对收购人进行辅导,帮助收购人全面评估被收购公司的财务和经营状况;对收购人的相关情况进行尽职调查,对收购人披露的文件进行充分核查和验证;对收购事项客观、公正地发表专业意见,并保证其所制作、出具文件的真实性、准确性和完整性。在收购人公告被收购公司收购报告书至收购完成后 12 个月内,财务顾问应当持续督导收购人遵守法律、行政法规、中国证监会的规定、全国股份转让系统相关规则以及公司章程,依法行使股东权利,切实履行承诺或者相关约定。

财务顾问认为收购人利用收购损害被收购公司及其股东合法权益的,应当拒绝为收购人提供财务顾问服务。

(四)信息披露义务

1. 权益变动披露

投资者在公众公司中拥有的权益,包括登记在其名下的股份和虽未登记在其名下但该投资者可以实际支配表决权的股份。投资者及其一致行动人在公众公司中拥有的权益应当合并计算。

投资者及其一致行动人通过做市或竞价两种转让方式转让股票,达到权益变动披露标准,应当履行权益变动相关义务。投资者及其一致行动人申报的股份数量超过权益变动披露标准,但超出的股份数量不足1000股的,可以一次性申报转让,在该笔转让完成后履行权益变动相关义务。

投资者及其一致行动人通过盘后协议转让方式转让股票,达到权益变动披露标准,应履行权益变动相关义务。投资者及其一致行动人拟转让的股份超过权益变动披露标准,但分拆转让又无法满足盘后协议转让方式对申报数量或转让金额的规定标准,可以一次性转让,在该笔转让完成后履行权益变动相关义务。

投资者及其一致行动人通过特定事项协议转让方式转让股票,拟达到或超过权益变动披露标准的,应当在向全国股转公司申请办理特定事项协议转让前及时履行权益变动相关义务。

权益变动披露标准是指,根据《公众公司收购管理办法》的规定,投资者及其一致行动人拥有权益的股份达到或超过挂牌公司总股本的10%,或者达到10%后股份变动导致其拥有权益的股份占比每达到5%的整数倍。在计算拥有权益的股份时,投资者直接持有、间接持有及其一致行动人持有的股份应当合并计算。间接持有的股份是指虽未登记在投资者名下,但该投资者可以实际支配表决权的股份。

权益变动相关义务是指,信息披露义务人根据《公众公司收购管理办法》的规定,及时编制并披露权益变动报告书,并自权益变动的事实发生之日起至披露权益变动报告书后的两个转让日内,不得再行买卖该挂牌公司的股票。

2. 控制权变动披露

通过全国股份转让系统的证券转让,投资者及其一致行动人拥有权益的股份变动导致其成为公众公司第一大股东或者实际控制人,或者通过投资关系、协议转让、行政划转或者变更、执行法院裁定、继承、赠与、其他安排等方式拥有权益的股份变动导致其成为或拟成为公众公司第一大股东或者实际控制人且拥有权益的股份超过公众公司已发行股份10%的,应当在该事实发生之日起2日内编制收购报告书,连同财务顾问专业意见和律师出具的法律意见书一并披露,报送全国股份转让系统,同时通知该公众公司。

收购公众公司股份需要取得国家相关部门批准的，收购人应当在收购报告书中进行明确说明，并持续披露批准程序进展情况。

以协议方式进行公众公司收购的，自签订收购协议起至相关股份完成过户的期间为公众公司收购过渡期（以下简称过渡期）。在过渡期内，收购人不得通过控股股东提议改选公众公司董事会，确有充分理由改选董事会的，来自收购人的董事不得超过董事会成员总数的三分之一；被收购公司不得为收购人及其关联方提供担保；被收购公司不得发行股份募集资金。

在过渡期内，被收购公司除继续从事正常的经营活动或者执行股东大会已经作出的决议外，被收购公司董事会提出拟处置公司资产、调整公司主要业务、担保、贷款等议案，可能对公司的资产、负债、权益或者经营成果造成重大影响的，应当提交股东大会审议通过。

按照《公众公司收购管理办法》进行公众公司收购后，收购人成为公司第一大股东或者实际控制人的，收购人持有的被收购公司股份，在收购完成后12个月内不得转让。

收购人在被收购公司中拥有权益的股份在同一实际控制人控制的不同主体之间进行转让不受前述12个月的限制。

3. 披露承诺

在公众公司收购中，收购人做出公开承诺事项的，应同时提出所承诺事项未能履行时的约束措施，并公开披露。

全国股份转让系统应当对收购人履行公开承诺行为进行监督和约束，对未能履行承诺的收购人及时采取自律监管措施。

公众公司控股股东、实际控制人向收购人协议转让其所持有的公众公司股份的，应当对收购人的主体资格、诚信情况及收购意图进行调查，并在其权益变动报告书中披露有关调查情况。

4. 其他

被收购公司控股股东、实际控制人及其关联方未清偿其对公司的负债，未解除公司为其负债提供的担保，或者存在损害公司利益的其他情形的，被收购公司董事会应当对前述情形及时披露，并采取有效措施维护公司利益。

二、其他收购业务要点

1. “事实发生之日”时点

以协议方式进行挂牌公司收购的，相关协议签订之日为“事实发生之日”。

收购人应当在相关协议签订之日起两个转让日内履行《公众公司收购管理办法》第16条规定的信息披露义务。

2.“收购完成”时点

在投资者及其一致行动人通过投资关系等方式导致其拟成为挂牌公司第一大股东或者实际控制人的情形,收购人按照已披露的收购报告书完成所有相关股份过户或实际取得相关股份对应的权益,为收购完成。

投资者及其一致行动人在成为第一大股东或实际控制人后披露收购报告书的,挂牌公司第一大股东或实际控制人实际发生变动,为收购完成。

3.是否构成收购判断

挂牌公司有实际控制人,且实际控制人未发生变化,仅第一大股东变化的情形,不构成收购,挂牌公司自事实发生之日起两个转让日内披露第一大股东变更的公告即可。但是,在挂牌公司没有实际控制人的情形下第一大股东发生变化的,构成收购,收购人应当履行披露收购报告书等义务。

挂牌公司第一大股东或实际控制人的人数减少,且未新增第一大股东或实际控制人的,挂牌公司自事实发生之日起两个转让日内披露第一大股东或实际控制人变更的公告即可,不构成收购。

挂牌公司第一大股东或实际控制人的一致行动人人数发生变化,但挂牌公司第一大股东或实际控制人未发生变化,构成收购,挂牌公司自事实发生之日起2个转让日内披露第一大股东或实际控制人的一致行动人变化情况公告即可。挂牌公司应当对新增的一致行动人所持有的股份办理限售手续,限售期为自其成为一致行动人之日起的12个月内。

投资者持有的股份未发生变化的情况下,仅因其他投资者持有的股份发生变化而被动成为挂牌公司第一大股东或实际控制人的,不构成收购,挂牌公司自事实发生之日起两个转让日内披露第一大股东或实际控制人变更的公告即可。

4.挂牌公司股票发行导致投资者及其一致行动人达到权益变动披露标准,该投资者应当在挂牌公司披露股票发行情况报告书的同时披露权益变动报告书。

如投资者及其一致行动人没有认购挂牌公司发行的股份,仅因其他认购人参与认购导致其持股比例被动变化达到权益变动披露标准的,无须披露权益变动报告书。

5.投资者与挂牌公司签订股票发行的认购协议等合同,不构成协议收购,不适用协议收购过渡期的相关规定。

第三节 要约收购

一、要约收购的分类

投资者可以向被收购公司所有股东发出收购其所持有的全部股份的要约（以下简称全面要约），也可以向被收购公司所有股东发出收购其所持有的部分股份的要约（以下简称部分要约）。

收购人自愿以要约方式收购公众公司股份的，其预定收购的股份比例不得低于该公众公司已发行股份的5%。公众公司应当在公司章程中约定在公司被收购时收购人是否需要向公司全体股东发出全面要约收购，并明确全面要约收购的触发条件以及相应制度安排。收购人根据被收购公司章程规定需要向公司全体股东发出全面要约收购的，对同一种类股票的要约价格，不得低于要约收购报告书披露日前6个月内取得该种股票所支付的最高价格。

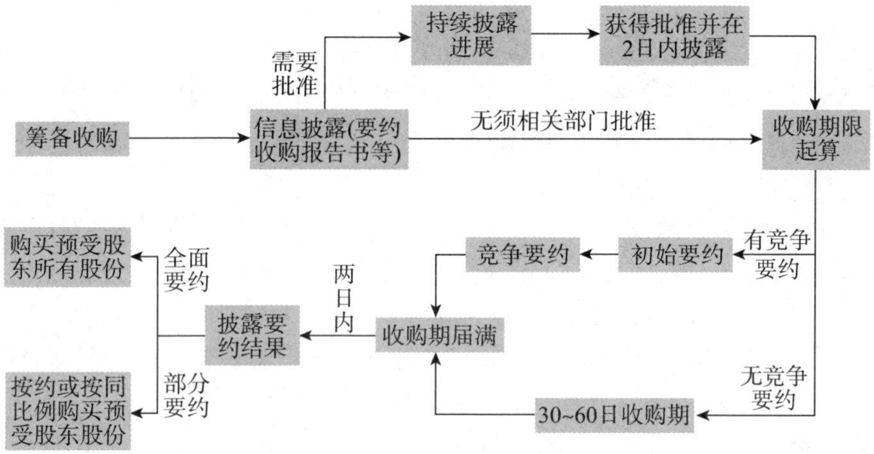

图2-3 要约收购流程

二、支付要求

收购人可以采用现金、证券、现金与证券相结合等合法方式支付收购公众公司的价款。收购人聘请的财务顾问应当说明收购人具备要约收购的能力。收购人应当在披露要约收购报告书的同时，提供安排保证其具备履约能力。

三、收购期限

收购要约约定的收购期限不得少于30日,并不得超过60日;但是出现竞争要约的除外。

收购期限自要约收购报告书披露之日起开始计算。要约收购需要取得国家相关部门批准的,收购人应将取得的本次收购的批准情况连同律师出具的专项核查意见一并在取得全部批准后2日内披露,收购期限自披露之日起开始计算。

1. 收购期限注意事项:

(1)在收购要约约定的承诺期限内,收购人不得撤销其收购要约。采取要约收购方式的,收购人披露后至收购期限届满前,不得卖出被收购公司的股票,也不得采取要约规定以外的形式和超出要约的条件买入被收购公司的股票。在要约收购期间,被收购公司董事不得辞职。同意接受收购要约的股东(以下简称预受股东),应当委托证券公司办理预受要约的相关手续。

(2)变更收购要约,收购人需要变更收购要约的,应当重新编制并披露要约收购报告书,报送全国股份转让系统,同时通知被收购公司。变更后的要约收购价格不得低于变更前的要约收购价格。收购要约期限届满前15日内,收购人不得变更收购要约;但是出现竞争要约的除外。

2. 竞争要约

出现竞争要约时,发出初始要约的收购人变更收购要约距初始要约收购期限届满不足15日的,应当延长收购期限。延长后的要约期应当不少于15日,不得超过最后一个竞争要约的期满日,并按规定比例追加履约保证能力。

发出竞争要约的收购人最迟不得晚于初始要约收购期限届满前15日披露要约收购报告书,并应当根据本办法的规定履行披露义务。

3. 披露义务

在要约收购期限届满前2日内,预受股东不得撤回其对要约的接受。在要约收购期限内,收购人应当每日披露已预受收购要约的股份数量。在要约收购期限届满后2日内,收购人应当披露本次要约收购的结果。

收购期限届满,发出部分要约的收购人应当按照收购要约约定的条件购买被收购公司股东预受的股份。预受要约股份的数量超过预定收购数量时,收购人应当按照同等比例收购预受要约的股份;发出全面要约的收购人应当购买被收购公司股东预受的全部股份。

第四节 股份特定事项协议转让

一、适用范围

指转让双方因收购及股东权益变动、存在控制关系、引进战略投资者等特定事项达成转让协议，向全国股转公司和中国结算提出书面申请，经全国股转公司确认后由转让双方到中国结算办理过户登记的转让方式。

挂牌公司股份转让具有下列情形之一的，可以向全国股转公司和中国结算申请办理特定事项协议转让手续：

(1)与挂牌公司收购及股东权益变动相关，且单个受让方受让的股份数量不低于公司总股本5%的股份转让；

(2)转让双方存在实际控制关系，或均受同一控制人所控制的；

(3)外国投资者战略投资挂牌公司所涉及的股份转让；

(4)按照挂牌公司披露的通过备案或审查的《公开转让说明书》《股票发行情况报告书》《重大资产重组报告书》等文件中股东间业绩承诺及补偿等特殊条款，特定投资者之间以事先约定的价格进行的股份转让；

(5)行政划转挂牌公司股份；

(6)全国股转公司和中国结算认定的其他情形。

按照第(1)~(3)项所述情形的股份转让，转让价格应当不低于转让协议签署日该股票前收盘价的50%或当日最低成交价中的较低者。股票无收盘价的，转让价格应当符合全国股转系统的有关规定，法律、行政法规、部门规章、规范性文件及全国股转系统业务规则等另有规定的除外。若第(1)~(2)项转让价格低于最近一期经审计的每股净资产或协议签署日股票无收盘价的，挂牌公司持续督导券商对本次转定价方法、定价依据的合理性出具的专项意见；若第(2)项律师事务所就转让双方是否存在实际控制关系或均受同一控制人所控制出具的法律意见书；

拟转让股份应当为无限售条件流通股，法律、行政法规、部门规章、规范性文件及全国股转公司业务规则等另有规定的除外。

二、申请文件要求

股份持有人拟转让其持有的股份，应当向中国结算提出查询拟转让股份持有状况的申请，并提交以下文件：

(1)股份查询申请表;

(2)股份持有人有效身份证明文件及复印件;

(3)中国结算要求提交的其他文件。

中国结算对前述股份查询的申请材料进行形式审核,符合要求的,予以查询,并出具持有证明文件。

股份转让协议达成后,股份转让双方应向全国股转公司申请确认其股份转让合规性,并提交以下文件:

(1)股份转让确认申请表;

(2)股份转让协议正本;

(3)股份转让双方有效身份证明文件及复印件;

(4)中国结算出具的拟转让股份的持有证明文件;

(5)全国股转公司要求提交的其他文件。

全国股转公司对股份转让申请材料进行形式审核,自受理股份转让确认申请后的3个转让日内做出是否予以确认的决定。需要相关当事人补充文件的,补充文件的时间不计算在审核时限内。取得全国股转公司对股份转让的确认文件后,股份转让双方应向中国结算申请办理股份转让过户登记,并提交以下文件:

(1)股份转让过户登记申请表;

(2)股份转让协议正本(股份转让一方或双方涉及境外法人、境外自然人的,或涉及境内自然人且境内自然人委托他人提交申请的,股份转让协议需要经过公证);

(3)全国股转公司出具的股份转让确认书;

(4)股份转让双方的有效身份证明文件及复印件;

(5)中国结算要求提交的其他文件。

中国结算对过户登记申请材料进行形式审核,审核通过的,于收到过户税费后3个转让日内办理过户登记手续。

股份持有人转让其持有的股份,涉及以下情形的,在办理股份转让确认及过户登记时,还应当向全国股转公司和中国结算提交以下文件:

(1)涉及信息披露的,需提供本次股份转让的公告;

(2)拟转让股份由挂牌公司董事、监事、高级管理人员持有的,或者挂牌公司董事、监事、高级管理人员离职后拟转让股份的,需提供挂牌公司董事会说明本次股份转让不违反限售及公司章程相关规定的证明文件;

(3)转让双方存在实际控制关系,或者均受同一控制人所控制的,需提供可证明上述关系存在的法律文件；

(4)属于挂牌公司收购的，需提供已公告的收购报告书；

(5)触发挂牌公司全面要约收购条件的，还应当提供可免于要约收购的相关证明文件或者要约收购结果公告；

(6)涉及国有主体所持股份的，需提供国有资产监督管理机构的批准文件，或符合国有资产监督管理机构相关管理要求的证明文件；

(7)涉及外国投资者对挂牌公司战略投资的，需提供商务主管部门的批准文件，或符合商务主管部门相关管理要求的证明文件；

(8)涉及业绩承诺及补偿等特殊条款的，需提供未能实现特殊条款要求的相关证明文件及中介机构意见；

(9)银行业挂牌公司股东持股变动达到或者超过总股本5%的，需提供银行业监督管理机构的批准文件；

(10)证券业挂牌公司股东持股变动达到或者超过总股本5%的，需提供证券监督管理机构的批准文件；

(11)保险业挂牌公司股东持股变动达到或者超过总股本5%的，需提供保险监督管理机构的批准文件；

(12)其他须经行政审批方可进行的股份转让，需提供有关主管部门的批准文件。申请人为集体所有制的，申请人的权力机构就本次转让出具的证明文件；

(13)自然人转让属于夫妻共同财产的股份的，需提供经公证的配偶同意本次转让的说明。

三、合规性确认

1.全国股转公司针对以下要求进行合规性确认。所申请的转让应符合以下要求：

(1)转让协议依法生效；

(2)协议双方为自然人或者依法设立并有效存续的法人、其他组织；

(3)受让方符合全国股转系统投资者适当性要求；

(4)协议双方自然人本人、法定代表人、负责人或者其合法授权的代表向全国股转公司提出转让股份的申请；

(5)拟转让股份为无限售条件流通股，法律、行政法规、部门规章、规范性文件及全国股转公司业务规则等另有规定的除外；

(6)依法须经行政审批或备案等方可进行的股份转让，已经取得有关部门

的批准文件或其他证明文件;

(7)涉及信息披露的,信息披露义务人已经按照《非上市公众公司收购管理办法》等相关规定履行信息披露义务;

(8)属于2018年6月1日全国中小企业股份转让系统有限责任公司、中国证券登记结算有限公司发布的《全国中小企业股份转让系统挂牌公司股份特定事项协议转让业务暂行办法》(股转系统公告〔2018〕639号,以下简称《暂行办法》)第4条第1~3项情形的,转让价格不低于协议签署日前该股票收盘价的50%或当日最低成交价中的较低者;转让协议签署日该股票无收盘价的,应当以最近一次发行价格、资产评估报告中的评估价格或最近一期经审计的每股净资产等为参考,合理确定转让价格。

(9)法律、行政法规、部门规章、规范性文件及全国股转系统业务规则等另有规定的除外。

2. 所申请的转让属于以下情形之一:

(1)与挂牌公司收购及股东权益变动相关,且单个受让方受让的股份数量不低于公司总股本5%的股份转让;

(2)转让双方存在实际控制关系或均受同一控制人所控制的;

(3)外国投资者战略投资挂牌公司所涉及的股份转让;

(4)按照挂牌公司披露的通过备案或审查的《公开转让说明书》《股票发行情况报告书》《重大资产重组报告书》等文件中股东间业绩承诺及补偿等特殊条款,特定投资者之间以事先约定的价格进行的股份转让;

(5)行政划转挂牌公司股份;

(6)全国股转公司和中国结算认定的其他情形。

3. 所申请的转让应不存在以下情形:

(1)拟转让的股份已被质押且质权人未出具书面同意函;

(2)拟转让的股份存在尚未了结的诉讼、仲裁、其他争议或者被司法冻结等权利受限情形;

(3)转让双方或其中一方处于被限制证券账户交易的状态;

(4)本次转让可能导致规避股份限售相关规定,或者存在其他违反法律、行政法规、部门规章、规范性文件或全国股转公司业务规则的情形;

(5)违反股份转让双方作出的关于增持、减持及限售等公开承诺;

(6)协议签署日与提交申请日间隔超过6个月且无行政批准等特殊情形的;

(7)全国股转公司认定的其他情形。

对于符合相关要求的,全国股转公司出具确认意见,并向申请人出具转让经手费收费通知书。

四、缴费与领取确认函

申请人应于全国股转公司出具转让经手费收费通知书后及时缴纳转让经手费,并向我司提供增值税纳税人信息(附件6)。

缴费账户信息如下:

开户名:全国中小企业股份转让系统有限责任公司

开户行:建设银行北京复兴支行

账户号:11001046500053013355

申请人完成缴费后,领取确认函。

确认函的有效期为两个月,申请人逾期未前往中国结算办理过户登记的,应当重新提交转让申请。

转让双方应当按照确认函中载明的转让股份数量一次性办理过户登记。涉及多个出让方或受让方的,全部出让方和受让方应当同时办理股份过户手续,并一次性完成过户登记。转让双方未完成过户登记前,任意一方受到限制证券账户交易的自律监管措施的,中国结算不再办理其过户登记手续。

股份过户登记完成后,全国股转公司公布特定事项协议转让公开信息,内容包括证券代码、证券简称、转让价格、转让数量、转让原因等。

附件1

全国股转系统挂牌公司股份特定事项协议转让确认申请表

<table>
<tr><td colspan="2">申请股份转让情形</td><td colspan="3">□挂牌公司收购□股东权益变动□行政划转
□转让双方存在实际控制关系或均受同一控制人所控制
□外国投资者战略投资挂牌公司所涉及的股份转让
□业绩承诺及补偿等特殊条款的履行□其他</td></tr>
<tr><td rowspan="5">申请转让股份情况</td><td>证券简称</td><td></td><td>证券代码</td><td></td></tr>
<tr><td>总股本</td><td></td><td>出让股份数量</td><td></td></tr>
<tr><td>转让价格</td><td></td><td>占公司总股本比例</td><td></td></tr>
<tr><td>协议签署日前收盘价</td><td></td><td>协议签署日最低成交价</td><td></td></tr>
<tr><td>拟转让股份限售状态</td><td colspan="3">□无限售□全部限售□部分限售(限售股)</td></tr>
</table>

续表

<table>
<tr><td rowspan="11">申请人基本情况</td><td rowspan="5">出让人(股份持有人)</td><td>名　称</td><td colspan="3"></td></tr>
<tr><td>实体性质</td><td colspan="3">□国有或国有控股企业□非国有或非国有控股企业
□挂牌公司(离职)董事、监事、高级管理人员□其他</td></tr>
<tr><td>注册号码/身份证号码</td><td></td><td>证券账户号码</td><td></td></tr>
<tr><td>经办人及身份证号码</td><td></td><td>联系电话</td><td></td></tr>
<tr><td>本次变动前持股比例(直接/间接)</td><td></td><td>本次变动后持股比例(直接/间接)</td><td></td></tr>
<tr><td rowspan="6">受让人</td><td>名　称</td><td colspan="3"></td></tr>
<tr><td>实体性质</td><td colspan="3">□境内国有或国有控股企业□境内非国有或非国有控股企业
□外商(含境内的外商投资性公司、外商投资创业投资企业)
□其他</td></tr>
<tr><td colspan="2">是否可参与挂牌公司股票公开转让</td><td>□是□否</td><td></td></tr>
<tr><td>注册号码/身份证号码</td><td></td><td>证券账户号码</td><td></td></tr>
<tr><td>经办人及身份证号码</td><td></td><td>联系电话</td><td></td></tr>
<tr><td>本次变动前持股比例(直接/间接)</td><td></td><td>本次变动后持股比例(直接/间接)</td><td></td></tr>
<tr><td>申请人承诺与签章</td><td colspan="5">申请人已充分知悉并将严格遵守法律、行政法规、部门规章、规范性文件、全国股转公司业务规则等相关规定,承诺所提交股份转让申请材料真实、准确、完整、合法合规,并确认及承诺以下事项:
1. 申请人是否已依法合规地就本次股份变动履行了应尽的信息披露义务□是□否
2. 拟转让股份是否存在尚未了结的诉讼、仲裁或者其他争议或者被司法冻结等权利受限情形
□是□否
3. 本次转让是否存在违反法律法规的情形□是□否
4. 本次股份转让是否违背转让双方作出的承诺□是□否
5. 本次股份转让是否违反限售及挂牌公司章程相关规定□是□否
6. 本次股份转让是否存在办理股份过户登记时仍然不能够消除的法律障碍□是□否
7. 拟转让股份是否属于夫妻共同财产□是□否
若属于,配偶是否已同意本次转让□是□否
8. 拟转让股份是否为此前三个月内通过特定事项协议转让受让的股份□是□否
出让人(签章)　　　　受让人(签章)
年　月　日</td></tr>
</table>

注:1. 本表格由转让双方填写,并保证所填写内容真实、准确、完整。

2. 自然人签章处应由申请人本人或其授权代表签字,不得使用名章代替;法人、其他组织签章应包含公章及法人代表签字。

3. 转让申请经全国股转公司受理后,相关协议内容发生重大变更的,申请人需撤销该转让申请,撤销一个月后方可再次向全国股转公司提交挂牌公司股份特定事项协议转让确认申请。

附件 2

身份证明文件要求

一、境内法人

1. 营业执照原件及复印件；

2. 法定代表人证明书；

3. 法定代表人身份证明文件复印件；

4. 法定代表人授权委托书；

5. 经办人有效身份证明文件原件及复印件。

二、境内自然人

1. 身份证明文件原件及复印件；

2. 经公证的授权委托书(如委托他人代办)；

3. 经办人身份证明文件原件及复印件(如委托他人代办)。

三、境外法人

1. 所在国(地区)有权机关核发的证明境外法人主体资格的证明文件(如该证明文件未包含该法人合法存续内容,还需提供该法人合法存续证明)；

2. 授权人签署的授权委托书(关于协议签署以及业务办理的授权)；

3. 境外机构或有权机关出具的能够证明授权人有权签署授权委托书的证明文件；

4. 授权人身份证明文件复印件；

5. 经办人身份证明文件原件及复印件。

四、境外自然人

1. 身份证明文件原件及复印件；

境外自然人身份证明文件包括:外国(地区)公民身份证或者护照;有外国(地区)永久居留权的中国公民的永久居留证明及中国护照;台湾居民来往大陆通行证;香港永久性居民身份证;澳门永久性居民身份证。

2. 授权委托书(如委托他人代办)；

3. 经办人身份证明文件原件及复印件(如委托他人代办)。

境外主体的身份证明文件、授权委托书以及授权人有权授权的证明文件需要符合以下要求：

外国(地区)申请人提交的文件,需要经过我国驻该国使、领馆认证,或者履行我国与该所在国订立的有关条约中规定的身份证明手续。如投资者所在国

(地区)与我国无外交关系,其提供的文件,需要经该国(地区)外交机构或者其授权机构和我国有外交关系国家驻该国(地区)使、领馆认证后,再办理我国驻该第三国使、领馆认证。

我国香港地区申请人提交的文件,应当经我国司法部委托的相关公证人公证,并盖有中国法律服务(香港)有限公司转递香港公证文书专用章。

我国澳门地区申请人提交的文件,应当经澳门政府公证部门或我国司法部委托的公证人公证,并经中国法律服务(澳门)公司加盖核验章。

我国台湾地区申请人提交的文件,应当经我国台湾地区的公证部门公证,并由台湾海峡交流基金会按照1993年《海峡两岸公证书使用查证协议》寄送公证书副本。我国台湾地区申请人还应当提交接收台湾公证书的内地公证协会出具的公证书正本与台湾海峡交流基金会寄送该会的副本一致的核对证明。

境外主体提交的申请材料为外文文本的,需同时提供经过有资质的翻译机构的翻译和境内公证。

附件3

法定代表人证明书

(参考格式)

兹证明,×××(身份证号:××××××××××××××××××)在本公司/×××公司担任×××职务,为本公司法定代表人。

特此证明

×××公司(盖章)

年　月　日

附件:法定代表人身份证复印件

附件4

法定代表人授权委托书

(参考格式)

兹授权×××(身份证号:××××××××××××××××××)代表×××公司前往全国中小企业股份转让系统有限责任公司,办理将本公司持有的×××公司(证券代码:××××××)的×××股股份以×元/股的价格转让给×××的确认手续。

授权期限：自　　年　月　日至　　年　月　日。

××× 公司（盖章）

法定代表人（签字）：

年　月　日

附件：被授权人身份证复印件

附件 5

××××股份有限公司董事会关于××股份转让的证明文件

（参考格式）

全国中小企业股份转让系统有限责任公司：

我们对×××的转让进行了确认，现将相关情况说明如下：

一、本次转让基本情况说明

针对本次转让中具有（或曾具有）挂牌公司董事、监事、高级管理人员身份的转出方××，介绍其当前身份状态及转让的基本情况。

二、对本次转让的确认结果

确认转出方的本次转让行为是否违反《公司法》相关限售规定，是否违反挂牌公司章程中相关规定。

转出方的本次转让是否违反其公开承诺，或违反与挂牌公司实际控制人、董事会等的相关约定。

××××股份有限公司

董事会

年　月　日

附件 6

增值税纳税人信息采集表

是否需要增值税专用发票	□是□否
纳税人（转让申请人）名称	
纳税人识别号	
注册地址	
办公联系电话	
开户银行	
开户账号	

签章：

年　月　日

备注：

1. 请准确、真实填写上述信息；

2. 自然人无须填写本表；

3. 付款账户名称与纳税人名称不一致时，仅提供增值税普通发票；

4. 纳税人名称应与转让申请人名称一致。

第三章　重大资产重组操作指南

一、重大资产重组要点

(一)构成标准

重大资产重组指公众公司及其控股或者控制的公司在日常经营活动之外购买、出售资产或者通过其他方式进行资产交易,导致公众公司的业务、资产发生重大变化的资产交易行为。具体指:

1. 购买、出售的资产总额占公众公司最近一个会计年度经审计的合并财务会计报表期末资产总额的比例达到50%以上。

2. 或者购买、出售的资产净额占公众公司最近一个会计年度经审计的合并财务会计报表期末净资产额的比例达到50%以上,且购买、出售的资产总额占公众公司最近一个会计年度经审计的合并财务会计报表期末资产总额的比例达到30%以上。净资产额不应包括少数股东权益。

挂牌公司购买用于生产经营的土地使用权、房产不构成重大资产重组。挂牌公司出售土地使用权、房产以及购买或出售生产设备构成重大资产重组。

挂牌公司向全资子公司或控股子公司增资、新设全资子公司或控股子公司,不构成重大资产重组。但挂牌公司新设参股子公司或向参股子公司增资,则构成重大资产重组。

通过其他方式进行资产交易,包括但不限于以下情形:

(1)以认缴、实缴等方式与他人新设参股企业,或对已设立的企业增资或者减资;

(2)接受附义务的资产赠与或者对外捐赠资产;

(3)受托经营、租赁其他企业资产或将经营性资产委托他人经营、租赁;

(4)中国证监会根据审慎监管原则认定的其他情形。

《全国中小企业股份转让系统非上市公众公司重大资产重组业务指引》明确了两个构成,两个不构成重大资产重组的标准,其中两个不构成标准:

1. 购买用于生产经营的土地使用权、房产;

2. 向全资或控股子公司增资、新设全资或控股子公司。

两个构成标准:

1. 出售土地使用权、房产以及购买或出售生产设备;

2. 新设参股子公司或向参股子公司增资。

(二)计算标准

购买的资产为股权的,且购买股权导致公众公司取得被投资企业控股权的,其资产总额以被投资企业的资产总额和成交金额二者中的较高者为准,资产净额以被投资企业的净资产额和成交金额二者中的较高者为准;出售股权导致公众公司丧失被投资企业控股权的,其资产总额、资产净额分别以被投资企业的资产总额以及净资产额为准。购买的资产为股权的,其资产总额、资产净额均以成交金额为准;出售的资产为股权的,其资产总额、资产净额均以该股权的账面价值为准。

购买的资产为非股权资产的,其资产总额以该资产的账面值和成交金额两者中的较高者为准,资产净额以相关资产与负债的账面值差额和成交金额两者中的较高者为准;出售的资产为非股权资产的,其资产总额、资产净额分别以该资产的账面值、相关资产与负债账面值的差额为准;该非股权资产不涉及负债的,不适用资产净额标准。

同时购买、出售资产的,应当分别计算购买、出售资产的相关比例,并以二者中比例较高者为准。

挂牌公司在12个月内连续对同一或者相关资产进行购买、出售的,在计算相应指标时,应当以第一次交易时最近一个会计年度挂牌公司经审计的合并财务会计报表期末资产总额、期末净资产额作为分母;在计算分子时,最近一次交易标的资产相关财务数据应当以最近一期经审计的资产总额、资产净额为准,已履行重组程序的不计入。

标的资产经审计的最近一期财务资料在财务会计报表截止日后6个月内有效,特别情况下可申请适当延长,但延长时间至多不超过1个月。

交易标的资产属于同一交易方所有或者控制,或者属于相同或者相近的业务范围,或者证监会认定的其他情形下,可以认定为同一或者相关资产。

特定对象以现金认购公众公司定向发行的股份后,公众公司用同一次定向发行所募集的资金向该特定对象购买资产达到重大资产重组标准适用重大资产重组规定。但公众公司按照定向发行报告书披露的募集资金用途,使用募集资金购买资产、对外投资的行为除外。

涉及发行股份购买资产同时募集配套资金的,募集配套资金部分与购买资产部分发行的股份可以分别定价,视为两次发行,但应当逐一表决、分别审议。募集配套资金行为应当符合挂牌公司股票发行的监管要求,且所配套资金比例不超过拟购买资产交易价格的50%。所募资金应当用于支付本次重组交易中的现金对价,支付本次重组交易税费、人员安置费用等并购整合费用,投入标的资产在建项目建设以及其他与本次重组相关的合理用途,并适用挂牌公司股票发行募集资金的相关管理规定。

(三)公众公司应符合的要求

1. 重大资产重组所涉及的资产定价公允,不存在损害公众公司和股东合法权益的情形。

2. 重大资产重组所涉及的资产权属清晰,资产过户或者转移不存在法律障碍,相关债权债务处理合法;所购买的资产,应当为权属清晰的经营性资产。

3. 实施重大资产重组后有利于提高公众公司资产质量和增强持续经营能力,不存在可能导致公众公司重组后主要资产为现金或者无具体经营业务的情形。

4. 实施重大资产重组后有利于公众公司形成或者保持健全有效的法人治理结构。

(四)聘请证券服务机构

1. 应聘请独立财务顾问、律师事务所以及具有证券、期货相关业务资格的会计师事务所等出具意见。

2. 应聘请为其提供督导服务的主办券商为独立财务顾问,但存在影响独立性、财务顾问业务受到限制等不宜担任独立财务顾问情形的除外,也可以同时聘请其他机构提供顾问服务。

(五)重大资产重组的信息管理

1. 初步磋商时

应当采取有效的保密措施限定相关敏感信息的知悉范围,与参与或知悉本次重大资产重组信息的相关主体签订保密协议。

2. 商讨

如需要向有关部门进行政策咨询、方案论证的,应在相关股票暂停转让后进行;应当详细记载筹划过程中每一具体环节的进展情况,包括商议相关方案、形成相关意向、签署相关协议或者意向书的具体时间、地点、参与机构和人员、商议和决议内容等。制作书面的交易进程备忘录并予以妥当保存,参与每一具体环节的所有人员应当即时在备忘录上签名确认公众公司应当按规定及时做好内幕信息知情人登记工作。

3. 申请股票暂停转让阶段

交易各方初步达成实质性意向;或者虽未达成实质性意向,但相关信息已在媒体上传播或者预计该信息难以保密;或者虽未达成实质性意向,但公司股票转让出现异常波动,公众公司应当及时申请股票暂停转让。

4. 信息披露原则

信息披露义务人应当公平地向所有投资者披露可能对公众公司股票转让价格产生较大影响的相关信息,不得有选择性地向特定对象提前泄露。

(六)内幕信息知情人报送

公司股票自挂牌以来未进行过转让的,公司应当在股票暂停转让之日起10个转让日内,提交关于公司股票转让情况的书面说明。

公司股票自挂牌以来进行过转让的,公司应当在股票暂停转让之日起10个转让日内,向全国股转公司提交完整的内幕信息知情人名单、相关人员买卖公司证券的自查报告、公司重大资产重组交易进程备忘录及公司全体董事对内幕信息知情人报备文件真实性、准确性和完整性的承诺书。

内幕信息知情人的范围包括但不限于:

(1)挂牌公司及交易对手方的所有董事、监事、高级管理人员及其直系亲属,无论是否知情,均应当纳入重组内幕信息知情人的报备范围;

(2)持有公司10%以上股份的股东和公司的实际控制人,以及其董事、监事、高级管理人员;

(3)由于所任公司职务可以获取公司本次重组相关信息的人员;

(4)本次重大资产重组的交易对方及其关联方,以及其董事、监事、高级管理人员;

(5)为本次重大资产重组方案提供服务以及参与本次方案的咨询、制定、论证等各环节的相关单位和人员;

(6)参与本次重大资产重组方案筹划、制定、论证、审批等各环节的相关单位和人员;

(7)前述自然人的直系亲属(配偶、父母、子女及配偶的父母)。

二、重大资产重组的流程

1. 重组流程——现金购买资产

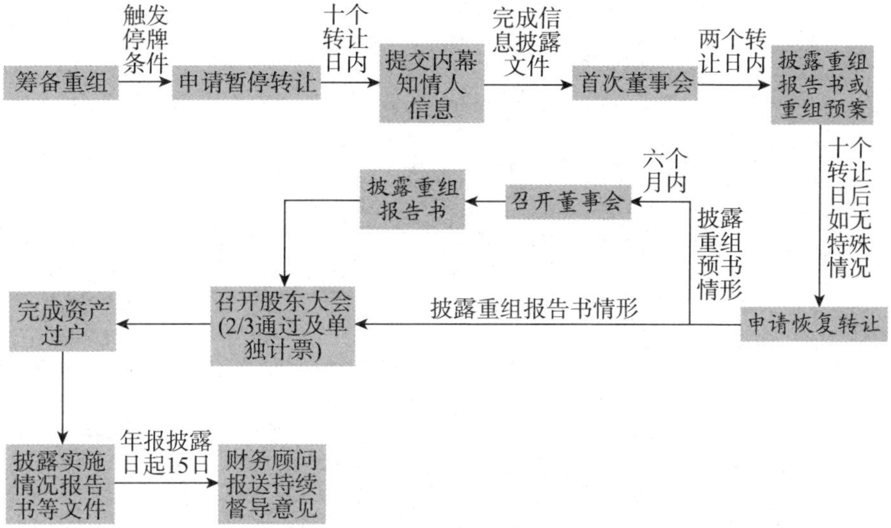

图 3－1　公司现金购买资产重组流程

2. 重组流程——发行股份购买资产

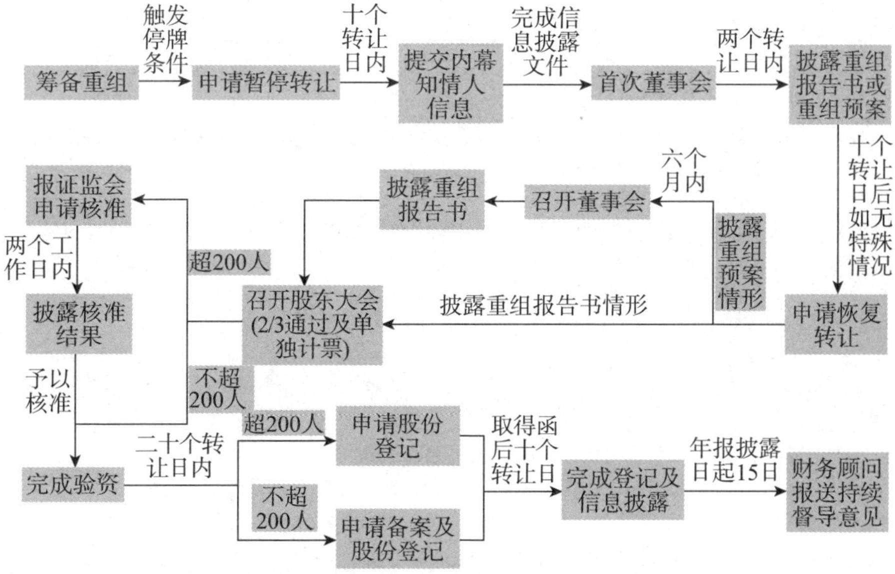

图 3－2　公司发行股份购买资产重组流程

3. 重大资产重组的流程细则

表3－1　公司重大资产重组流程

<table>
<tr><td>内部决议</td><td colspan="3">进行重大资产重组：
(1)董事会作出决议　(2)提交股东大会审议</td></tr>
<tr><td rowspan="3">董事会</td><td colspan="2">披露文件</td><td>1. 董事会决议
2. 重大资产重组报告书
3. 独立财务顾问报告
4. 法律意见书
5. 审计报告
6. 资产评估报告(或资产估值报告)</td></tr>
<tr><td colspan="2">其他事项</td><td>公司应当在披露重大资产重组报告书等文件的同时，一并披露关于召开股东大会的相关安排；
董事会决议披露日与股东大会召开日的时间间隔除符合法律法规、中国证监会及全国股转系统的相关规定外，还应当不少于10个转让日。</td></tr>
<tr><td colspan="2">尚未完成审计等工作时</td><td>如首次召开董事会前，相关资产尚未完成审计等工作的，在披露首次董事会决议的同时应披露重大资产重组预案及独立财务顾问对预案的核查意见；
公众公司应在披露重大资产重组预案后6个月内完成审计等工作，并再次召开董事会(披露文件及事项同上)。</td></tr>
<tr><td rowspan="5">股东大会</td><td rowspan="3">表决</td><td>通过比例</td><td>必须经出席会议的股东所持表决权的2/3以上通过</td></tr>
<tr><td>单独计票</td><td>股东人数超过200人的，应当对出席会议的持股比例在10%以下的股东表决情况实施单独计票；
上述持股比例在10%以下的股东，不包括公众公司董监高及其关联人以及持股比例10%以上股东的关联人。</td></tr>
<tr><td>回避</td><td>重大资产重组事项与本公司股东或者其关联人存在关联关系的，表决时关联股东应当回避表决</td></tr>
<tr><td colspan="2">披露</td><td>应当在决议后及时披露表决情况</td></tr>
<tr><td colspan="2">会议形式</td><td>公众公司可视自身情况决定是否提供网络或其他方式便于股东参加股东大会；
退市公司应当采用安全、便捷的网络或其他方式为股东参加股东大会提供便利。</td></tr>
</table>

续表

购买资产支付手段	支付手段	1. 现金 2. 股份 3. 可转换债券 4. 优先股 5. 其他支付手段
	非现金支付手段	1. 支付手段的价格由交易双方自行协商确定 2. 定价可以参考: (1)董事会召开前一定期间内公众公司股票的市场价格 (2)同行业可比公司的市盈率 (3)同行业可比公司的市净率等 3. 董事会应对定价方法和依据进行充分披露
报送全国股转系统	适用情形	1. 重大资产重组不涉及发行股份 2. 公众公司向特定对象发行股份购买资产后股东累计不超过 200 人
	报送文件	报备时点:验资完成后 20 个转让日内 (1)重大资产重组报告书 (2)独立财务顾问报告 (3)法律意见书 (4)审计报告 (5)资产评估报告(或资产估值报告)等
	审 查	全国股转系统应当对上述信息披露文件的完备性进行审查
证监会审核	适用情形	公众公司向特定对象发行股份购买资产后股东累计超过 200 人
	申请核准	经股东大会决议后按照证监会规定编制申请文件并申请核准
	审核	证监会作出核准、中止审核、终止审核、不予核准的决定
重组方案重大调整	情 形	股东大会作出决议后,公众公司拟对 (1)交易对象; (2)交易标的; (3)交易价格等作出变更; 构成对原重组方案重大调整的
	程 序	1. 董事会表决通过 2. 重新提交股东大会审议 3. 向全国股转系统重新报送信息披露文件或者向证监会重新提出核准申请
	终止或撤回	股东大会作出决议后,董事会决议终止本次交易或者撤回申请的,应说明原因并披露,提交股东大会审议

续表

证监会决定	披露决定	公众公司收到证监会决定后,应当在2个工作日内披露
	受理间隔	证监会不予核准的,3个月内证监会不受理该公众公司发行股份购买资产的重大资产重组申请
承诺约束	约束措施(如承诺)	公众公司实施重大资产重组,相关当事人作出公开承诺事项的,应同时提出未能履行承诺时的约束措施并披露
	监管	全国股转系统应加强对履行承诺行为的监督和约束,对不履行承诺的行为及时采取自律监管措施
实施及披露	1. 完成批准程序后应及时实施重组方案 2. 在实施完毕之日起2个工作日内,编制并披露: (1)实施情况报告书 (2)独立财务顾问的专业意见 (3)律师的专业意见	
	退市公司特别规定	退市公司重大资产重组涉及发行股份的,自收到证监会核准文件之日起60日内,本次重大资产重组未实施完毕的,退市公司应当于期满后2个工作日内披露实施进展情况;此后每30日应当披露一次,直至实施完毕
财务顾问督导	独立财务顾问应当按照证监会的规定,对公众公司持续督导	
	持续督导期限	自实施本次重大资产重组之日起,不少于一个完整会计年度
	披露义务	独立财务顾问应当结合(1)重大资产重组实施当年和(2)实施完毕后的第一个完整会计年度的年报,自年报披露之日起15日内,对下列事项出具持续督导意见,报送全国股转系统,并披露: (1)交易资产的交付或者过户情况; (2)交易各方当事人承诺的履行情况及未能履行承诺时相关约束措施的执行情况; (3)公司治理结构与运行情况; (4)本次重大资产重组对公司运营、经营业绩影响的状况; (5)盈利预测的实现情况(如有); (6)与已公布的重组方案存在差异的其他事项。
限制转让	一般情况	本次重大资产重组涉及发行股份的,特定对象以资产认购而取得的公众公司股份,自股份发行结束之日起6个月内不得转让
	特殊情况	属于下列情形之一的,12个月不得转让: (1)特定对象为公众公司控股股东、实际控制人或者其控制的关联人; (2)特定对象通过认购本次发行的股份取得公众公司的实际控制权; (3)特定对象取得本次发行的股份时,对其用于认购股份的资产持续拥有权益的时间不足12个月。

4. 申请延期恢复转让的规定

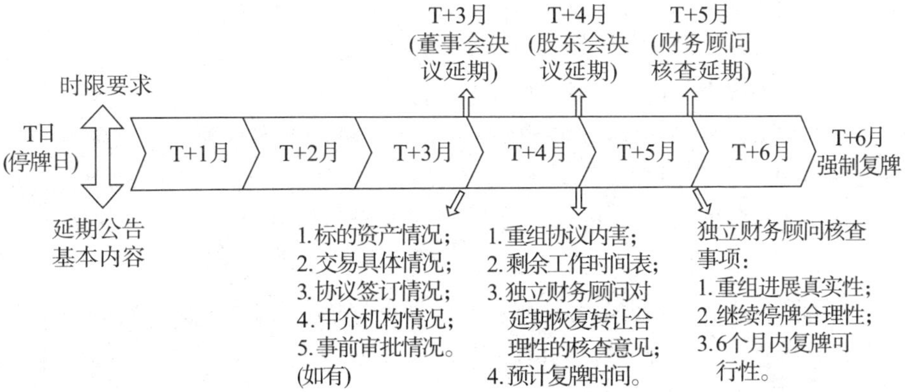

图3-3 公司申请延期恢复转让流程

(1)公司预计在暂停转让后3个月内无法披露重组预案或重组报告书的,应当在原定恢复转让期限届满前召开董事会审议延期恢复转让的议案,并在议案通过且相关董事会决议披露之后向全国股转公司申请延期恢复转让。获得批准后,公司应当披露延期恢复转让公告,延期后重组累计暂停转让时间原则上不得超过4个月。

该情形下延期恢复转让公告一般应当包括以下内容:

①标的资产及其控股股东、实际控制人具体情况;

②交易具体情况,包括但不限于交易对方、交易方式、本次交易是否导致公司控制权发生变更、是否发行股份配套募集资金等;

③与现有或潜在交易对方的沟通、协商情况,包括公司是否已与交易对方签订重组框架或意向协议,或对已签订的重组框架或意向协议的重大修订或变更;

④本次重组涉及的中介机构名称,以及独立财务顾问等中介机构对标的资产的尽职调查、审计、评估工作的具体进展情况;

⑤本次交易是否需经有权部门事前审批,以及目前进展情况。

(2)公司预计在重组暂停转让后4个月内仍无法披露重组预案或重组报告书的,应当在原定恢复转让期限届满前召开股东大会审议延期恢复转让的议案,并在议案通过且相关股东大会决议披露之后向全国股转公司申请延期恢复转让。获得批准后,公司应当披露延期恢复转让公告,延期后重组累计暂停转让时间原则上不得超过5个月。

该情形下延期恢复转让公告一般应当包括以下内容:

①重组协议或框架协议的主要内容;

②尚待完成的工作及具体时间表;

③独立财务顾问关于公司延期恢复转让合理性的核查意见;

④预计完成首次信息披露及恢复转让的具体时间。

(3)公司预计在重组暂停转让后5个月内仍无法披露重组预案或重组报告书的,独立财务顾问应当就公司暂停转让期间重组进展信息披露的真实性、继续暂停转让的合理性和6个月内恢复转让的可行性进行核查,并出具书面核查报告。

核查结论认为延期恢复转让具有合理性的,公司可以向全国股转公司申请延期恢复转让。获得批准后,公司应当披露延期恢复转让公告,延期后重组累计暂停转让时间不得超过6个月。

该情形下,公司应当在延期恢复转让公告中明确预计完成首次信息披露及恢复转让的具体时间,并同时披露独立财务顾问的核查报告。

(4)公司因重大资产重组股票暂停转让后,应当每10个转让日披露一次重组进展公告;公司因预计无法在原定恢复转让期限届满前完成首次信息披露而申请延期恢复转让的,应当每5个转让日披露一次重组进展公告。重组事项出现重要进展的,应当在重组进展公告中予以披露。

前款所称重要进展,包括但不限于以下情形:

①各方就交易方案进行磋商的相关情况;

②公司与交易对方签订重组框架或意向协议,对已签订的重组框架或意向协议作出重大修订或变更;

③公司取得有权部门关于重组事项的事前审批意见;

④公司与聘请的中介机构签订重组服务协议;

⑤尽职调查、审计、评估等工作取得阶段性进展;

⑥更换财务顾问、审计机构、评估机构等中介机构;

⑦已披露重组标的的公司,更换、增加、减少重组标的,公司应当披露拟变更标的的具体情况、变更的原因;

⑧因交易双方价格分歧、挂牌公司证券价格波动、税收政策、标的资产行业政策发生重大变化等原因,导致重组事项出现终止风险的,公司应当及时提示相关风险并披露后续进展;

⑨其他重大进展。

(5)公司进入重大资产重组程序前因筹划具有重大不确定性的重大事项等

原因已经申请股票暂停转让或更换重组标的的,已暂停转让时间应一并计入重大资产重组暂停转让累计时长。

除重组事项依法须经有关部门前置审批或涉及重大无先例事项的情形外,暂停转让后 6 个月内仍无法披露重组预案或重组报告书的,公司应当终止本次重大资产重组,披露终止重组的公告,并在公告中承诺终止重组后 1 个月内不再筹划重大资产重组事项。终止重组相关公告披露后的 2 个转让日内,公司应当向全国股转公司申请股票恢复转让。

公司应当申请股票恢复转让但拒不提出申请的,全国股转公司有权强制恢复公司股票转让。

5. 终止重组

公司披露重大资产重组预案或重大资产重组报告书后,因自愿选择终止重组、独立财务顾问或律师对异常转让无法发表意见或认为存在内幕交易且不符合恢复重大资产重组进程要求等原因终止本次重大资产重组的,应当经董事会或股东大会审议通过,并及时披露关于终止重大资产重组的临时公告,并同时在公告中承诺自公告之日起至少 1 个月内不再筹划重大资产重组。

中国证监会要求公司终止重大资产重组进程的,公司应当及时披露关于重大资产重组终止的临时公告,并同时在公告中承诺自公告之日起至少 12 个月内不再筹划重大资产重组。

三、重大资产重组文件制作要求

除公司股票自挂牌以来未进行过转让的情形外,公司应当在股票暂停转让之日起 10 个转让日内,按照《全国中小企业股份转让系统重大资产重组业务指南第 1 号——非上市公众公司重大资产重组内幕信息知情人报备指南》的要求,向全国股转公司提交完整的内幕信息知情人名单、相关人员买卖公司证券的自查报告、公司重大资产重组交易进程备忘录及公司全体董事对内幕信息知情人报备文件真实性、准确性和完整性的承诺书。

公司预计股票暂停转让日距离重大资产重组首次董事会召开不足 10 个转让日的,应当在申请暂停转让的同时提交上述材料。公司股票自挂牌以来未进行过转让的,公司应当在股票暂停转让之日起 10 个转让日内,提交关于公司股票转让情况的书面说明。

内幕信息知情人的范围包括但不限于:

(1)挂牌公司及交易对手方的所有董事、监事、高级管理人员及其直系亲

属,无论是否知情,均应当纳入重组内幕信息知情人的报备范围;

(2)持有公司10%以上股份的股东和公司的实际控制人,以及其董事、监事、高级管理人员;

(3)由于所任公司职务可以获取公司本次重组相关信息的人员;

(4)本次重大资产重组的交易对方及其关联方,以及其董事、监事、高级管理人员;

(5)为本次重大资产重组方案提供服务以及参与本次方案的咨询、制定、论证等各环节的相关单位和人员;

(6)参与本次重大资产重组方案筹划、制定、论证、审批等各环节的相关单位和人员;

(7)前述自然人的直系亲属(配偶、父母、子女及配偶的父母);

(8)公司重大资产重组内幕信息知情人登记表应当加盖公司公章或公司董事会公章,并写明填报日期。

自然人的自查报告应当列明自然人的姓名、职务、身份证号码、股票账户、有无买卖股票行为,并经本人签字确认;机构的自查报告中应当列明机构的名称、注册号、股票账户、有无买卖股票行为并盖章确认。

相关人员存在买卖公司股票行为的,当事人应当书面说明其买卖股票行为是否利用了相关内幕信息;公司及相关方应当书面说明与买卖股票人员相关事项的动议时间,买卖股票人员是否参与决策,买卖行为与该事项是否存在关联关系以及是否签订了保密协议书等。

公司应当同时提交全体董事对内幕信息知情人报备文件真实性、准确性和完整性的承诺书,由全体董事签字并加盖公司公章。

除公司重大资产重组交易进程备忘录外,公司报送上述文件应提交原件一份,复印件二份,以及一份与书面文件一致的电子文件(WORD、EXCEL、PDF或全国股份转让系统公司要求的其他文件格式)。

公司应提交三份重大资产重组交易进程备忘录的复印件,并由律师对该复印件提供鉴证意见。鉴证律师应当在文件首页注明"以下第××页至第××页与原件一致",并签名和签署鉴证日期,律师事务所应该在该文件首页加盖公章,并在第××页至第××页侧面以公章加盖骑缝章。

报备文件所有需要签名处,均应为签名人亲笔签名,不得以名章、签名章等代替。

四、文件内容

(一)需要提交的程序性文件

1.《暂停转让申请》

2.《内幕信息知情人及直系亲属名单》

3.《相关人员买卖公司证券的自查报告》

4.《公司重大资产重组交易进程备忘录》

5.《公司全体董事对内幕信息知情人报备文件真实性、准确性和完整性的承诺书》

6.《暂停转让延后申请》

7.《恢复转让申请》

(二)需要披露的公告

1.《暂停转让公告》

2.《重大资产重组进展情况报告》

3.《恢复转让公告》

4.《风险揭示公告》

5.《重大资产重组报告书》

6.《独立财务顾问报告》

7.《律师出具的法律意见书》

(三)需要报股转公司备案的材料

(1)公众公司重大资产重组报告书

1－1 发行股份购买资产申请报告

1－2 重大资产重组报告书

1－3 重大资产重组的董事会决议和股东大会决议

(2)独立财务顾问报告

2－1 法律意见书

(3)本次重大资产重组涉及的财务信息相关文件

3－1 本次重大资产重组涉及的拟购买、出售资产的财务报告和审计报告(确实无法提供的,应当说明原因及相关资产的财务状况和经营成果)

3－2 本次重大资产重组涉及的拟购买、出售资产的评估报告及评估说明,资产估值报告(如有)

3－3 交易对方最近1年的财务报告和审计报告(如有)

3－4 拟购买资产盈利预测报告(如有)

(4)本次重大资产重组涉及的有关协议、合同和决议

4－1 重大资产重组的协议或合同

4－2 涉及本次重大资产重组的其他重要协议或合同

4－3 交易对方内部权力机关批准本次交易事项的相关决议

(5)本次重大资产重组的其他文件

5－1 有关部门对重大资产重组的审批、核准或备案文件

5－2 关于股份锁定期的承诺

5－3 交易对方的营业执照复印件

5－4 拟购买资产的权属证明文件

5－5 与拟购买资产生产经营有关的资质证明或批准文件

5－6 公众公司全体董事和独立财务顾问、律师事务所、会计师事务所、资产评估机构等证券服务机构及其签字人员对重大资产重组申请文件真实性、准确性和完整性的承诺书

5－7 公众公司与交易对方就重大资产重组事宜采取的保密措施及保密制度的说明,并提供与所聘请的证券服务机构签署的保密协议及交易进程备忘录

5－8 本次重大资产重组前 12 个月内公众公司购买、出售资产的说明及专业机构意见(如有)

5－9 中国证监会要求提供的其他文件

五、新三板重大资产重组的常见问题

1. 挂牌公司因重大资产重组股票暂停转让后,决定取消重大资产重组,是否需要进行内幕信息知情人报备?

答:需要。挂牌公司因重大资产重组事项申请股票暂停转让后,无论是否继续推进重大资产重组事项,均需要进行内幕信息知情人报备。

2. 在重大资产重组中,对重组标的资产审计报告的有效期是否有特别规定?

答:重大资产重组中,标的资产审计报告应当在《非上市公众公司信息披露内容与格式准则第 6 号——重大资产重组报告书》第 4 条规定的财务资料有效期之内披露。但对于发行股份购买资产且发行后股东人数超过 200 人的重组,挂牌公司在向中国证监会提交核准申请文件时,重组报告书中引用的经审计的最近一期财务资料的剩余有效期应当不少于 1 个月。

3. 经全国股转公司核查,发现挂牌公司重大资产重组暂停转让申请日前 6

个月内公司证券存在异常转让情况的，挂牌公司及独立财务顾问应当如何处理？

答：根据《全国中小企业股份转让系统非上市公众公司重大资产重组业务指引》第16条的规定，全国股转公司将对挂牌公司重大资产重组暂停转让申请日前六个月的公司证券转让情况进行核查。发现异常转让情况的，全国股转公司将告知挂牌公司，由挂牌公司书面答复，并根据不同情形分情况处理：

挂牌公司拟继续推进重组进程的，需单独披露《关于××××公司与重大资产重组相关证券异常转让情况的说明》，对公司证券异常转让是否属于内幕交易及判断的理由进行说明，并同时对公司重组事项可能因内幕交易被中国证监会或司法机关立案查处而暂停或终止的风险进行单独揭示。

挂牌公司聘请的独立财务顾问及律师应当对公司证券异常转让是否属于内幕交易发表核查意见并公开披露，同时应对公司重组事项可能存在因内幕交易被中国证监会或司法机关立案查处而暂停或终止的风险进行单独揭示。

挂牌公司聘请的独立财务顾问、律师无法发表意见，或认为存在内幕交易且不符合恢复重大资产重组进程要求的，公司应当终止本次重组。

挂牌公司因与挂牌公司重大资产重组相关证券异常转让被中国证监会或司法机关立案的，应暂停重组进程，并披露被相关机构立案的临时公告，挂牌公司聘请的独立财务顾问应当同时发布风险提示公告。挂牌公司因被中国证监会或司法机关立案暂停重大资产重组进程的，在影响重组审查的情形消除后可以申请恢复重组进程。关于影响重组审查的情形消除的标准，参照《关于加强与上市公司重大资产重组相关股票异常交易监管的暂行规定》。

公司因自愿选择终止重组、独立财务顾问或律师对异常转让无法发表意见或认为存在内幕交易且不符合恢复重大资产重组进程要求等原因终止本次重大资产重组的，公司应当再次召开董事会审议终止重组的相关事项，并及时发布终止重大资产重组公告，披露本次重大资产重组的基本情况及终止原因，公司证券同时申请恢复转让。挂牌公司被中国证监会要求终止本次重大资产重组的，公司应当及时发布终止重大资产重组公告，披露本次重大资产重组的基本情况及终止原因，公司证券同时申请恢复转让。重大资产重组进程终止后，如经查发现挂牌公司存在违法违规的行为，我司依据相关业务规则采取自律监管措施。

4. 挂牌公司在重大资产重组程序推进过程中，是否可以进行证券发行或再次筹划重大资产重组事项？挂牌公司在前次证券发行尚未完成的情况下，是否可以筹划新的重大资产重组事项？

答：挂牌公司如存在尚未完成的重大资产重组事项，在前次重大资产重组实施完毕并披露实施情况报告书之前,不得筹划新的重大资产重组事项,也不得因重大资产重组申请暂停转让。除发行股份购买资产构成重大资产重组并募集配套资金的情况外,在前次重大资产重组实施完毕并披露实施情况报告书前,挂牌公司不得在重组实施期间启动证券发行。

挂牌公司如存在尚未完成的证券发行,在前次证券发行完成新增证券登记前,不得筹划重大资产重组事项,也不得因重大资产重组申请暂停转让。

5. 挂牌公司在披露重组预案或重组报告书后拟对交易对象、交易标的、交易价格、配套募集资金方案等重组方案主要内容进行调整,如何认定是否构成重大调整?

答:对于调整交易对象的情形,如拟增加交易对象的,应当视为构成对重组方案重大调整;如拟减少交易对象,但交易各方同意将该交易对象及其持有的标的资产份额剔除出重组方案,且剔除后按照下述第二款的规定未构成交易标的重大调整的,可以视为不构成重组方案重大调整。对于调整交易对象所持标的资产份额的情形,如交易各方同意交易对象之间转让标的资产份额,且转让份额不超过交易作价 20% 的,可以视为不构成重组方案重大调整。

对于调整标的资产的情形,如同时满足以下两个条件,可以视为不构成重组方案重大调整:一是拟增加或减少的交易标的的交易作价、资产总额、资产净额占原标的资产相应指标总量的比例均不超过 20%;二是变更标的资产对交易标的的生产经营不构成实质性影响,包括不影响标的资产及业务完整性等。

对于调整交易价格的情形,如同时满足以下两个条件,可以视为不构成重组方案重大调整:一是交易价格调整幅度原则上不得超过 20%;二是交易价格的变更具有充分、合理的客观理由,独立财务顾问应当对交易价格调整的合理性出具专项意见。

对于变更支付手段的情形,应当视为重组方案重大调整。

对于调整配套募集资金方案的情形,调减或取消配套募集资金、调增配套募集资金比例不超过原募资规模 20% 的,不构成重组方案的重大调整;新增配套募集资金或调增配套募集资金比例超过原募资规模 20% 的,应当视为重组方案重大调整。

6. 如何判断重大资产重组完成后挂牌公司股东人数是否不超过 200 人?

答:涉及发行股份购买资产的重大资产重组中,重组方案及配套资金募集方案中确定或预计的新增股东人数(或新增股东人数上限)与审议重大资产重组事项的股东大会规定的股权登记日在册股东人数之和不超过 200 人的(含 200

人)，视为重组完成后挂牌公司股东人数不超过200人。

7.《非上市公众公司重大资产重组管理办法》第23条第1款中"实施完毕"应如何判断？

答：对于购买资产构成重大资产重组的情形，如涉及挂牌公司发行股份，"实施完毕"以挂牌公司收到中国结算北京分公司下发的《关于发布并上传〈发行新增股份在全国中小企业股份转让系统挂牌并公开转让的公告〉的通知》为准；如不涉及挂牌公司发行股份，"实施完毕"以标的资产完成过户为准。

对于出售资产构成重大资产重组的情形，"实施完毕"以标的资产过户完毕且交易对价支付完毕为准。

六、新三板重大资产重组模式

新三板企业的重大资产重组模式主要有以下几种：

1. 现金

以现金方式购买股权、动产、不动产的方式进行的重大资产重组是最常见的一种方式。新三板企业为了实现挂牌，有效解决关联交易、同业竞争等问题，资金重组的企业会以现金方式收购目标企业的股权。如果该购买资金的数额符合《非上市公众公司重大资产重组管理办法》第2条规定的条件，便构成重大资产重组。

2. 股权+现金

股权加现金的方式相比于现金方式灵活性更强，是新三板企业实现重大资产重组比较青睐的一种方式。收购方收购目标公司全部股权，但是鉴于收购方现金数额有限或者为了让企业自身正常运转，以股权支付和现金支付两种方式收购目标公司。

3. 股权

股权方式是指收购方为了实现收购目的，以股权支付的方式达到控制目标公司的股权。通常收购方会发行股票，以每股定价计算总价额购买被收购方的股权，这种方式既可以实现收购的目的，又可以募集资金。

(一)现金购买资产——汇森能源(831956)重大资产重组

新三板挂牌公司汇森能源，在前后耗时8个月后，发布重大资产重组预案，宣布用667.55万元购买了自家的房和车。在这个重组方案的标的资产中，有一台4年的路虎和一台9年的奥迪，堪称"老爷车"级别，但合计评估值为163.52万元。要知道，停牌前按照增发价格每股1.85元计算，这家公司的市值只有925万元。一家14人小公司，重组对象居然是跟主业毫无关系的房子和车子，其中还包括一台接近报废级别的奥迪。

(二)股份+现金——希奥股份(430632)并购三公司

新三板挂牌公司希奥股份(430632)于2015年12月23日公布重大资产重组预案,拟以“股份+现金”的形式,收购安徽荣徽和卓一科技100%的股权,以及辛普科技51%的股权,本次收购总作价8380万元,并将以“激励+分期”的支付方式分阶段完成支付。

希奥股份发布公告计划以“发行股份+支付现金”的方式购买自然人许琳所拥有合肥荣徽网络信息科技有限公司(合肥荣徽)100%的股权、自然人施晶所拥有上海卓一网络通讯技术有限公司(上海卓一)100%的股权、自然人古明祥所拥有安徽辛普信息科技有限公司(安徽辛普)51%的股权。根据公告,希奥股份本次收购3家标的企业股权,总作价为8380万元,具体作价分别为:向安徽荣徽许琳兑付300万股加600万元现金,向卓一网络施晶兑付700万股加1000万元现金,向辛普科技古明祥兑付300万股加280万元现金。为完成本次收购,希奥股份将向许琳、施晶、古明祥三人,以5元/股的价格非公开发行1300万股股份,合计金额6500万元,占全部对价的77.57%;现金支付总金额1880万元,占全部对价的22.43%。

(三)股权支付——同健股份(832098)重大资产重组

同健股份于2015年9月25日召开第一届董事会第五次会议审议通过了本次交易的相关议案。本次交易中,公司拟以发行股票的方式购买王毅清、钟雪松持有的达嘉维康100.00%股权,并募集配套资金。本次交易中,公司拟以6.00元/股的价格向交易对象合计发行6500.00万股以购买其合计所持达嘉维康100.00%的股权,标的资产交易价格合计为39000.00万元。本次交易完成后,公司将持有达嘉维康100.00%股权。

本次交易标的公司达嘉维康2014年度资产总额和净资产额分别为87208.88万元和8313.00万元,占公众公司2014年度经审计的资产总额6274.89万元和净资产额1984.38万元的比例均大于50%。根据《重组管理办法》的规定,本次交易构成重大资产重组。

(四)股份+现金——欧开股份(833038)并购案

2016年1月5日,上海欧开建筑装饰股份有限公司(以下简称公司)召开2016年第一次临时股东大会,审议通过了《关于公司发行股份及支付现金购买资产方案的议案》《关于公司发行股份及支付现金购买资产的定价依据及合理性的议案》《关于签署〈发行股份及支付现金购买资产协议〉及补充协议的议案》

《关于公司发行股份及支付现金购买资产不构成关联交易的议案》《关于修改〈公司章程〉的议案》及《关于授权公司董事会全权办理与本次交易有关事宜的议案》。

本次发行对象为上海融述电子商务有限公司的股东、总经理杨明，认购对象应按照《上海欧开建筑装饰股份有限公司发行股份及支付现金购买资产协议》的规定，在2016年1月19日之前以其所持有的上海融述电子商务有限公司100%股权，认购公司30.7692万股股份，并办理标的资产有关的权属变更或过户手续。

（五）股权转让+定增——盖娅股份（430181）重大资产重组

股权转让与定增并行也是市场主流方式，收购方通过股份转让取得挂牌公司股东身份后，再通过定向增发提高在公司的持股比例，从而达到获得控制权的目的。例如，道从科技发布公告，公司拟以3.2元/股，总计1159.6万元的价格向深圳市盖娅网络科技有限公司和自然人王彦直出让362.375万股，同时承诺，转让完成之日12个月内以3.2元/股的价格转让其剩余持有的股份。道从科技股本为500万股，本次股权转让完成后，深圳盖娅成为道从科技的控股股东；王彦直合计持有、控制道从科技72.475%股份，为道从科技的实际控制人。成为公司控股股东以后，大股东又通过定向增发（现金认购）进一步提高持股比例。

七、重大资产重组过程中对挂牌公司和相关主体的违规处理措施

公司重大资产重组信息披露及相关程序违反法律、行政法规、中国证监会规定及全国股转系统相关业务规则且情形严重的，全国股转公司可以要求公司暂停重大资产重组。

1. 涉及挂牌公司的，可能因信息披露违规或不及时面临重大资产重组叫停，全国股份转让系统层面的自律监管措施、纪律处分和证监会层面的警告、罚款、相关责任人员市场禁入和36个月内不受理定向发行申请。此外，对重大资产重组有业绩承诺的挂牌公司，如无特殊原因导致利润未能达到预期50%的，可能面临监管谈话、出具警示函、责令定期报告等监管措施。

2. 涉及挂牌公司重大资产重组的内幕信息知情人和高级管理人员涉嫌内幕交易、操纵证券市场等违法活动的，可能面临全国股份转让系统有权的自律管理措施，并向中国证监会报告。涉及挂牌公司董事、监事和高级管理人员在重大资产重组中，未履行诚实守信、勤勉尽责义务的，可能面临责令改正、监管谈话、出具警示函等监管措施，甚至行政处罚和刑事责任。

3. 涉及相关证券服务机构及其从业人员未履行诚实守信、勤勉尽责义务，违

反行业规范、业务规则的,可能面临责令改正、监管谈话、出具警示函等监管措施,情节严重的,依照《证券法》第226条予以处罚。如其出具的相关文件存在虚假记载、误导性陈述或者重大遗漏的,可能面临责令改正、市场禁入、依照《证券法》第223条予以处罚,甚至刑事责任;除此之外,还可能面临证监会3个月至12个月内不接受该机构出具的相关专项文件、12个月至36个月内不接受相关签字人员出具的专项文件的监管措施。

4. 中国证监会将挂牌公司重大资产重组中的当事人的违法行为和整改情况记入诚信档案。中国证监会将根据《非上市公众公司监管办法》规定,采取责令改正、监管谈话、责令公开说明、出具警示函、认定为不适当人选等监管措施,并记入诚信档案;情节严重的,可以对有关责任人员采取证券市场禁入的措施。涉嫌违法犯罪的,立案调查或者移送司法机关。

附件

重大资产重组典型违规案例

代码	名称	公告日期	违规类型	处罚对象	关系	违规行为
833393	速达科技	2016年11月16日	未依法履行其他职责	三门峡速达交通节能科技股份有限公司	公司本身	2016年4月14日,速达科技披露了购买资产暨关联交易公告,称拟购买速达科技实际控制人李复活持有的河南速达电动汽车科技有限公司(以下简称速达电动)10.44%的股权。2016年4月15日,股转公司在信息披露审查中发现公司疑似构成重大资产重组,于当日开盘前(9:05)在BPM系统进行反馈。速达科技随即于4月15日当天以不确定重大事项为由暂停转让。2016年4月20日,速达科技发布了重大资产重组暂停转让公告,转入重组程序。 2016年5月3日,速达科技主办券商中信建投证券在BPM系统回复,正式确认速达科技本次交易构成重大资产重组。2016年8月26日,速达科技进行了重大资产重组首次信息披露,在审查中发现:在未履行完毕重组程序的情况下,速达科技已于2016年6月3日完成了重组标的资产的过户。首次信息披露前,速达科技未披露重组事项已完成的事实,并在历次披露的重组进展公告中称重组程序正在推进过程中。速达科技及其主办券商兼独立财务顾问中信建投证券的回复亦对前述事实予以确认。速达科技作为挂牌公司,未能及时、规范地履行重组暂停转让程序,且在明知关联交易事项已构成重大资产重组的情况下未履行重组程序即实施了重大资产重组行为,违反了《非上市公众公司重大资产重组管理办法》第4条、第11条、第13条的有关规定,构成重大资产重组信息披露及程序违规。

续表

代　码	名称	公告日期	违规类型	处罚对象	关系	违规行为
837541. OC	利昌科技	2016 年 10 月 28 日	涉嫌违反证券法律法规	北京利昌鸿达科技股份有限公司	公司本身	利昌科技于 2016 年 9 月 8 日披露重大事项停牌公告,但公司未向全国股转公司提交关于暂停股票转让的业务申请。利昌科技上述行为违反《非上市公众公司重大资产重组管理办法》第 11 条、《全国中小企业股份转让系统非上市公众公司重大资产重组业务指引(试行)》第 7 条、《全国中小企业股份转让系统暂停与恢复转让业务指南(试行)》第 1 条第 3 款的规定,构成暂停转让业务申请违规行为。
832275	敦华石油	2016 年 7 月 11 日	未依法履行其他职责	黄江荣	公司高管	当事人:新疆敦华石油技术股份有限公司(以下简称敦华石油),住所地:新疆克拉玛依市迎宾大道 69 - 13 - 11 号,法定代表人姚树欣。黄江荣,女,时任新疆敦华石油技术股份有限公司董事会秘书。经查,2015 年 10 月 26 日敦华石油披露了经董事会审议的重大资产重组报告书等文件。披露的重大资产重组报告书显示拟向 16 名自然人及机构投资者募集配套资金。经核查,敦华石油实际拟向 14 名投资者募集配套资金。敦华石油披露的重大资产重组报告书不准确,违反了《非上市公众公司重大资产重组管理办法》第 4 条、《全国中小企业股份转让系统业务规则(试行)》(以下简称《业务规则》)第 1. 4 条的规定,构成信息披露违规。
831399	参仙源	2016 年 4 月 26 日	未及时披露公司重大事件	兰鹏	公司高管	(一)重大资产重组程序违规 2015 年 11 月 17 日公司董事会审议通过的重大资产重组收购曾祥云等 9 名自然人持有的林地使用权以及林地上附着资源的所有权部分,交易标的交割日为 2015 年 6 月 27 日,早于筹划重大资产重组事项申请停牌日 2015 年 7 月 20 日。公司上述未进行重大资产重组的首次信息披露和未经董事会、股东大会审议通过,即已完成标的资产过户手续的行为违反了《非上市公众公司重大资产重组管理办法》第 3 章第 13 条之规定。 (二)重大资产重组信息披露程序及备案程序违规 在公司上述首次信息披露行为涉嫌违规的情况下,公司于 2015 年 11 月 27 日申请复牌。在相关违规行为尚未处理完毕的情况下,公司于 2015 年 12 月 4 日召开股东大会审议通过此次重大资产重组的相关议案,并在向股转系统提交重大资产重组备案申请材料之前,于 2015 年 12 月 18 日披露了《重大资产重组实施情况报告书》。 在公司提交本次重大资产重组备案文件后公司于 2015 年 12 月 31 日再次申请复牌。

第二部分　典型案例评析

第四章　差异化定价

——中环装备收购兆盛环保

2018 年 12 月 6 日中环装备(证券简称:300140)收到中国证券监督管理委员会(以下简称中国证监会)出具的《关于核准中节能环保装备股份有限公司向周震球等发行股份购买资产并募集配套资金的批复》(证监许可〔2018〕1976 号),核准中环装备向周震球、周兆华、黑龙江容维、金久盛投资、羊云芬、王羽泽、周建华、尹曙辉等 8 名兆盛环保股东发行股份并支付现金购买其合计持有的兆盛环保 99.18% 股权,标的资产作价为 71409.84 万元,其中 21422.95 万元采取现金方式支付,49986.89 万元采取股份方式支付。核准非公开发行股份募集配套资金不超过 4.1 亿万元。

本次收购过程中收购双方根据风险与收益相配比的原则,在不影响交易对价总额的前提下,鉴于参与业绩承诺的交易对方需就业绩承诺期内标的公司利润作出承诺并承担利润承诺的相关补偿义务,而不参与业绩承诺的交易对方无须承担相关补偿义务交易对方通过自主协商确定本次交易的差别化定价值得借鉴。

一、交易基本情况

1. 交易参与方

表4-1　中节能环保装备股份有限公司发行股份购买资产、募资情况

收购方资料			
竞买方名称	中节能环保装备股份有限公司		
证券代码	300140	证券简称	中环装备
转让前持股	0	转让后持股	99.18(%)
企业性质	中央国有企业	行业	环境与设施服务
法人代表	黄以武		
注册地址	西安市经济技术开发区凤城十二路		
注册资本(元)	3.45亿		
经营范围	光机电一体化装备设计、开发、制造、销售;自动控制技术与装置的开发、制造、销售;节能、环保技术与装备的开发、制造、销售;计算机和信息技术及软件开发、销售;工艺技术研究及技术咨询、技术转让、技术培训与技术服务;节能环保及机电装备成套、工程总承包业务及运营服务;设备租赁;房屋租赁;物业管理;自营、代理各类商品和技术的采购及销售业务;各类商品和技术的进出口经营(国家禁止和限制的进出口货物和技术除外);管道进料加工和“三来一补”业务。		
出让方资料			
出让方名称	转让前持股(%)	转让后持股(%)	备注
周震球	35.45	0	总经理
周兆华	27.8	0	董事长
黑龙江省容维证券数据程序化有限公司	17.38	0	外部机构投资者,特殊金融服务业
无锡市金久盛投资企业(有限合伙)	9.02	0	员工持股平台
羊云芬	6.26	0	董秘
王羽泽	1.64	0	—
尹曙辉	0.82	0	副总
周建华	0.82	0	—
标的方资料			
机构全称	江苏兆盛环保股份有限公司		
行　业	环境与设施服务	证券简称	兆盛环保
上市日期	2016年4月8日	证券代码	836616

续表

成立日期	2002 年 5 月 28 日	注册资本(元)	1.2 亿
法定代表人	周震球		
注册地址	宜兴市周铁镇兴旺路 2 号		
经营范围	按二级资质从事环保工程专业承包;按二级资质从事机电设备安装工程专业承包;环境污染防治设备的技术研究、开发、服务;环境工程的设计;水工金属结构、配电开关控制设备、环境保护专用设备的制造、修理;通用机械及配件、五金产品、化工产品及原料(不含危险化学品)、的销售;自营和代理各类商品及技术的进出口业务(国家限定企业经营或禁止进出口的商品和技术除外)。(依法须经批准的项目,经相关部门批准后方可开展经营活动)		

本次交易的交易对方中,周兆华和周震球系父子关系,周震球和羊云芬系夫妻关系,周建华和周兆华系兄弟关系,周建华和尹曙辉系姑侄关系,金久盛投资受羊云芬控制。此外,根据《上市公司收购管理办法》的规定及周震球、周兆华和羊云芬签署的《一致行动人协议》,周兆华和羊云芬同意在协议有效期内作为周震球的一致行动人,行使作为兆盛环保的股东权利、承担股东义务。鉴于羊云芬直接控制金久盛投资,金久盛投资与周震球、周兆华、羊云芬存在一致行动关系,上述四者作为兆盛环保的股东,系一致行动人。

2. 交易详情

表 4-2 中节能环保装备股份有限公司交易情况

交易价值(万元)	71409.84	并购方式	发行股份购买资产
现金支付金额(万元)	21422.95	并购目的	多元化战略
评估价值(万元)	71427.45	支付方式	股权 + 现金
评估方式	收益法	标的类型	股权
股权转让比例(%)	99.18	控制权是否变更	是

东洲评估分别采用市场法和收益法两种评估方法对兆盛环保的股东全部权益进行了评估,并选取收益法评估结果作为评估结论。依据东洲评估出具的《资产评估报告》(东洲评报字〔2018〕第 0189 号),截至评估基准日 2017 年 7 月 31 日,兆盛环保的股东全部权益价值为 72018.00 万元,较兆盛环保母公司报表净资产账面价值 25261.78 万元,评估增值 46756.22 万元,增值率为185.09%。并经上市公司与交易对方共同协商,最终确定兆盛环保 100% 股权的交易价格为 72000.00 万元。本次交易标的资产兆盛环保 99.18% 股权的交易价格为 71409.84 万元。本次发行股份购买资产的发行价格为 16.38 元/股。

根据本次交易标的资产的定价,各交易对方获得对价的具体情况,如表4-3所示。

表4-3　中节能装备股份有限公司股东持股情况

序号	交易对方	持有兆盛环保的股权比例(%)	交易作价(万元)	支付方式		
				现金对价(万元)	股份对价(万元)	拟发行股份数量(股)
1	周震球	35.45	27024.79	8107.44	18917.35	11549054
2	周兆华	27.80	20018.36	6005.51	14012.85	8554854
3	黑龙江容维	17.38	11010.10	3303.03	7707.07	4705170
4	金久盛投资	9.02	6491.80	1947.54	4544.26	2774274
5	羊云芬	6.26	4504.13	1351.24	3152.89	1924842
6	王羽泽	1.64	1180.33	354.10	826.23	504413
7	周建华	0.82	590.16	177.05	413.11	252206
8	尹曙辉	0.82	590.16	177.05	413.11	252206
	合计	99.19	71409.83	21422.96	49986.87	30517019

3.盈利承诺

表4-4　中节能环保装备股份有限公司盈利承诺

盈利承诺				
承诺报告期	首次公告日	承诺净利润(万元)	承诺利润补偿	盈利补偿方法
2017年12月31日	2018年5月26日	5600	是	补对价
2018年12月31日	2018年5月26日	6700	是	补对价
2019年12月31日	2018年5月26日	7900	是	补对价

4.交易进度

表4-5　中节能环保装备股份有限公司股权交易进展

时　间	事　项
2018年1月11日	召开董事会审理预案
2018年5月26日	召开董事会重新审理预案
2018年6月20日	召开股东大会通过
2018年9月15日	证监会受理
2018年9月26日	证监会反馈意见
2018年10月24日	证监会反馈意见回复
2018年11月9日	发审委通过
2018年12月7日	证监会核准
2018年12月25日	过　户

二、差别化定价调整

本次重组中，在交易总对价不变的前提下，结合承担利润补偿责任和义务的情况等因素，交易对方协商确定本次交易采取差异化定价的具体安排如下：

本次交易前，黑龙江容维持有标的公司 17.38% 的股权，对应标的资产交易作价其享有权益的价值为 12511.48 万元；周震球持有标的公司 35.45% 的股权，对应标的资产交易作价其享有权益的价值为 25523.41 万元。经协商后鉴于两者的义务、责任、风险差异，经友好协商，黑龙江容维享有标的资产的对价调减 1501.38 万元，周震球享有的对价调增 1501.38 万元，调整后两者的对价分别为 11010.10 万元和 27024.79 万元。

表 4-6　中节能环保装备股份有限公司交易原股权结构变化

序　号	交易对方	持有兆盛环保的股权比例（%）	交易作价（万元）	
			调整前	调整后
1	周震球	35.45	25523.41	27024.79
2	黑龙江容维	17.38	12511.48	11010.10

2018 年 9 月 26 日中国证监会出具《中国证监会行政许可项目审查一次反馈意见通知书》（〔181406〕号，以下简称《反馈意见》），重点关注了本次交易采用差别化定价，黑龙江容维不参与标的资产经营管理，不承担本次交易业绩承诺补偿义务的合理性。

反馈问题：申请文件显示，本次交易采用差别化定价。黑龙江容维不参与标的资产经营管理，不承担本次交易业绩承诺补偿义务，其在本次交易中获得的对价股份在 12 个月锁定期满后可以一次性解锁；而周震球作为标的资产大股东及实际控制人之一，承担本次交易业绩承诺补偿义务，且在本次交易中获得的对价股份在 12 个月锁定期满后，需根据标的资产业绩实现情况分期解锁。差别化定价具体方案为黑龙江容维享有标的资产的对价调减 1501.38 万元，周震球享有的对价调增 1501.38 万元。请你公司结合标的资产的具体评估情况，进一步补充披露本次交易采用差异化定价的合理性，是否有利于保护上市公司及中小股东利益。请独立财务顾问核查并发表明确意见。

回复：

1. 本次交易的标的资产的估值及交易作价

东洲评估分别采用市场法和收益法两种评估方法对兆盛环保的股东全部权

益进行了评估,并选取收益法评估结果作为评估结论。依据东洲评估出具的《资产评估报告》(东洲评报字〔2018〕第0189号),截至评估基准日2017年7月31日,兆盛环保的股东全部权益价值为72018.00万元,较兆盛环保母公司报表净资产账面价值25261.78万元,评估增值46756.22万元,增值率为185.09%。以上述评估值为参考依据,并经上市公司与交易对方共同协商,最终确定兆盛环保100%股权的交易价格为72000.00万元。本次交易标的资产兆盛环保99.18%股权的交易价格为71409.84万元。

为保护上市公司及全体股东的利益,东洲评估以2018年5月31日为基准日,对标的资产进行了加期评估并出具资产评估报告。依据东洲评估出具的《资产评估报告》(东洲评报字〔2018〕第1029号),截至评估基准日2018年5月31日,兆盛环保的股东全部权益价值为75682.00万元。上述评估结果显示标的资产价值未发生不利于上市公司及全体股东利益的变化。经交易各方友好协商并经上市公司第六届董事会第十七次会议审议通过,本次交易仍以2017年7月31日基准日的评估结果为依据,交易价格不变。

2.本次交易采用差异化定价的合理性,是否有利于保护上市公司及中小股东利益

本次重组中,在交易总对价不变的前提下,结合承担利润补偿责任和义务的情况等因素,交易对方协商确定本次交易采取差异化定价的具体安排如下:本次交易前,黑龙江容维持有标的公司17.38%的股权,对应标的资产交易作价其享有权益的价值为12511.48万元;周震球持有标的公司35.45%的股权,对应标的资产交易作价其享有权益的价值为25523.41万元。由于黑龙江容维作为财务投资者不参与标的公司的经营管理,不承担本次交易的业绩承诺补偿义务,其在本次交易中获得的对价股份在12个月锁定期满后可以一次性解锁;而周震球作为标的公司大股东,是实际控制人之一,承担本次交易的业绩承诺补偿义务,且在本次交易中获得的对价股份在12个月锁定期满后,需要根据标的公司的业绩实现情况分期解锁。鉴于两者的义务、责任、风险差异,经友好协商,黑龙江容维享有标的资产的对价调减1501.38万元,周震球享有的对价调增1501.38万元,调整后二者的对价分别为11010.10万元和27024.79万元,不影响本次交易的总对价。上述差异化定价为本次交易双方通过自主协商确定,符合《重组办法》等相关法律法规的规定,差异化定价系交易对方之间的利益调整,不会损害上市公司及中小股东的利益。

在本次交易中,上市公司与交易对方经过内部协商,在充分考虑各方交易诉

求、未来业绩承诺责任和补偿风险因素的基础上,约定周震球及其一致行动人、周建华和尹曙辉作为业绩补偿义务人,在业绩承诺期内承担全部业绩补偿责任,保障业绩补偿的可实现性,有利于保护上市公司及中小股东的利益。此外,为保证上述补偿的可行性,本次交易对方取得的上市公司股份约定了锁定期。所有交易对方在本次交易中取得的中环装备股份,自新增股份上市日起12个月内不得转让。周震球及其一致行动人、周建华和尹曙辉作为本次交易业绩承诺的补偿义务人,其取得的上市公司股份在12个月锁定期满后,所获得的对价股份按照业绩承诺的实现情况分两期解锁:兆盛环保实现2017年、2018年业绩承诺或者补偿义务人完成补偿义务的,可以在2018年度结束后解锁60%的股份(如果上述业绩承诺完成时新增股份上市未满12个月,则需要待新增股份上市12个月后再办理股份解锁),兆盛环保实现2019年业绩承诺或者补偿义务人完成补偿义务的,可以在2019年度结束后解锁剩余40%的股份(如果上述业绩承诺完成时新增股份上市未满12个月,则需要待新增股份上市12个月后再办理股份解锁)。

综上所述,本次交易采用差异化定价系基于承担利润补偿责任和义务的情况等因素,由本次交易双方通过自主协商确定,符合《重组办法》等相关法律法规的规定,差异化定价系交易对方之间的利益调整,不影响交易整体作价,不会损害上市公司及中小股东的利益。本次交易的补偿义务人合计获得对价占本次交易总对价的比例为82.93%,如触发业绩补偿,其将以本次交易中获得交易对价的净额为限进行补偿,如果在业绩承诺期内标的公司实际盈利与业绩承诺约定金额差距较大时,可能导致补偿义务人所获得的对价无法覆盖应补偿金额,存在补偿不足的风险。但考虑到标的公司历史经营业绩稳步提升,具有较强的盈利能力,因此,发生上述极端补偿的风险概率较低。

评析:与IPO相比,并购重组审核向来以市场化著称,对于如何判断标的优劣,业绩承诺无疑是最有力的支撑。是否承担业绩承诺,也自然成为交易中价格谈判的关键筹码。东方网力收购华启智能的方案就是经典案例之一,上市公司根据交易对方是否为交易标的做出承诺而有所区别,最终开出了不同的支付对价。

东方网力与无锡乾创、易程新技术、景鸿联创、创思博特等8家机构股东及钟华、江楠等9名自然人股东发行股份及支付现金购买其持有的华启智能100%的股权,双方协商的最终交易作价为7.13亿元。其中,不参与业绩承诺的交易对方每持有华启智能1%的股权,只能换得660万元。参与业绩承诺的交易方,每持有华启智能1%的股权,在此次交易中可获得720万元。

业绩承诺本身就是对交易对方的锁定,毕竟市场变幻莫测,万一标的在未来发展中出现了问题,业绩承诺方自然要进行补偿,其在交易一开始也就暗藏了风险。在分析人士看来,市场向来讲求风险与收益对等,不愿对未来业绩作出承诺,也自然不应该按照相同的估值获取收益。事实上,在收益评估法大行其道的情况下,业绩承诺已经变得非常重要。上市公司在收购时往往要拿出真金白银,收购标的的估值也直接来自于对未来业绩的折现。倘若未来业绩未能完成,上市公司将蒙受巨大损失。正因如此,已有越来越多的上市公司在并购重组中强调业绩承诺,并以此作为支付对价的重要参考。

三、内幕信息敏感期内,交易对手方买卖上市公司股票的解决方法

《2018 年证监会行政处罚情况综述》显示,内幕交易类案件处罚 87 起,其中 57 起所涉内幕信息与资产并购重组事项相关。并购重组事项筹划周期长、牵涉面广,且对市场具有重大影响,极易成为不法行为人用以谋取不正当利益的工具。

内幕信息知情人在内幕信息敏感期内买卖相关证券,在实务中一般被认为当然构成内幕交易,除非自己能够举出充分证据证明自己并非利用内幕信息进行交易,内幕信息敏感期是指相应内幕信息已形成且尚未公开的期间。对于内幕信息的形成时间,上市公司重大事件、计划、方案、决定的形成时间一般被认定为内幕信息的形成时间,但对于影响内幕信息形成的动议、筹划、决策的人或者动议、筹划、决策的执行人员而言,其动议、筹划、决策或者执行的初始时间即构成内幕信息的形成之时。

《公开发行证券的公司信息披露内容与格式准则第 26 号——上市公司重大资产重组(2018 年修订)》(以下简称 26 号准则)规定如下:

第六十六条 上市公司董事会应当就本次重组申请股票停止交易前或首次作出决议前(孰早)六个月至重组报告书披露之前一日止,上市公司及其董事、监事、高级管理人员,交易对方及其董事、监事、高级管理人员(或主要负责人),相关专业机构及其他知悉本次重大资产交易内幕信息的法人和自然人,以及上述相关人员的直系亲属买卖该上市公司股票及其他相关证券情况进行自查,并制作自查报告。

法人的自查报告中应当列明法人的名称、股票账户、有无买卖股票行为并盖章确认;自然人的自查报告应当列明自然人的姓名、职务、身份证号码、股票账户、有无买卖股票行为,并经本人签字确认。

前述法人及自然人在本条第一款规定的期限内存在买卖上市公司股票行为的，当事人应当书面说明其买卖股票行为是否利用了相关内幕信息；上市公司及相关方应当书面说明相关申请事项的动议时间，买卖股票人员是否参与决策，买卖行为与本次申请事项是否存在关联关系；律师事务所应当对相关当事人及其买卖行为进行核查，对该行为是否涉嫌内幕交易、是否对本次交易构成法律障碍发表明确意见。

依据26号准则重组报告书是一个关键的时间节点。也就是说不管停不停牌，停牌时披露预案还是先复牌再继续推进然后披露预案，重组报告书披露之后也尽量不要买卖股票，万一最后终止了，那么在报告书披露后到终止的这段时间里面的买卖情况也是核查要点，如果不小心买卖了，也是需要拿出理由的。本次交易中，交易对手方就存在股票停牌之日前六个月至重组报告书公告日期间购买标的企业股票的情况，引起并购重组委员会关注。

问题：本次交易后，尹志强仍持有兆盛环保0.82%股权，中节能环保装备股份有限公司（以下简称上市公司或中环装备）持有兆盛环保99.18%股权。请你公司补充披露：（1）上市公司未购买标的资产全部股权的原因、有无收购剩余股权的安排；（2）上市公司与尹志强是否就优先受让标的资产股权、交易后兆盛环保的公司治理等达成协议，如有，对上市公司公司治理及生产运营的影响。请独立财务顾问和律师核查并发表明确意见。

回复：

（一）上市公司未购买标的资产全部股权的原因、有无收购剩余股权的安排

1. 本次交易未购买标的资产全部股权的原因及合理性

根据上市公司第六届董事会第九次会议审议通过的与本次交易预案相关的议案及《购买资产暨利润补偿协议》，本次交易的预案为上市公司拟向兆盛环保股东周震球、周兆华、黑龙江容维、金久盛、羊云芬、王羽泽、周建华、尹志强、尹曙辉发行股份及支付现金购买其合计持有的兆盛环保100%的股权并募集配套资金。

根据上市公司第六届董事会第十三次会议决议、2018年第三次临时股东大会会议决议及《购买资产暨利润补偿协议之补充协议》，经上市公司与兆盛环保全体股东协商一致，同意尹志强退出本次交易，本次交易方案相应调整；本次交易方案变更为上市公司向兆盛环保股东周震球、周兆华、黑龙江容维、金久盛、羊云芬、王羽泽、周建华、尹曙辉发行股份及支付现金购买其合计持有的兆盛环保99.18%的股权并募集配套资金。方案调整后，尹志强不再作为本次交易对方。

经核查,上述调整的主要原因如下:

根据《26号准则》《股票上市规则》及深圳证券交易所的申报要求,上市公司已针对本次交易进行内幕信息知情人登记及自查工作。上市公司对在股票停牌之日前六个月至重组报告书公告日期间,即2017年1月12日至2018年5月25日(以下简称自查期间),上市公司、交易对方及其各自董事、监事、高级管理人员,相关专业机构及其经办人员,其他知悉本次交易内幕信息的法人和自然人,以及上述相关人员的直系亲属(指配偶、父母、年满18周岁的成年子女,以下合称自查范围内人员)进行了自查,并出具了《自查报告》。

根据各方的自查报告及中国证券登记结算有限责任公司深圳分公司出具的查询记录,在自查期间,原交易对方之一尹志强的配偶曹洁存在买卖中环装备股票的情形。

经上市公司与兆盛环保全体股东协商一致,同意尹志强退出本次交易,本次交易方案调整为中环装备向周震球、周兆华、黑龙江容维、金久盛投资、羊云芬、王羽泽、周建华、尹曙辉等8名兆盛环保股东发行股份并支付现金购买其合计持有的兆盛环保99.18%股权。

根据尹志强出具的《声明与承诺》,其配偶曹洁买卖股票的记录实际上均系尹志强实际操作。尹志强承诺主要内容如下:

"1.除前述买卖中环装备股票的情形外,本人及本人的直系亲属在前述期间内不存在买卖中环装备股票的情形。

2.前述曹洁买卖股票的记录实际上均系本人实际操作。本人作为标的公司的技术部长和小股东,在中环装备股票停牌前并未参与本次交易的筹划,买卖股票的行为是基于市场信息和个人独立判断所做出的投资决策,未知悉或者探知任何中环装备本次重组的筹划事项或任何有关本次重组事宜的其他内幕信息,不存在任何利用本次交易内幕信息进行股票交易的情形。在本次重组预案公告后,本人认为相关信息已经披露,不再属于保密事项,且认为中环装备股价被低估,因此根据公开信息并基于个人判断而独立做出的投资决策和投资行为,不存在获取或利用内幕信息进行交易的情形。

3.若本人在自查期间内卖出中环装备股票的行为被有关部门认定为不当之处,本人愿意将因上述交易而获得的全部收益(如有)上缴中环装备,并以包括但不限于中环装备公告的方式,向广大投资者道歉。

4.为了消除本人前述买卖行为带来的不良影响,本人自愿退出本次重组并与中环装备就终止本次交易相关事宜签署相关协议。

5. 在中环装备本次重组事项实施完毕或中环装备宣布终止该事项实施前，本人将严格遵守相关法律法规及证券主管机关颁布的规范性文件规范交易行为，不再买卖中环装备股票。

6. 本人保证上述声明真实、准确、完整，愿意就其真实性、准确性、完整性承担法律责任。”

上市公司未购买标的资产全部股权系上市公司与交易对方协商一致的结果，不存在违反法律法规的情况。

根据上市公司出具的说明，本次交易完成后，上市公司持有兆盛环保99.18% 股权，兆盛环保系上市公司控股子公司。待本次交易实施完成后，在符合相关法律法规及管理制度的前提下，上市公司将择机收购兆盛环保剩余股权。

（二）上市公司与尹志强是否就优先受让标的资产股权、交易后兆盛环保的公司治理等达成协议，如有，对上市公司公司治理及生产运营的影响

根据上市公司与交易对方、尹志强签署的《购买资产暨利润补偿协议之补充协议》约定，本次交易取得中国证监会的核准后，交易对方持有的标的资产将在兆盛环保由股份有限公司变更为有限责任公司之后进行交割。根据尹志强本人出具的说明及承诺，其本人自愿放弃标的资产股权的优先受让权，并承诺确保不会影响本次交易及资产交割的进行。

此外，上市公司与交易对方、尹志强签订的《发行股份购买资产协议》《购买资产暨利润补偿之补充协议》，不涉及兆盛环保公司治理的特殊约定。本次交易完成后，上市公司将持有兆盛环保99.18%股权，兆盛环保将成为上市公司控股子公司；上市公司及尹志强将根据兆盛环保持股比例及兆盛环保届时有效的公司章程相关规定行使股东权利。

此外，尹志强已出具《关于保证上市公司独立性的承诺函》，承诺：

“本人不会因本次交易损害中环装备的独立性，在资产、人员、财务、机构和业务上与中环装备保持独立，并严格遵守中国证监会关于上市公司独立性的规定，不违规利用中环装备及兆盛环保提供担保，不非法占用中环装备及兆盛环保资金，保持并维护中环装备的独立性；确保兆盛环保公司治理符合上市公司独立性的各项要求，确保上市公司及中小股东权益不受损害。

本承诺函在兆盛环保合法有效存续且在本人作为兆盛环保股东期间持续有效。若本人违反上述承诺给中环装备及其他股东造成损失，将由本人承担相应的赔偿责任。”

经核查,独立财务顾问、律师认为:上市公司未购买标的资产全部股权系基于上市公司与交易对方协商一致的结果;待本次交易实施完成后,在符合相关法律法规及管理制度的前提下,上市公司将择机收购兆盛环保剩余股权。尹志强自愿放弃本次交易标的资产的优先受让权,确保不会影响本次交易及资产交割的进行;上市公司与尹志强就交易后兆盛环保的公司治理不存在特别协议或安排,本次交易完成后,上市公司及尹志强将根据兆盛环保持股比例及兆盛环保届时有效的公司章程相关规定行使股东权利,不会对上市公司独立性和法人治理结构造成不利影响。

评析:在股票停牌之日前六个月至重组报告书公告日期间,交易对手方购买上市公司股票行为解决方式:

1. 与上市公司与交易标的全体股东协商一致,退出本次交易;

2. 将交易获得的全部收益(如有)上缴,向广大投资者道歉;

3. 如实说明交易的原因;

4. 出具《关于保证上市公司独立性的承诺函》;

5. 承诺给上市公司及其他股东造成损失,将由本人承担相应的赔偿责任承诺。

四、交易对手最近五年受到多项行政处罚

交易对手方存在违规行为或潜在违规行为能否交易?

《公开发行证券的公司信息披露内容与格式准则第26号——上市公司重大资产重组》(2018年修订)第15条规定如下:

……

(六)交易对方及其主要管理人员最近五年内受过行政处罚(与证券市场明显无关的除外)、刑事处罚、或者涉及与经济纠纷有关的重大民事诉讼或者仲裁的,应当披露处罚机关或者受理机构的名称、处罚种类、诉讼或者仲裁结果,以及日期、原因和执行情况。

(七)交易对方及其主要管理人员最近五年的诚信情况,包括但不限于:交易对方及其主要管理人员未按期偿还大额债务、未履行承诺、被中国证监会采取行政监管措施或受到证券交易所纪律处分的情况等。

《关于加强与上市公司重大资产重组相关股票异常交易监管的暂行规定》(2016年修订)第13条:

本规定第七条所列主体因涉嫌本次重大资产重组相关的内幕交易被立案

调查或者立案侦查的，自立案之日起至责任认定前不得参与任何上市公司的重大资产重组。中国证监会作出行政处罚或者司法机关依法追究刑事责任的，上述主体自中国证监会作出行政处罚决定或者司法机关作出相关裁判生效之日起至少36个月内不得参与任何上市公司的重大资产重组。

依据以上规定，得出结论如下：即便交易对方最近五年受到多项行政处罚，如不涉及内幕交易，整改完毕后如实披露不构成重大资产重组交易的实质性障碍。本次交易中交易对方之一黑龙江省容维证券数据程序化有限公司（以下简称黑龙江容维）最近五年受到黑龙江证监局多项行政处罚，引起并购重组委员会的关注。

问题：申请文件显示，1. 交易对方之一黑龙江省容维证券数据程序化有限公司（以下简称黑龙江容维）现有股东18人。其中，前海乐涛、嘉兴傲泽为机构投资者，哈尔滨蓝度为员工持股平台。2. 黑龙江容维最近五年受到我会多项行政处罚。请你公司：①补充披露黑龙江容维及其股东是否存在分级收益等结构化安排。②以列表形式穿透披露黑龙江容维最终出资人及其取得相应权益的时间、出资方式、资金来源等信息。③补充披露上述穿透披露情况在重组报告书披露后是否曾发生变动；如发生变动的，补充披露是否构成对重组方案的重大调整。④计算最终出资人总人数，补充披露是否符合《证券法》第十条发行对象不超过200名和《非上市公众公司监管指引第4号——股东人数超过200人的未上市股份有限公司申请行政许可有关问题的审核指引》的相关规定。⑤补充披露黑龙江容维所受行政处罚的具体情况，是否已完成整改，是否构成本次交易的法律障碍。请独立财务顾问和律师核查并发表明确意见。

答复：经核查，因黑龙江容维存在向投资人承诺收益以及未以谨慎、诚实和勤勉尽责的态度为客户提供证券、期货投资咨询服务的违规行为，违反了《证券法》第一百七十一条第一款第（五）项，以及《证券、期货投资咨询管理暂行办法》第十九条、第二十四条第（二）项有关投资咨询机构及其投资咨询人员应当以诚实守信和勤勉尽责的态度提供证券投资咨询服务，以及证券投资咨询机构及其从业人员不得向投资人承诺收益的规定，构成了《证券法》第二百二十六条第三款所述违法行为。中国证监会黑龙江监管局按照《证券法》第二百二十六条第三款的规定，对黑龙江容维作出责令改正，并处以三十万元罚款的处罚决定。截至本回复出具日，黑龙江容维最近五年存在被中国证监会及派出机构采取行政处罚及行政监管措施的情形，具体情况如下：

2018年7月13日,中国证监会黑龙江监管局出具《中国证券监督管理委员会黑龙江监管局行政处罚决定书(黑龙江省容维证券数据程序化有限公司)》(〔2018〕3号),载明因黑龙江容维存在向投资人承诺收益以及未以谨慎、诚实和勤勉尽责的态度为客户提供证券、期货投资咨询服务的违规行为,违反了《证券法》第一百七十一条第一款第(五)项,以及《证券、期货投资咨询管理暂行办法》第十九条、第二十四条第(二)项有关投资咨询机构及其投资咨询人员应当以诚实守信和勤勉尽责的态度提供证券投资咨询服务,以及证券投资咨询机构及其从业人员不得向投资人承诺收益的规定,构成了《证券法》第二百二十六条第三款所述违法行为。中国证监会黑龙江监管局按照《证券法》第二百二十六条第三款的规定,对黑龙江容维作出责令改正,并处以三十万元罚款的处罚决定。

根据黑龙江容维提供的说明并经核查,黑龙江容维已于2018年7月26日缴纳了前述罚款并向中国证监会黑龙江监管局递交《黑龙江省容维证券数据程序化有限公司落实整改情况工作报告》,对于存在的前述问题的整改情况进行汇报。

除前述行政处罚外,黑龙江容维及其分公司最近五年存在以下被中国证监会及派出机构采取行政监管措施的情形,具体情况如表4-7所示。

表4-7　容维公司从2014年~2018年6次被行政监管情况

序号	具体情况	采取监管措施	整改情况
1	2014年4月30日,中国证监会黑龙江监管局作出《关于对黑龙江省容维投资顾问有限责任公司采取行政监管措施的决定》(〔2014〕1号),经中国证监会黑龙江监管局专项核查,黑龙江省容维投资顾问有限责任公司存在以下问题:①未在证券投资顾问服务协议中约定,自签订协议之日起5个工作日内,客户可以书面通知方式提出解除协议;②存在利用个人账户收取证券投资顾问服务费用行为;③未对证券投资顾问业务推广环节实行留痕管理。上述行为违反了《证券投资顾问业务暂行规定》(证监会公告〔2010〕27号)以下简称《暂行规定》第14条、第23条、第28条的有关规定。	根据《暂行规定》第33条规定,责令黑龙江省容维投资顾问有限责任公司予以改正,并暂停新增客户;整改验收完成之前,黑龙江容维不得新增客户。	2014年7月3日,黑龙江省容维投资顾问有限责任公司向中国证监会黑龙江监管局提交《关于黑龙江容维公司完成整改申请年检的工作报告》,对于前述问题的整改情况汇报并申请验收;2014年7月,中国证监会黑龙江监管局完成检查验收。

续表

序号	具体情况	采取监管措施	整改情况
2	2014年8月6日，中国证监会北京监管局对黑龙江容维北京分公司作出《关于对黑龙江省容维投资顾问有限责任公司北京分公司采取责令改正并暂停新增客户措施的决定》（〔2014〕17号），中国证监会北京监管局在监管中发现黑龙江容维北京分公司存在以下问题：①内部管理混乱。存在负责人空缺、合规管理人员空缺、营业场所及工作人员未与其他经营机构有效隔离、营业场所变更未及时报备的等问题。上述行为违反《证券投资顾问业务暂行规定》（以下简称《暂行规定》）第3条的规定。②违规开展业务。对于证券投资顾问业务推广、服务提供等环节留痕工作不到位，无法提供对相关客户的营销及投顾服务的留痕记录。上述行为违反了《暂行规定》第28条的规定。	根据《暂行规定》第33条规定，责令黑龙江省容维投资顾问有限公司北京分公司进行全面整改并暂停新增客户；并在2014年8月18日前提交书面整改计划并按月报送整改进度情况。	2014年8月13日，黑龙江省容维投资顾问有限公司向中国证监会北京监管局递交《关于黑龙江容维北京分公司落实整改工作报告阶段报告》，对于北京分公司前述问题的整改情况进行落实和汇报；2014年8月，中国证监会北京监管局完成验收。
3	2016年5月17日，中国证监会作出《关于对黑龙江省容维投资顾问有限责任公司采取责令暂停新增客户措施的决定》（〔2016〕51号），经中国证监会核查，黑龙江容维投资顾问人员管理不规范；公司投资者适当性管理不到位；公司证券投资顾问业务推广和客户招揽行为不规范；公司与客户签署的风险揭示书内容未全面准确包含中国证券业协会要求的必备条款；公司与客户签订的《证券投资顾问（咨询）服务协议》中，未按规定包含证券投资顾问的职责和禁止行为；客户回访工作未能指定专门人员独立实施；公司广告宣传内容不规范，上述行为违反了《暂行规定》第8条、第11条、第13条、第14条、第15条、第21条、第24条和第25条的规定。	根据《暂行规定》第33条规定，责令黑龙江省容维投资顾问有限公司改正，暂停新增客户3个月。	2016年9月30日，黑龙江省容维投资顾问有限责任公司向中国证监会黑龙江监管局递交《关于黑龙江省容维证券数据程序化有限公司恢复业务的报告》，对于黑龙江容维前述问题的整改情况进行汇报并由中国证监会黑龙江监管局进行现场检查及验收；2016年9月，中国证监会黑龙江监管局完成检查验收，黑龙江容维于2016年10月8日起恢复业务。

续表

序 号	具体情况	采取监管措施	整改情况
4	2016 年 6 月 27 日,中国证监会黑龙江监管局《关于对黑龙江省容维投资顾问有限责任公司采取责令改正、责令暂停新增客户措施的决定》(〔2016〕5 号),经该局调查,黑龙江容维存在以下违规行为:未取得证券投资咨询从业资格的人员从事证券投资咨询业务;证券投资顾问业务推广、服务提供等环节留痕管理不规范;业务推广环节存在承诺收益行为;通过公司网站做出买入、卖出或者持有具体证券的投资建议;未全面揭示“容维创富”荐股软件存在的局限;参与电视节目不合规。违反了《证券、期货投资咨询管理办法》第 12 条、第 22 条、第 28 条,《暂行规定》第 24 条、第 28 条、第 32 条以及《关于加强对“荐股软件”从事证券投资业务监管的暂行规定》第 5 条的有关规定。	根据《暂行规定》第 33 条规定,责令黑龙江省容维投资顾问有限公司改正,在 2016 年 7 月 1 日至 2016 年 12 月 31 日期间暂停新增客户。	
5	2018 年 1 月 4 日,中国证监会陕西监管局作出《关于对黑龙江省容维证券数据程序化有限公司陕西分公司采取责令改正监管措施的决定》(陕证监措施字〔2018〕1 号),黑龙江省容维证券数据程序化有限公司陕西分公司存在以下违规行为:1. 不具有证券投资咨询执业资格的人员向客户提供投资顾问服务,违反了《暂行规定》第 7 条有关规定。2. 营销过程中存在变相承诺投资收益及误导性营销宣传,违反了《暂行规定》第 24 条有关规定。	根据《暂行规定》第 33 条规定,要求黑龙江省容维证券数据程序化有限公司陕西分公司立即停止上述违规行为,予以改正;并于 2018 年 1 月 30 日之前提交书面整改报告,中国证券监督管理委员会陕西局将组织检查验收。	2018 年 1 月 26 日向中国证监会陕西监管局递交《黑龙江省容维证券数据程序化有限公司陕西分公司落实整改情况工作报告》,对于黑龙江容维前述问题的整改情况进行汇报;2018 年 1 月,中国证监会陕西监管局完成检查验收。

续表

序号	具体情况	采取监管措施	整改情况
6	2018年8月13日,中国证监会河南监管局作出《关于对黑龙江容维证券数据程序化有限公司河南分公司实施责令改正措施的决定》(〔2018〕6号),黑龙江省容维证券数据程序化有限公司河南分公司存在以下问题:新增业务场所未履行报备程序;未取得证券投资咨询执业资格的员工对外提供投资建议;向客户提供投资建议时未向客户说明依据的证券研究报告发布人和发布日期。上述问题违反了《暂行规定》第3条、第7条、第18条的规定。	根据《暂行规定》第33条规定,要求黑龙江容维证券数据程序化有限公司河南分公司对上述问题立即进行整改,并于2018年9月10日前就上述整改落实情况向中国证监会河南监管局提交书面报告,中国证监会河南监管局将对整改情况进行检查验收。	2018年9月1日,黑龙江容维证券数据程序化有限公司河南分公司向中国证监会河南监管局递交《黑龙江省容维证券数据程序化有限公司河南分公司问题整改情况汇报》,对于黑龙江容维前述问题的整改情况进行汇报;2018年9月,中国证监会河南监管局完成检查验收。

根据黑龙江容维出具的说明并经核查,除前述情形外,黑龙江容维及其主要管理人员最近5年内不存在其他行政处罚、刑事处罚、或者涉及与经济纠纷有关的重大民事诉讼或者仲裁及被中国证监会采取行政监管措施或受到证券交易纪律处分的情形。截至本回复出具日,除上述黑龙江容维存在被中国证监会及派出机构采取行政处罚及行政监管措施的情形外,本次交易的交易对方、配套融资认购方及其主要管理人员最近5年内没有未按期偿还大额债务、亦没有涉及未履行承诺、被中国证监会采取行政监管措施或受到证券交易所纪律处分的事项。鉴于黑龙江容维已按照要求缴纳了罚款并完成整改,黑龙江容维前述被行政处罚和被采取行政监管措施的情形不构成其担任本次重组的交易对方的实质性障碍。

评析:即便交易对方最近五年受到多项行政处罚,如不涉及内幕交易,整改完毕后如实披露,不构成重组的交易对方的实质性障碍。

附件1　《购买资产暨利润补偿协议》的主要内容

2018年1月10日,中环装备与周震球及其一致行动人、黑龙江容维等兆盛环保股东签署了《发行股份及支付现金购买资产暨利润补偿协议》(以下简称《购买资产暨利润补偿协议》),协议的主要内容如下:

(一)本次交易的整体方案

上市公司拟以发行股份及支付现金相结合的方式购买交易对方持有的兆盛环保100%的股权,交易对方同意按照协议的条款和条件将所持兆盛环保100%股权转让给上市公司并获得上市公司发行的股份及现金对价,上市公司同时募集配套资金。本次交易完成后,上市公司将直接持有兆盛环保100%股权,并依法行使股东权利、履行股东义务、承担股东责任。

(二)标的资产的交易价格

交易双方同意,本次交易标的资产的评估基准日为2017年7月31日。交易双方同意以标的公司2017年度预测净利润5600万元为初步定价基准,标的公司100%股权的预估值为72000万元。标的资产的最终交易价格将以经有权国有资产监督管理部门备案的资产评估报告所载标的资产的评估值为基础,由交易双方协商并另行签署补充协议。按照标的资产72000万元的预估值,交易双方协商交易对方拟转让标的资产的作价初定为72000万元。鉴于参与业绩承诺的交易对方需就业绩承诺期内标的公司利润作出承诺并承担利润承诺的相关补偿义务,而不参与业绩承诺的交易对方无须承担相关补偿义务,根据风险与收益相配比的原则,在不影响交易对价总额的前提下,交易对方通过自主协商确定参与业绩承诺的补偿义务人所获得的单位交易对价高于不参与业绩承诺的交易对方。双方协商交易对方拟转让标的资产的作价明细情况如下。

(三)本次交易对价的支付及股份发行方案

1. 支付方式

上市公司以发行股份及支付现金相结合的方式向交易对方支付本次交易的对价。其中,以现金方式支付交易对价21600.00万元,以发行股份方式支付交易对价50400.00万元。

根据本协议双方初步确定的交易作价及发行价格16.43元/股计算,交易对方预计取得的对价金额、现金对价金额、股份对价金额及上市公司应发行股份数量,如表4-8所示。

表4-8 中节能环保装备股份有限公司股权变化一览

序号	交易对方	持有标的公司股权比例(%)	交易对价(万元)
1	周震球	35.45	27024.79
2	周兆华	27.8	20018.36
3	黑龙江容维	17.38	11010.10
4	金久盛	9.02	6491.80

续表

序　号	交易对方	持有标的公司股权比例(%)	交易对价(万元)
5	羊云芬	6.25	4504.13
6	王羽泽	1.64	1180.33
7	周建华	0.82	590.16
8	尹志强	0.82	590.16
9	尹曙辉	0.82	590.16
合计		100.00	72000.00

注:交易对方所获得股份数不足 1 股的,发行股份时舍去不足 1 股部分后取整,不足 1 股的部分交易对方同意豁免上市公司支付。

2. 现金对价的支付期限

交易双方同意,本次交易的现金对价于交割日后 60 个工作日或上市公司募集的配套资金到账后 10 个工作日内二者孰早,上市公司将现金对价支付至交易对方指定账户。

3. 本次交易涉及的股份发行方案

本次交易中,除现金对价外,上市公司以非公开发行股份的方式向交易对方支付购买标的资产的剩余对价,具体方案如下:

(1)发行股票的种类和面值

上市公司向交易对方发行股票的种类为境内上市人民币普通股(A 股),每股面值为人民币 1 元。

(2)发行方式

本次发行采取向交易对方非公开发行股票的方式,经中国证监会核准后依据相关法律法规选择适当时机发行。

(3)发行价格

本次发行的定价基准日为中环装备第六届董事会第九次会议决议公告日。根据《创业板上市公司证券发行管理暂行办法》,经双方协商一致,本次交易的发行价格不低于定价基准日前 20 个交易日上市公司股票交易均价的 90%(定价基准日前 20 个交易日股票交易均价 = 定价基准日前 20 个交易日股票交易总额/定价基准日前 20 个交易日股票交易总量),即 16.43 元/股。经双方协商,确定发行价格为 16.43 元/股,最终发行价格尚需经上市公司股东大会批准。

在本次发行定价基准日至发行日期间,若上市公司发生派息、送股、配股、增发或资本公积转增股本等除权、除息行为,本次发行价格将作相应调整,发行价格的调整方法如下:

假设调整前发行价格为 $P0$,每股送股或转增股本数为 N,每股配股数为 K,配股价为 A,每股派息为 D,调整后发行价格为 $P1$,则:

派息:$P1 = P0 - D$

送股或转增股本:$P1 = P0/(1 + N)$

配股:$P1 = (P0 + A \times K)/(1 + K)$

三项同时进行:$P1 = (P0 - D + A \times K)/(1 + K + N)$

发生调整事项时,由上市公司董事会依据股东大会授权,根据实际情况与独立财务顾问协商确定最终发行价格与发行数量。

(4)发行数量

本次发行向交易对方非公开发行的股票数量应按照以下公式进行计算:

发行数量 = 标的资产的交易价格 × 交易对方中的一方持有标的公司股权比例 ×(1 - 现金支付比例)÷ 发行价格。

依据上述公式计算的发行数量应精确至个位,不足一股的部分交易对方同意豁免上市公司支付。

根据前述公式,在经双方初步确定标的资产交易价格为 72000 万元的基础上,依据发行价格 16.43 元/股计算,上市公司预计向交易对方发行股份数量总计 30675589 股,最终发行数量将以上市公司股东大会批准并经中国证监会最终核准的发行数量为准。

在本次发行定价基准日至发行日期间,若上市公司发生派息、送股、配股、增发或资本公积转增股本等除权、除息行为,则本次发行数量也将随发行价格进行相应调整。

(5)若上市公司在其审议本次交易的首次董事会会议决议公告日后六个月内,因故未发布召开审议本次交易相关事宜的股东大会的通知,经交易对方书面同意后,上市公司将重新召开董事会会议审议上述事宜,并以新召开的董事会会议决议公告日作为发行股份的定价基准日,重新确定发行价格。

(6)发行股票上市地点为深交所。

(7)本次发行前滚存未分配利润的安排

如本次交易完成,标的公司截至评估基准日的未分配利润及评估基准日后实现的净利润归上市公司所有。反之,上述收益应为交易对方所有。未经上市公司事先书面同意,交易对方不得分配标的公司在评估基准日之前的滚存未分配利润。为兼顾新老股东利益,在本次发行完成后,由新老股东共同享有上市公司本次发行股份前的滚存未分配利润。

（四）股份锁定期安排

1. 周震球、周兆华、黑龙江容维、金久盛投资、羊云芬、周建华、尹志强、尹曙辉于本次交易中取得的上市公司股份，自新增股份上市日起12个月内不得转让。

上述锁定期满后，补偿义务人所获得的上市股份对价按照业绩承诺的实现情况分三期解锁：若标的公司2017年、2018年实现协议约定的承诺净利润或补偿义务人按照协议约定完成补偿的，则前述主体在上述两个承诺年度结束后分别解锁30%的股份（若上述业绩承诺完成时新增股份上市未满12个月，则需要待新增股份上市12个月后再办理股份解锁）；若标的公司2019年实现协议约定的承诺净利润或补偿义务人按照协议约定完成补偿的，则前述主体在2019年度结束后可解锁40%的股份。若交易对方王羽泽取得本次发行股份对价时，其拥有的标的公司股权持续时间超过12个月，则其取得的新增股份自上市日起12个月内不得转让；若其拥有的标的公司股权持续时间不满12个月的，则其取得的新增股份自上市日起36个月内不得转让。

如中国证监会对以上锁定期有特别要求的，按中国证监会的要求执行。以上锁定期满后，有关解锁事宜按相关法律、行政法规、规范性文件及深交所的有关规定执行。本次发行结束后，上述股份由于上市公司送红股、转增股本等原因而孳息的股份，亦应遵守上述规定。

2. 本次发行结束后，交易对方所取得上市公司的股份因上市公司分配股票股利、资本公积转增等情形所衍生取得的股份亦应遵守上述股份锁定安排。

3. 交易对方同意，如果中国证监会及/或深交所对上述股份锁定期安排有不同意见，交易对方同意按照中国证监会及/或深交所的意见或要求对上述股份锁定期安排进行修订并予以执行。

（五）标的资产交割及股份发行

1. 在协议生效后，交易对方应开始办理关于标的公司股权的相关交割手续。各方同意，为进行本次交割，须获得有关审批机关的批准和/或核准和/或备案，包括但不限于获得中国证监会对本次交易的核准、标的公司股票在全国中小企业股份转让系统终止挂牌、就新增股份向证券登记结算公司办理登记等，各方应共同负责办理本次交易所需的报批和/或备案手续。自协议成立日起，各方应尽最大努力，尽快准备并向审批机关提供报批和/或备案所需之一切文件，以便尽早完成本次交易。各方同意，自协议成立之日起，各方应采取一切必要措施，以确保本次交易能够按协议之约定全面实施。

2. 交易对方应在本次交易通过中国证监会并购重组委审核会议之日起办理

标的公司股票在全国中小企业股份转让系统终止挂牌手续,并在自中国证监会出具核准本次交易的核准文件之日起90个工作日内促使标的公司按照法律法规和相关规范性文件的规定完成如下事项:

(1)完成标的公司股票在全国中小企业股份转让系统终止挂牌;

(2)由股份有限公司改制为有限责任公司;

(3)将标的资产转让给上市公司,修改标的公司章程,并办理完毕标的公司股权转让的工商变更登记。

各方同意,如遇相关税务机关、工商部门、证券登记结算公司、证券交易所等相关部门及办公机构原因导致上述事项未在上述限定期限内完成的,各方应同意给予时间上合理的延长,除非该等手续拖延系因一方故意或重大过失造成。

3. 交割日后10个工作日内,由上市公司聘请具备相关资质的会计师事务所就本次发行出具验资报告,验资报告出具后10个交易日内,上市公司应向登记结算公司办理标的股份的登记手续,将标的股份有效登记在交易对方名下,交易对方应就此向上市公司提供必要的配合。自本次发行的股份登记至交易对方名下之日起,交易对方就因本次发行取得上市公司股份享有股东权利并承担相应的股东义务。

4. 上市公司应就标的资产交割事宜向交易对方和标的公司提供必要的协助;交易对方应就本次交易的股份对价的发行、登记事宜向上市公司提供必要的协助。

5. 除协议约定的交易对方应继续履行的义务之外,自交割日起,上市公司成为标的公司的股东,享有与标的资产相关的一切权利、权益和利益,承担标的资产的债务及其相关的责任和义务。

(六)过渡期安排

1. 交易双方一致同意,若本次交易完成,标的资产在过渡期的收益由上市公司享有,亏损由交易对方共同以连带责任方式按亏损额的100%以现金方式向上市公司进行补偿(各自以其持有标的公司出资的比例为基础分别向上市公司进行现金补偿)。关于确定标的资产过渡期的损益,由双方共同认可的审计机构在交割日后30个工作日内完成审计确认(以交割日上一个月的最后一天作为审计基准日)。若发生亏损,则交易对方应在上述审计报告出具之日起30日内以现金方式向上市公司全额补足。

2. 于交割日前,交易对方保证标的公司:

(1)不进行重大资产处置;

(2)在未得到上市公司事先书面同意的情况下,不得采取非正常的购买、出售、租赁、管理、会计、营运方式或其他任何方式，导致与协议签署之前相比，标的公司出现实质性的变化；

（3）尽最大的努力保持其业务联系，保持与客户及其他有业务联系各方之间的现有关系；

（4）在未经上市公司事先书面同意的情况下，不再签订不属于其正常运作范围之列的新的合同、承诺或交易；

（5）在未经上市公司事先书面同意的情况下，不对其股东宣布、分配、支付股利；

（6）在未经上市公司事先书面同意的情况下，不做或不承诺去做下列事项：

①除已向上市公司披露的情况外，不得就标的资产新增设置抵押、质押等任何第三方权利，不得对标的公司进行资产处置、对外担保、对外投资、增加债务或放弃债权等导致标的资产对应资产价值减损的行为；

②承担任何实质性的义务或责任，不论是确定的还是或然的，但企业正常运营除外；

③不得以增资或其他方式引入除交易对方外的投资者。

（7）在未经上市公司事先书面同意的情况下，不对现行合约、承诺或交易进行实质性的修改或修正，或取消及终止，但标的公司正常运营所要求的除外。

3. 于交割日前，上市公司和交易对方共同对标的公司的经营行为进行监督。交易对方承诺不会改变标的公司的生产经营状况，将保持标的公司根据以往惯常的方式经营、管理、使用和维护其自身的资产及相关业务，并保证标的公司在过渡期间资产完整，不会发生重大不利变化。

（七）业绩承诺、业绩补偿及业绩奖励措施

1. 业绩承诺

上市公司与补偿义务人确认并同意，标的公司 2017 年、2018 年、2019 年承诺净利润分别为 5600 万元、6700 万元和 7900 万元，补偿义务人承诺标的公司承诺年度当期期末累积实际净利润不低于当期期末累积承诺净利润。上述业绩承诺净利润为预估金额，最终业绩承诺金额应不低于具有证券业务资格的评估机构为标的公司所出具评估报告中业绩承诺年度的预测净利润。

2. 业绩补偿

（1）如果标的公司在承诺年度实现的当期期末累积实际净利润未达到当期期末累积承诺净利润，补偿义务人应就标的公司当期期末累积实际净利润未达到当期期末累积承诺净利润的部分对上市公司进行补偿。

(2)本次交易实施完成后,上市公司将聘请具有证券业务资格的会计师事务所对标的公司在承诺年度内每一承诺年度实现的扣除非经常损益后归属于母公司所有者的净利润实现情况出具专项审核报告(以下简称专项审核报告),对标的公司承诺年度内实现的实际净利润数进行审计确认,该专项审核报告数据系基于对标的公司经审计的财务数据确定。该专项审核报告初稿完成之日,上市公司应交由交易对方审阅,交易对方对该报告存在异议的,有权聘请具有证券业务资格的会计师事务所进行复核。

双方同意标的公司在承诺年度内实现的净利润按以下原则计算:

①标的公司的财务报表编制应符合《企业会计准则》及其他法律法规的规定并与上市公司会计政策及会计估计保持一致;

②除非法律法规规定或上市公司在法律允许的范围内改变会计政策、会计估计,否则承诺年度内未经标的公司董事会批准不得改变标的公司的会计政策、会计估计;

③各方同意对于本次交易所涉及的相关募投项目(标准化生产基地项目、工程设计研发及信息化管理中心项目)进行单独核算,在业绩承诺年度内,以标的公司扣除相关募投项目产生的损益对标的公司拟承诺净利润的实现情况进行考核。

扣除上述标准化生产基地项目、工程设计研发及信息化管理中心项目募投项目产生的损益后,标的公司实现净利润应扣除本次交易完成后上市公司向标的公司提供的各项资金支持(包括本次交易配套募集的资金中不能单独核算的、用于标的公司现有生产设施技改项目的部分)对应的资金成本,资金成本为标的公司自前述支持资金实际到账之日起按照同期银行贷款利率计算的利息。

3. 补偿义务

(1)补偿方式及原则

根据专项审核报告,若承诺年度内实现的利润超过本年承诺利润,则该承诺年度实际实现净利润超额部分可以向下一承诺年度递延,计入以下一承诺年度考核净利润的基数。

若标的公司累计实际净利润未完成比例[指(累计承诺净利润 - 累计实际净利润)÷累计承诺净利润]大于20%,需要当年补偿;如果累计实际净利润未完成比例不大于20%,则当年不进行补偿,该未完成利润额累积计入下一年度。即2017年度、2018年度累积实际净利润未完成比例不大于20%的,则当年不进行补偿。若截至2019年度实现的累积实际净利润不低于累积承诺净利润的,补偿义务人不需履行业绩补偿义务；反之，补偿义务人须履行业绩补偿义务。补偿义务人有权选择如下任意一种方式进行补偿：

①以现金方式补偿

补偿义务人以现金方式向上市公司进行补偿。补偿义务人承担业绩补偿义务的比例按照其各自在本次交易中获得的对价金额占补偿义务人获得的对价总额的比例确定，相互之间承担连带责任。具体补偿金额计算方式如下所述：

当期应补偿金额 =（标的公司截至当期期末累积承诺净利润 - 标的公司截至当期期末累积实际净利润）÷ 标的公司承诺年度内各年度的承诺净利润的总和 × 本次交易价格总额 - 累积已补偿金额

②优先以股份方式补偿，不足部分以现金方式补偿

补偿义务人优先以其在本次交易中认购获得的上市公司股份进行补偿，不足部分以现金补偿；补偿义务人承担业绩补偿义务的比例按照其各自在本次交易中获得的对价金额占补偿义务人获得的对价总额的比例确定，相互之间承担连带责任。具体补偿金额计算方式如下所述：

当期应补偿金额 =（标的公司截至当期期末累积承诺净利润 - 标的公司截至当期期末累积实际净利润）÷ 标的公司承诺年度内各年度的承诺净利润的总和 × 本次交易价格总额 - 累积已补偿金额

当期应补偿股份数量 = 当期应补偿金额 ÷ 本次股份的发行价格

如补偿义务人应补偿的股份数量超过其在本次交易中获得的上市公司股份数量或在补偿股份时其所持有的上市公司股份数不足以补偿，则不足的部分由补偿义务人以现金方式向上市公司补偿，补偿现金金额计算公式如下：

当年度需以现金补偿的金额 = 当期应补偿金额 - 已补偿股份数量 × 本次股份发行价格。

（2）如因上市公司在利润承诺期间实施送股、资本公积金转增股本等除权、除息行为导致补偿义务人持有的上市公司股份数量发生变化，则应补偿股份数量应包括其对应的送股、资本公积转增股本等实施时补偿义务人获得的股份数。如上市公司在承诺年度内实施现金分红，则补偿义务人根据上述公式计算出的当年应补偿股份数量在利润承诺期间累计获得的分红收益，应于股份回购实施时赠予上市公司。

（3）补偿上限：补偿义务人的补偿金额以本次交易中获得交易对价的净额为限。

4. 股份或现金补偿的程序

(1)以现金方式补偿的程序

若补偿义务人选择以现金方式补偿的，上市公司应在当年年度专项审核报告出具后的30个工作日内，要求补偿义务人作出补偿，补偿义务人应在收到要求后30个工作日内履行现金补偿义务。

(2)优先以股份方式补偿，不足部分以现金方式补偿的程序

若补偿义务人选择优先以股份方式补偿的，上市公司在关于标的公司专项审核报告出具日起60日内计算应补偿股份数，并由上市公司发出召开上市公司董事会会议和股东大会的通知，经股东大会审议通过，上市公司以人民币1.00元总价向补偿义务人定向回购其当年应补偿的股份数量，并依法予以注销。

若上市公司上述应补偿股份回购并注销事宜未获得股东大会审议通过或因未获得相关债权人同意等原因而无法实施的，则补偿义务人应在上述情形发生后的2个月内，按照如下公式计算出股份数量，并将相应股份赠送给上市公司其他股东(“其他股东”指在上市公司赠送股份实施公告中所确定的股权登记日登记在册的除补偿义务人之外的其他上市公司股份持有者)，具体计算公式如下：

补偿义务人应赠送给其他股东的股份数 = 应补偿股份数 - (补偿义务人所持上市公司股份总数 - 应补偿股份数)/(上市公司股份总数 - 应补偿股份数) × 应补偿股份数。上市公司其他股东各自按其所持上市公司股份/(上市公司股份总数 - 应补偿股份数)的比例享有上述补偿义务人应赠送给上市公司其他股东的股份。补偿义务人补偿股份的价值按照本次交易的发行价格确定。

(3)若补偿义务人触发股份补偿义务，则由上市公司安排实施股份回购或股份无偿赠与工作，补偿义务人应无条件且及时配合。对上市公司提出的配合需求，应于收到配合要求之日起30个工作日内完成；如果补偿义务人触发现金补偿义务，则应在年度专项审核报告签署后且收到上市公司业绩补偿书面通知之日起的30个工作日内向上市公司支付相应现金。

5. 业绩补偿措施的补充

若中国证监会及/或深交所对于上述约定的业绩承诺及业绩补偿措施有不同意见，则补偿义务人同意按照中国证监会及/或深交所的意见进行修订并予执行。

6. 业绩奖励

双方同意，若标的公司在承诺年度内各年实际实现的净利润之和高于承诺年度内承诺的净利润总和，则超出承诺净利润总和部分的50%作为标的公司管

理层奖金,超额业绩奖励部分不超过本次交易对价的 20%,奖励对象为截至 2019 年 12 月 31 日仍在标的公司任职的管理层,该等超额业绩奖励应在 2019 年专项审核报告出具之日起 30 个工作日内完成。具体奖励对象和奖励分配比例由周震球确定,并按照法律法规及标的公司章程的规定执行。

(八)债权债务处理、员工安置及公司治理

1. 鉴于《购买资产暨利润补偿协议》转让的标的资产为标的公司的股权,本次交易完成后,标的公司作为独立法人的主体资格不会发生变化,标的公司将继续履行与其员工的劳动合同,并不因本次交易而导致额外的人员安排问题。

2. 本次交易完成后,标的公司仍为独立的法人主体,其原有债权债务仍继续由其享有和承担。

3. 本次交易完成后,标的公司成为上市公司的子公司,标的公司应建立符合上市公司治理要求的内部控制制度和规范体系,建立健全内部管理。具体安排如下:

(1)上市公司有权向标的公司及其子公司委派财务总监等人员,标的公司财务部门归上市公司统一管理;

(2)本次交易完成后至承诺年度届满,标的公司的董事会由 5 名董事组成,由上市公司委派 3 名,由标的公司原股东委派 2 名;

(3)本次交易完成后,交易对方可以向上市公司申请一个上市公司的董事会席位。

4. 为保障标的公司能够实现各期盈利承诺,上市公司承诺,在承诺年度结束之前:

(1)除非标的公司总经理和核心管理人员经证实存在严重违反法律、法规或公司章程规定禁止的情形,确保标的公司总经理和核心管理人员在标的公司任职的稳定;(2)在正常生产经营的范围内,标的公司总经理和核心管理人员拥有标的公司章程及管理制度约定的管理和决策权限;(3)不以降职、降薪、调职或任何其他方式变更标的公司总经理或该等核心管理人员的职位、职权和聘用条件;(4)标的公司现有经营机制不做重大调整,上市公司不干涉原有管理经营团队的正常业务经营管理。

5. 如标的公司因扩大生产经营规模需补充资金,上市公司以募集的配套资金支持标的公司发展,标的公司需按照市场公允价格向上市公司支付资金使用费用。

(九)任职期限、不兼职及竞业禁止

1.为保证标的公司持续稳定发展和保持竞争优势,交易对方周震球、羊云芬、尹志强、尹曙辉承诺至2022年12月31日前持续在标的公司任职(因身体状况确实不能履职的除外)。

2.本次交易完成后,交易对方周震球、羊云芬、尹志强、尹曙辉承诺:

(1)与标的公司签订符合相关法律法规的《竞业禁止协议》,主要内容如下:自本次交易启动开始至从标的公司离职后两年内,不在上市公司、标的公司以外通过直接或间接控制的其他经营主体或以自然人名义从事与上市公司及标的公司相同或相类似的业务,标的公司将根据协议执行竞业限制补偿金的支付;

(2)不在同上市公司或标的公司存在相同或相类似业务的实体任职或担任任何形式的顾问;

(3)不以上市公司及标的公司以外的名义为上市公司及标的公司现有客户提供与上市公司及标的公司主营业务相关的服务。

周震球、羊云芬、尹志强、尹曙辉若违反前述不竞争承诺,将其违反承诺利润取得的经营利润全部返还给上市公司,并赔偿上市公司的全部损失。

3.交易对方周震球、羊云芬、尹志强、尹曙辉均承诺至2022年12月31日前,未经上市公司同意,不在其他公司兼职,违反兼业禁止所得收入归上市公司所有。

(十)声明、保证与承诺

1.上市公司的声明、保证与承诺

(1)上市公司是一家依法成立且有效存续并于深圳证券交易所上市的股份有限公司,依照中国法律具有独立的法人资格。

(2)上市公司已依法取得为签署并全面履行协议所必需的截至协议签署日可以取得的全部批准、同意、授权和许可,保证具有合法的权利签署并全面履行协议。

(3)《购买资产暨利润补偿协议》的签署和履行不违反:①法律、法规和政府主管部门的有关规定;②上市公司公司章程或其他组织规则中的任何条款;③上市公司作出或订立的对其或其资产有约束力的任何重要承诺、协议和合同。如有违反的情况,上市公司已经在《购买资产暨利润补偿协议》签署前获得该等承诺、协议和合同之相对方或受益人的书面同意、许可或放弃。

(4)上市公司已经或在本次交易实施完毕前向协议另一方及其委托的中介机构提供的与本次交易有关的所有文件、资料和信息是真实、准确和有效的,没有虚假记载、误导性陈述或重大遗漏。上市公司在深圳证券交易所作出的所有公告，在所有重要方面都是真实、准确、完整的，没有任何误导性陈述或重大遗漏。

2. 交易对方的声明、保证与承诺

（1）交易对方周震球、周兆华、羊云芬、周建华、尹志强、尹曙辉为具有完全行为能力的自然人，黑龙江容维系一家依法成立且有效存续的有限责任公司，交易对方金久盛投资系一家依法成立且有效存续的合伙企业，拥有签署、履行协议并完成协议所述交易的完全的权利。

（2）交易对方已依法取得为签署并全面履行协议所必需的截至协议签署日可以取得的全部批准、同意、授权和许可，保证具有合法的权利签署并全面履行协议。

（3）《购买资产暨利润补偿协议》的签署和履行不违反：①法律、法规和政府主管部门的有关规定；②交易对方公司章程、合伙人协议或其他组织规则中的任何条款（适用于黑龙江容维、金久盛投资）；③交易对方各自作出或订立的对其或其资产有约束力的任何重要承诺、协议和合同。如有违反的情况，交易对方均已经在协议签署前获得该等承诺、协议和合同之相对方或受益人的书面同意、许可或放弃。

（4）交易对方已经或在本次交易实施完毕前向上市公司及其委托的中介机构提供的与本次交易有关的所有文件、资料和信息是真实、准确和有效的，没有虚假记载、误导性陈述或重大遗漏。

（5）交易对方对于其各自所持有的标的公司股权拥有完整所有权及完全、有效的处分权，并保证目前及在交割日前其所持有的标的公司股权权属清晰，没有设置或存在其他担保、索赔、纠纷或任何第三者权益或权利限制，且可以合法地转让并过户给上市公司。

3. 交易对方就标的公司向上市公司作出如下陈述与保证：

（1）兆盛环保是依法成立并有效存续的股份有限公司，不存在任何导致或可能导致兆盛环保解散、清算或破产的情形；交易对方已经按期足额缴纳公司章程中各自认缴的注册资本，均不存在任何虚假出资、抽逃出资等违反股东所应当承担的义务及责任的行为。

（2）标的公司业务经营均合法、合规，拥有其业务经营所需的一切必要的许可、批准、核准、登记或备案文件。

（3）至《购买资产暨利润补偿协议》签署日，除已经以书面形式明确披露给上市公司的情况之外，标的公司记录上显示的所有资产包括全部其所拥有的资产和权益。

至《购买资产暨利润补偿协议》签署日,标的公司各项资产产权清晰,不存在被查封、冻结等司法强制情形,无重大诉讼、纠纷或潜在的重大纠纷。为确保其对该等财产的权益,标的公司已经签订/填写了一切必要的文件、合同、协议、表格,支付了一切政府要求的费用、款项、开支和对价,并办理了一切必要的登记、备案、审批和许可手续。

(4)除已向上市公司披露的对外担保情况外,标的公司不存在其他对外担保。除兆盛环保以其自有房产、土地、设备及应收账款等为自身融资提供抵押担保外,标的公司资产之上不存在其他抵押、质押、留置等权利限制的情形。

(5)标的公司已依据其应遵守或适用的有关财务会计制度的规定,对其参与的所有交易进行了准确记录,并将所有会计账册和其他财务记录保存于标的公司或在其控制之下。

截至《购买资产暨利润补偿协议》签署日,所有的财务报表、会计账册和其他财务记录无明显或重大错误、矛盾或遗漏,在实质方面能够完整准确地反映标的公司的财务状况。

(6)除已向上市公司以书面形式披露的信息外,标的公司已依法按期申报并缴纳税款,不存在因拖欠税款或违反税收法规受到税务处罚的情况,也不存在因拖欠税款或违反税收法规受到税务处罚或追偿的可能。

(7)标的公司与其任何雇员、管理人员或董事之间,不存在任何重大劳动纠纷和/或争议;标的公司不存在劳动用工方面(包括但不限于劳动合同的签署和执行、工资、福利、工作时间、工作条件、社会保险和住房公积金等方面)的重大违法行为。

(8)标的公司不存在产品质量、技术标准、环境保护、规划、用地等公司生产经营过程中各方面的重大违法违规行为。

(9)除已向上市公司以书面形式披露的负债及或有负债以外,于交割日前标的公司不存在其他应披露而未披露的负债及或有负债。

(10)除已向上市公司披露的标的公司未决诉讼情况外,在任何法院、仲裁机构或行政机关均没有其他未了结或潜在的针对标的公司以及可能禁止协议的订立或以各种方式影响协议的效力和执行的诉讼、仲裁或其他程序。

(11)协议双方确认上述每项声明、保证和承诺将被视为单独声明、保证和承诺(除非另有规定),不应通过引用或推断协议的其他条款或其他任何保证条款对各项声明、保证和承诺进行限制。

(十一)违约及赔偿

1.除不可抗力以外,协议任何一方不履行或不及时、不适当履行其在协议项下其应履行的任何义务,或违反其在协议项下作出的任何陈述、保证或承诺,即构成违约行为。

2.上市公司迟延向交易对方支付交易对价的,自逾期之日起,应按照应支付金额的日万分之五向交易对方支付违约金。

如遇特殊情形导致上市公司迟延向交易对方支付交易对价,并取得交易对方同意给予时间上合理的延长,上市公司无须向交易对方支付违约金。

3.除协议特别约定,任何一方违约的,应依协议约定和法律规定向守约方承担违约责任,致使另一方承担任何费用、责任或遭受任何直接经济损失,违约方应就上述任何费用、责任或直接经济损失(包括但不限于因违约而支付或损失的利息以及诉讼仲裁费用、律师费)赔偿守约方。

4.非因双方过错导致本次交易不能完成,双方均无须对此承担违约责任。

(十二)协议的生效、变更、终止

1.《购买资产暨利润补偿协议》经中环装备与交易对方签字盖章后成立,在下列条件均获满足之日起生效:

(1)本次交易事宜已按照相关法律法规、双方公司章程及内部管理制度之规定,经协议双方内部有权决策机构审议通过;

(2)本次交易获得国资监管部门批准和备案;

(3)本次交易获得中国证监会的核准。

2.若出现前款条件不能在可预计的合理期限内实现或满足的情形,双方应友好协商,在维护双方公平利益的前提下,在继续共同推进标的公司提高资产质量、改善财务状况、增强持续盈利能力、保护中小股东利益的原则和目标下,按相关政府部门要求的或有关法律规定的方式和内容,对本次交易方案和/或协议进行修改、调整、补充、完善,以使前述目标最终获得实现。

3.《购买资产暨利润补偿协议》生效后即具有法律约束力,任何一方均不得随意修改或变更,但下列情形除外:

(1)经协议双方协商一致可以修改或变更协议;

(2)发生协议中情势变更或不可抗力所述之情形。

4.《购买资产暨利润补偿协议》因下列原因而终止:

(1)经协商一致并以书面形式终止协议;

(2)因法律及政策环境的变化致使协议失去其履行的可能或履行已无意义;

(3)因不可抗力致使协议不可履行,且经交易双方书面确认后终止。

协议生效前,若协议中标的资产的交易价格、本次交易对价的支付及股份发行方案和业绩承诺、业绩补偿及业绩奖励措施约定的条款出现变化,且协议双方在15个工作日无法达成一致的,协议双方均可单方面解除协议,并相互配合做好后续工作。

附件2 《购买资产暨利润补偿协议之补充协议》的主要内容

2018年5月25日,中环装备与周震球及其一致行动人、黑龙江容维等兆盛环保股东签署了《发行股份及支付现金购买资产暨利润补偿协议之补充协议》(以下简称《购买资产暨利润补偿协议之补充协议》),协议的主要内容如下:

1. 原交易对方之一尹志强因自身原因自愿退出本次交易。

2. 本次交易的方案变更为中环装备拟以向周震球、周兆华、黑龙江容维、金久盛投资、羊云芬、王羽泽、周建华、尹曙辉发行股份及支付现金相结合方式购买其合计持有的兆盛环保99.18%的股权;本次交易完成后,中环装备将持有标的公司99.18%股权,标的公司将成为中环装备控股子公司。

3. 中环装备及交易对方同意,本次交易标的资产的评估基准日为2017年7月31日。以上海东洲资产评估有限公司出具的东洲评报字〔2018〕第0189号《资产评估报告》为基础,经双方友好协商,标的资产的最终交易价格确定为71409.84万元。按照补充协议确定的最终交易价格计算,交易对方拟转让标的资产的作价明细情况,如表4-9所示。

表4-9 中节能环保装备股份有限公司股东股权变化情况一览

序号	交易对方	持有标的公司股权比例(%)	交易对价(万元)
1	周震球	35.45	27024.79
2	周兆华	27.8	20018.36
3	黑龙江容维	17.38	11010.10
4	金久盛	9.02	6491.80
5	羊云芬	6.25	4504.13
6	王羽泽	1.64	1180.33
7	周建华	0.82	590.16
8	尹曙辉	0.82	590.16
合计		99.18	71409.84

中环装备以发行股份及支付现金相结合的方式向交易对方支付本次交易的对价。其中,以现金方式支付交易对价 21422.95 万元,以发行股份方式支付交易对价 49986.89 万元。根据《购买资产暨利润补偿协议》中约定的发行价格 16.43 元/股计算,交易对方取得的对价金额、现金对价金额、股份对价金额及中环装备应发行股份数量,如表 4－10 所示。

表 4－10　中节能环保装备股份有限公司股东股权交易一览

序号	交易对手方	持有标的资产比例(%)	交易对价总额(万元)	现金对价(万元)	股权对价(万元)	上市公司应发行股份数量(股)
1	周震球	35.45	27024.79	8107.44	18917.35	11513907
2	周兆华	27.8	20018.36	6005.51	14012.85	8528820
3	黑龙江容维	17.38	11010.10	3303.03	7707.07	4690851
4	金久盛	9.02	6491.80	1947.54	4544.26	2765832
5	羊云芬	6.25	4504.13	1351.24	3152.89	1918984
6	王羽泽	1.64	1180.33	354.10	826.23	502878
7	周建华	0.82	590.16	177.05	413.11	251439
8	尹志强	0.82	590.16	177.05	413.11	251439
9	尹曙辉	0.82	590.16	177.05	413.11	251439
合计		100	72000.00	21600.00	50400.00	30675589

注:交易对方所获得股份数不足 1 股的,发行股份时舍去不足 1 股部分后取整,不足 1 股的部分交易对方同意豁免上市公司支付。

4. 因王羽泽拥有的标的公司股权持续时间已超过 12 个月,其于本次交易中取得的中环装备股份,自新增股份上市日起 12 个月内不得转让。其他交易对方的股份锁定约定仍按照《购买资产暨利润补偿协议》执行。

5. 因标的公司已于 2018 年 4 月 18 日起在全国中小企业股份转让系统终止挂牌,双方同意修改《购买资产暨利润补偿协议》第 6.2 条的有关约定:

交易对方应自中国证监会出具核准本次交易的核准文件之日起 90 个工作日内促使标的公司按照法律法规和相关规范性文件的规定完成如下事项:

(1)由股份有限公司改制为有限责任公司;

(2)将标的资产转让给中环装备,修改标的公司章程,并办理完毕标的公司股权转让的工商变更登记。各方同意,如遇相关税务机关、工商部门、证券登记结算公司、证券交易所等相关部门及办公机构原因导致上述事项未在上述限定期限内完成的,各方应同意给予时间上合理的延长,除非该等手续拖延系因一方故意或重大过失造成。

6. 交易对方同意,在承诺年度后,不再向上市公司推荐董事。

7. 中环装备及交易对方同意,在业绩承诺期结束时,对应收账款的增加进行考核。以标的公司2017年审计报告为基准,若标的公司应收账款的增幅大于营业收入的增幅,则在计算实际净利润时超出部分予以扣除。具体计算公式如下:

如果,(2018年末应收账款账面价值/2017年末应收账款账面价值 - 2018年度营业收入 ÷ 2017年营业收入 + 2019年末应收账款账面价值/2017年末应收账款账面价值 - 2019年度营业收入 ÷ 2017年营业收入) > 0,则触发利润扣除,扣除金额 = 2018年末应收账款账面价值 - (2018年度营业收入 ÷ 2017年营业收入) × 2017年末应收账款账面价值 + 2019年末应收账款账面价值 - (2019年度营业收入/2017年营业收入) × 2017年末应收账款账面价值。

8. 为了维护本次交易完成后标的公司生产经营的稳定性,尹志强同意按照《购买资产暨利润补偿协议》第10条的约定继续履行关于任职期限、不兼职及竞业禁止的相关义务,除前述约定外,中环装备与尹志强在《购买资产暨利润补偿协议》约定的其他相关权利、义务同时终止。

除尹志强以外的其他交易对方的关于本次交易的相关事宜仍按照《购买资产暨利润补偿协议》及本补充协议的约定继续执行。

第五章　A股首单可转换债券并购项目

——赛腾股份收购菱欧科技

2018年11月1日，证监会发布《证监会试点定向可转债并购支持上市公司发展》的公告，支持上市公司可以向特定对象发行可转债用于购买资产或者与其他公司合并。11月8日，赛腾股份发布《发行可转换债券、股份及支付现金购买资产并募集配套资金预案》公告，称拟通过发行可转换债券、股份及支付现金的方式购买张玺、陈雪兴、邵聪持有的菱欧科技100%的股权。交易各方初步商定标的资产的交易金额为2.14亿元，其中以发行可转换债券的方式支付交易对价的60%，即1.26亿元；以发行股份的方式支付交易对价的10%，即2100万元；以现金方式支付交易对价的30%，总计6300万元。同时，赛腾股份拟通过询价方式向其他不超过10名特定投资者发行股份募集配套资金，募集配套资金总额不超过1.4亿元，不超过本次交易中以发行可转换债券及股份方式购买资产的交易价格的100%。公司本次发行可转换债券、股份及支付现金购买资产并募集配套资金的相关事项尚需中国证监会进一步审核，能否获得核准存在不确定性。

一、收购概况

(一)收购人基本信息

表5-1 苏州赛腾精密电子股份有限公司基本情况一览

公司名称	苏州赛腾精密电子股份有限公司
董事会秘书	刘言维
注册资本	人民币16276.39万元
成立日期	2007年6月19日
上市日期	2017年12月25日
股票简称	赛腾股份
股票代码	603283
主要业务	主要从事自动化生产设备的研发、设计、生产、销售及技术服务,为客户实现生产智能化提供系统解决方案,主要产品包括自动化组装设备、自动化检测设备及治具类产品。

孙丰及曾慧夫妇直接持有赛腾股份68.56%的股份,为赛腾股份的控股股东及实际控制人。孙丰直接持有公司64.87%的股份,并通过苏州赛伟和苏州赛强间接持有公司股份;曾慧直接持有公司3.69%的股份,并通过苏州赛伟、苏州赛越和苏州赛宇间接持有公司股份;两者合计直接持有公司68.56%的股份。

(二)标的企业

表5-2 苏州菱欧自动化科技股份有限公司基本情况一览

公司名称	苏州菱欧自动化科技股份有限公司
成立日期	2004年11月22日
注册资本	2000万元
法定代表人	张　玺
实际控制人	陈雪兴;邵　聪;张　玺
所属证监会行业	制造业—专用设备制造业—环保、社会公共服务及其他专用设备制造—其他专用设备制造
注册地址	江苏省苏州市吴中区郭巷街道西九盛街88号
经营范围	公司经营范围为:数控自动化工业设备、数控低压配电系统及控制系统、机电设备的设计、生产、加工、销售、技术咨询和售后服务;销售电器元器件、建筑材料、办公用品、塑胶制品、纺织原料、电子产品;自营和代理各类商品及技术的进出口业务。

(三)出让方基本情况

表5-3 苏州菱欧自动化科技股份有限公司股东持股情况一览

出让方资料		
出让方名称	转让前持股(%)	转让后持股(%)
张 玺	41	0
陈雪兴	37.5	0
邵 聪	21.5	0

(四)交易详情

表5-4 苏州菱欧自动化科技股份有限公司股权交易情况一览

交易详情			
交易价值(万元)	21000(人民币)	并购方式	发行股份购买资产
评估价值(万元)	21100(人民币)	并购目的	横向整合
现金支付金额(万元)	6300(人民币)	支付方式	上市公司股份+现金+资产
发行可转换债券的方式支付金额(万元)	12600(人民币)	评估方式	收益法
发行股份的方式向交易对方支付金额(万元)	2100(人民币)	标的类型	股权
股权转让比例(%)	100	控制权是否变更	是

本次交易的标的资产为菱欧科技100%股权,本次交易以标的资产的评估结果作为本次交易的定价依据。根据申威评估师出具的评估报告,评估机构采用资产基础法和收益法两种评估方法对菱欧科技股东全部权益价值进行评估,最终选用收益法评估结果作为评估结论。根据收益法评估结果,菱欧科技在评估基准日2018年10月31日所有者权益账面值为3217.61万元,评估值为21100万元,评估增值率为555.77%。以上述评估值为基础,交易各方确定标的资产的交易金额为21000万元。其中以发行可转换债券的方式支付交易对价的60%,即12600万元;以发行股份的方式支付交易对价的10%,即2100万元;以现金方式支付交易对价的30%,总计6300万元。

二、双向转股价格调整机制和强制回售条款

2014年3月7日,国务院发布《关于进一步优化企业兼并重组市场环境的意见》,允许符合条件的企业发行优先股、定向发行可转换债券作为兼并重组支

付方式。2014 年 10 月 23 日,中国证监会修订《上市公司重大资产重组管理办法》,规定上市公司可以向特定对象发行可转债用于购买资产或者与其他公司合并。

中国证监会于 2018 年 11 月 1 日发布《证监会试点定向可转债并购支持上市公司发展》,主要内容如下:“上市公司在并购重组中定向发行可转换债券作为支付工具,有利于增加并购交易谈判弹性,为交易提供更为灵活的利益博弈机制,有利于有效缓解上市公司现金压力及大股东股权稀释风险,丰富并购重组融资渠道。近期,结合市场情况,多家上市公司积极研究在并购重组时引入定向可转债,部分公司已提出了切实可行的方案。我会结合企业具体情况,积极推进以定向可转债作为并购重组交易支付工具的试点,支持包括民营控股上市公司在内的各类企业通过并购重组做优做强。”根据国务院及中国证监会的文件精神,目前监管机构将定向可转债定位为上市公司重组的支付方式。

因目前针对定向可转债并没有明确的定价依据,所以,赛腾股份依据重组中发行股份的定价标准确定定向可转债的初始转股价格。即目前作为重组支付方式的定向可转债的定价原则与重组中发行股份的定价原则保持一致,在召开审议交易相关议案董事会时即可以确定初始转股价格,而非根据公开发行可转换债券的定价原则,在后期可转债发行阶段才可以确定可转债转股价格。当公司股票在任意连续 30 个交易日中至少有 15 个交易日的收盘价低于当期转股价格的 90% 时,董事会有权提出下修方案,但需要股东大会批准,若转股价下修条款触发后,没有获批,股价继续下跌,会触发提前回售条款,这保障了不想转股的卖方的利益;同样,未来股价上涨时,上市公司也可通过强制转股条款和转股价上修来限制交易对方的收益,减少上市公司股东稀释股份从而更多地保护了他们的利益。

本次发行定向可转债基本条款如下:

(1)发行可转债类型

本次发行定向可转换债券的种类为可转换为上市公司 A 股股票的可转换债券。

(2)发行规模与发行数量

本次发行规模为最终确定的标的资产交易作价的 60%,本次发行数量 = 发行规模/票面金额。具体发行金额及数量以中国证监会批复为准。根据上述公式计算,交易对方获得的定向可转债数量如下:

表5-5　苏州菱欧自动化科技股份有限公司可转债发行情况一览　单位:万元

交易对方	所持菱欧科技股权比例(%)	总对价	发行可转债支付对价	发行可转债数量(万张)	可转换债券按初始转股价格可转股数量(股)
张　玺	41.00	8610.00	5166	51.66	2676683
陈雪兴	37.50	7875.00	4725	47.25	2448186
邵聪	21.50	4515.00	2709	27.09	1403626
合计	100.00	21000.00	12600	126.00	6528495

(3)票面金额与发行价格

本次发行的可转换债券每张面值为100元,按面值发行。

(4)发行方式与发行对象

本次可转换债券购买资产的发行方式为非公开发行,发行对象为交易对方。

(5)转股价格的确定及其调整

本次发行的可转换债券初始转股价格为19.30元/股。

在本次发行之后,若上市公司发生派送红股、转增股本、增发新股(不包括因本次发行的可转换债券转股以及本次交易的发行股份以及募集配套资金而增加的股本)、配股以及派发现金股利等情况,将按下述公式进行转股价格的调整(保留小数点后两位,最后一位四舍五入):

派送红股或转增股本:$P1 = P0 \div (1+n)$

增发新股或配股:$P1 = (P0 + A \times k) \div (1+k)$

上述两项同时进行:$P1 = (P0 + A \times k) \div (1+n+k)$

派送现金股利:$P1 = P0 - D$

上述三项同时进行:$P1 = (P0 - D + A \times k) \div (1+n+k)$

其中:$P1$为调整后转股价;$P0$为调整前转股价;n为派送红股或转增股本率;A为增发新股价或配股价;k为增发新股或配股率;D为每股派送现金股利。

当上市公司出现上述股份和/或股东权益变化情况时,将依次进行转股价格调整,并在中国证监会指定的上市公司信息披露媒体上刊登转股价格调整的公告,并于公告中载明转股价格调整日、调整办法及暂停转股时期(如需)。当转股价格调整日为本次发行的可转换债券持有人转股申请日或之后,转换股份登记日之前,则该持有人的转股申请按上市公司调整后的转股价格执行。

当上市公司可能发生股份回购、合并、分立或任何其他情形使上市公司股份类别、数量和/或股东权益发生变化从而可能影响本次发行的可转换债券持有人的债权利益或转股衍生权益时,上市公司将视具体情况按照公平、公正、公允的原则以及充分保护本次发行的可转换债券持有人权益的原则调整转股价格。有关转股价格调整内容及操作办法将依据当时国家有关法律法规及证券监管部门的相关规定来制定。

(6)债券期限

本次定向可转换债券的存续期限与交易对方业绩承诺期相关。本次定向可转换债券的存续期限自发行之日起,至标的公司最后一期业绩审核报告出具日与补偿实施完毕日孰晚后30个交易日为止。

(7)债券利率

本次发行的可转换债券票面利率为利率0.01%/年,计息方式为债券到期后一次性还本付息。

本次所发行可转换债券的计息起始日为可转换债券发行首日;付息日为本次发行的可转换债券存续期限到期日,如该日为法定节假日或休息日,则顺延至下一个工作日,顺延期间不另付息。

付息债权登记日为付息日的前一交易日,上市公司将在付息日之后的5个交易日内支付利息。在付息债权登记日前(包括付息债权登记日)申请转换成公司股票的可转换债券,上市公司无须向其原持有人支付利息。

可转换债券持有人所获得利息收入的应付税项由持有人承担。

(8)转股条件

交易对方通过本次交易取得的可转换债券自发行结束之日起12个月内不得转股。

上述12个月期限届满后,交易对方所持可转换债券如下分三期解锁:

上市公司在指定媒体披露标的公司2018年度《专项审核报告》后,如标的公司2018年实际净利润达到2018年承诺净利润,上述12个月期限亦已届满,且交易对方已履行完毕交易协议约定的当期如有的补偿义务的,交易对方累计可解锁的可转换债券数量=该方经本次发行可转换债券所取得的可转换债券数量×30%-该方已补偿的可转换债券数量。

上市公司在指定媒体披露标的公司2019年度《专项审核报告》后,如标的公司2018年、2019年实际净利润之和达到2018年、2019年承诺净利润之和,且交易对方已履行完毕交易协议约定的当期及上一期如有的补偿义务的,交易对方累计可解锁的可转换债券数量=该方经本次发行可转换债券所取得的可转换债券数量×60%－该方累计已补偿的可转换债券数量。

上述两期内，交易对方累计可解锁的可转换债券数量不得超过其本次发行可转换债券所取得的债券数量的百分之六十。

上市公司在指定媒体披露标的公司2020年度《专项审核报告》和《减值测试报告》后，如标的公司2018年、2019年、2020年实际净利润之和达到2018年、2019年、2020年承诺净利润之和，且交易对方已履行完毕交易协议约定的补偿义务的，交易对方累计可解锁的可转换债券数数量＝该方经本次发行可转换债券所取得的可转换债券数量×100%－该方累计已补偿的可转换债券数量。

本次发行的可转换债券发行后还应当遵守证券监管部门其他关于可转换债券转股条件及期限的要求，其他未尽事宜，依照届时有效的法律、行政法规、行政规章、规范性文件和上交所的有关规定办理。

若上述可转换债券的转股条件及期限与证券监管机构的最新监管意见不相符，上市公司将根据证券监管机构的监管意见对上述转股条件及期限进行相应调整。

（9）转股价格向下修正

在本次发行的可转换债券存续期间，当上市公司A股股票在任意连续30个交易日中至少有15个交易日的收盘价低于当期转股价格的90%时，上市公司董事会有权提出转股价格向下修正方案并提交上市公司股东大会审议表决，修正后的转股价格不得低于董事会审议修正方案的决议公告日前20个交易日、60个交易日或者120个交易日交易均价的90%。

上述方案须经出席会议的股东所持表决权的三分之二以上通过方可实施。股东大会进行表决时，持有上市公司本次发行的可转换债券的股东应当回避。修正后的转股价格应不低于上市公司最近一期经审计的每股净资产值和股票面值。

（10）转股价格向上修正

在本次发行的可转换债券存续期间，当交易对方提交转股申请日前20日赛腾股份股票交易均价不低于当期转股价格150%时，则当次转股时应按照当期转股价的130%进行转股，但当次转股价格最高不超过初始转股价格的130%。

（11）有条件强制转股

在本次发行的可转换债券存续期内，如上市公司A股股票连续30个交易日的收盘价格不低于当期转股价格的130%时，上市公司董事会有权提出强制转股方案，该方案须经出席股东大会的股东所持表决权的三分之二以上通过方可实施。股东大会进行表决时，持有上市公司本次发行的可转换债券的股东应当回避。通过上述表决程序后,上市公司有权行使强制转股权,将满足解锁条件的可转换债券按照当时有效的转股价格强制转化为上市公司A股普通股股票。

(12)提前回售

当交易对方所持可转换债券满足解锁条件后,如公司股票连续30个交易日的收盘价格均低于当期转股价格的80%,则交易对方有权行使提前回售权,将满足解锁条件的可转换债券的全部或部分以面值加当期应计利息的金额回售给上市公司。

在各年度首次达到提前回售权行使条件时起,交易对方的提前回售权进入行权期,行权期长度为10个交易日(含达到提前回售权行使条件的当天),如交易对方在行权期内未行使提前回售权,则交易对方至下一考核期审计报告出具前不应再行使提前回售权。

行权期满后,交易对方所持满足解锁条件的可转换债券中未回售的部分,自行权期满后第一日起,按照0.6%年利率计算利息。

三、借鉴意义

赛腾股份收购案则是A股首单定向可转债并购。公司披露的重组预案显示,一个并购案中使用了现金、股份发行以及定向可转债三种支付方式。这显示出上市公司收购新三板支付方式不断丰富。同时,A股首单定向可转债并购就发生在上市公司对新三板企业的并购中,这也显示出新三板市场的重要性。

赛腾股份此次方案设计参考了发行股份购买资产和公开发行可转债的相关条款。例如,公开发行可转债规定企业最近三年净资产收益率不能低于6%;公开发行后企业债券累计债券余额不能超过公司最近一期期末净资产的40%;转股价如果是发行股份购买资产,规则要求是上市公司发行股份的价格不得低于市场参考价的90%。如果是公开发行可转债,规则要求是不低于公告日前20个交易日该公司股票交易均价和前一交易日均价等。

而这次方案的亮点在于双向转股价格调整机制和强制回售条款,综合权衡了上市公司和交易对手方的利益。总体来说方案中规中矩,主要是一个引导作用,未来肯定有更创新的方案会设计出来,但就目前而言,简单的方案最有利于试验创新手段。

附件 本次收购相关协议主要内容

一、合同主体、签订时间

2018年11月8日，上市公司与交易对方张玺、陈雪兴、邵聪之《发行可转换债券、股份及支付现金购买资产暨业绩补偿协议》。

2018年11月18日，上述各方就本次交易签署《发行可转换债券、股份及支付现金购买资产暨业绩补偿协议》之《补充协议》。《补充协议》中，交易各方根据评估结果，协商确定标的资产的交易价格为21000万元，同时根据该作价相应确定了交易各方所得交易对价。

二、标的资产的价格及定价依据

标的资产以2018年10月31日为基准日的评估值为21100万元，交易双方经友好协商后确定标的资产的价格为21000万元。

三、支付方式

(一)支付现金方式

交易对价中30%部分由上市公司以现金方式支付。

(二)发行股份方式

(1)发行方式

向特定对象非公开发行的方式。

(2)发行股票的种类和面值

人民币普通股(A股)，每股面值1.00元。

(3)发行对象

本次发行对象为交易对方张玺、陈雪兴、邵聪。

(4)定价基准日和发行价格

本次发行股份的定价基准日为上市公司董事会首次审议本次交易的决议公告日，即上市公司第二届董事会第六次会议决议公告日。本次发行股份购买资产发行价格不低于定价基准日前60交易日上市公司股票交易均价的90%，最终经各方协商确定本次发股价为19.30元/股。

(5)发行股份的数量

交易对方通过本次发行股份购买资产取得的上市公司股份数量计算公式为：对价股份数量=(标的资产作价×10%×交易对方现所持标的公司股份比

例)÷本次发行股份的发行价格。

交易对方依据前述公式计算取得的对价股份数量精确至股,对价股份数量不足一股的,交易对方自愿放弃。本次交易最终发行数量以中国证监会的核准为准。

根据上述公式计算,交易各方直接取得股份的数量,如表5-6所示。

表5-6 苏州菱欧自动化科技股份有限公司各股东的股份数量一览 单位:万元

交易对方	所持菱欧科技股权比例	总对价	股份对价	直接发行股份数量(股)
张 玺	41.00%	8610.00	861.00	446113
陈雪兴	37.50%	7875.00	787.50	408031
邵 聪	21.50%	4515.00	451.50	233937
合 计	100.00%	21000.00	2100.00	1088081

(6)发行股份价格和数量的调整

在定价基准日至发行日期间,如上市公司另有派息、送股、资本公积金转增股本等除权、除息事项,上市公司将按照中国证监会和上交所的相关规则对新增股份的发行价格进行相应调整,发行数量也随之进行调整。

(7)新增股份的发行日期

标的资产交割完成后,上市公司聘请具有证券期货业务资格的会计师事务所就本次发行股份事项进行验资并出具验资报告,并在资产交割日起30个工作日内在上交所和登记结算公司申请办理本次发行股份的登记手续。

(8)发行股份的锁定期

张玺、陈雪兴、邵聪承诺通过本次发行股份购买资产取得的上市公司股份自该等股份上市之日起12个月内不以任何形式转让。

张玺、陈雪兴、邵聪承诺在12个月限制期届满后,其所获得的股份应按30%、30%、40%比例分三期解除限售。具体如下:

上市公司在指定媒体披露标的公司2018年度《专项审核报告》后,如标的公司2018年实际净利润达到2018年承诺净利润,上述12个月锁定期亦已届满,且交易对方已履行的当期如有的补偿义务的,交易对方累计可解锁的股份数量=该方经本次发行股份购买资产所取得的股份数量×30% -该方已补偿的股份数量。

上市公司在指定媒体披露标的公司2019年度《专项审核报告》后,如标的公司2018年、2019年实际净利润之和达到2018年、2019年承诺净利润之和,且交易对方已履行完毕当期及上一期如有的补偿义务的,交易对方累计可解锁的股份数量=该方经本次发行股份购买资产所取得的股份数量×60%－该方累计已补偿的股份数量。

上市公司在指定媒体披露标的公司2020年度《专项审核报告》和《减值测试报告》后,如标的公司2018年、2019年、2020年实际净利润之和达到2018年、2019年、2020年承诺净利润之和,且交易对方已履行完毕补偿义务的,交易对方累计可解锁的股份数量=该方经本次发行股份购买资产所取得的股份数量×100%－该方累计已补偿的股份数量。本次发行结束之日起至股份锁定期满之日止,出让方由于公司分配股票股利、资本公积转增等衍生取得的公司股份,亦应遵守上述约定。

(9)上市安排

本次发行后的全部新增股份将于上海证券交易所上市交易。

(三)发行可转债方式

(1)发行可转债类型

本次发行定向可转换债券的种类为可转换为上市公司A股股票的可转换债券。

(2)发行规模与发行数量

本次发行规模为最终确定的标的资产交易作价的60%,本次发行数量=发行规模/票面金额。具体发行金额及数量以中国证监会批复为准。根据上述公式计算,交易对方获得的定向可转债数量,如表5－7所示。

表5－7　苏州菱欧自动化科技股份有限公司股东定向可转债数量一览　单位:万元

交易对方	所持菱欧科技股权比例(%)	总对价	发行可转债支付对价	发行可转债数量(万张)	可转换债券按初始转股价格可转股数量(股)
张　玺	41.00	8610.00	5166	51.66	2676683
陈雪兴	37.50	7875.00	4725	47.25	2448186
邵　聪	21.50	4515.00	2709	27.09	1403626
合　计	100.00	21000.00	12600	126.00	6528495

(3)票面金额与发行价格

本次发行的可转换债券每张面值为100元,按面值发行。

(4)发行方式与发行对象

本次可转换债券购买资产的发行方式为非公开发行,发行对象为交易对方。

(5)转股价格的确定及其调整

本次发行的可转换债券初始转股价格为19.30元/股。

在本次发行之后,若上市公司发生派送红股、转增股本、增发新股(不包括因本次发行的可转换债券转股以及本次交易的发行股份以及募集配套资金而增加的股本)、配股以及派发现金股利等情况,将按下述公式进行转股价格的调整(保留小数点后两位,最后一位四舍五入):

派送红股或转增股本:$P1 = P0 \div (1 + n)$

增发新股或配股:$P1 = (P0 + A \times k) \div (1 + k)$

上述两项同时进行:$P1 = (P0 + A \times k) \div (1 + n + k)$

派送现金股利:$P1 = P0 - D$

上述三项同时进行:$P1 = (P0 - D + A \times k) \div (1 + n + k)$

其中:$P1$ 为调整后转股价;$P0$ 为调整前转股价;n 为派送红股或转增股本率;A 为增发新股价或配股价;k 为增发新股或配股率;D 为每股派送现金股利。

当上市公司出现上述股份和/或股东权益变化情况时,将依次进行转股价格调整,并在中国证监会指定的上市公司信息披露媒体上刊登转股价格调整的公告,并于公告中载明转股价格调整日、调整办法及暂停转股时期(如需)。当转股价格调整日为本次发行的可转换债券持有人转股申请日或之后,转换股份登记日之前,则该持有人的转股申请按上市公司调整后的转股价格执行。

当上市公司可能发生股份回购、合并、分立或任何其他情形使上市公司股份类别、数量和/或股东权益发生变化从而可能影响本次发行的可转换债券持有人的债权利益或转股衍生权益时,上市公司将视具体情况按照公平、公正、公允的原则以及充分保护本次发行的可转换债券持有人权益的原则调整转股价格。有关转股价格调整内容及操作办法将依据当时国家有关法律法规及证券监管部门的相关规定来制定。

(6)债券期限

本次定向可转换债券的存续期限与交易对方业绩承诺期相关。本次定向可转换债券的存续期限自发行之日起,至标的公司最后一期业绩审核报告出具日与补偿实施完毕日孰晚后30个交易日为止。

(7)债券利率

本次发行的可转换债券票面利率为利率0.01%/年,计息方式为债券到期后一次性还本付息。

本次所发行可转换债券的计息起始日为可转换债券发行首日；付息日为本次发行的可转换债券存续期限到期日，如该日为法定节假日或休息日，则顺延至下一个工作日，顺延期间不另付息。

付息债权登记日为付息日的前一交易日，上市公司将在付息日之后的5个交易日内支付利息。在付息债权登记日前（包括付息债权登记日）申请转换成公司股票的可转换债券，上市公司无须向其原持有人支付利息。

可转换债券持有人所获得利息收入的应付税项由持有人承担。

（8）转股条件

交易对方通过本次交易取得的可转换债券自发行结束之日起12个月内不得转股。

上述12个月期限届满后，交易对方所持可转换债券如下分三期解锁：

上市公司在指定媒体披露标的公司2018年度《专项审核报告》后，如标的公司2018年实际净利润达到2018年承诺净利润，上述12个月期限亦已届满，且交易对方已履行完毕交易协议约定的当期如有的补偿义务的，交易对方累计可解锁的可转换债券数量＝该方经本次发行可转换债券所取得的可转换债券数量×30％－该方已补偿的可转换债券数量。

上市公司在指定媒体披露标的公司2019年度《专项审核报告》后，如标的公司2018年、2019年实际净利润之和达到2018年、2019年承诺净利润之和，且交易对方已履行完毕交易协议约定的当期及上一期如有的补偿义务的，交易对方累计可解锁的可转换债券数量＝该方经本次发行可转换债券所取得的可转换债券数量×60％－该方累计已补偿的可转换债券数量。

上述两期内，交易对方累计可解锁的可转换债券数量不得超过其本次发行可转换债券所取得的债券数量的百分之六十。

上市公司在指定媒体披露标的公司2020年度《专项审核报告》和《减值测试报告》后，如标的公司2018年、2019年、2020年实际净利润之和达到2018年、2019年、2020年承诺净利润之和，且交易对方已履行完毕交易协议约定的补偿义务的，交易对方累计可解锁的可转换债券数数量＝该方经本次发行可转换债券所取得的可转换债券数量×100％－该方累计已补偿的可转换债券数量。

本次发行的可转换债券发行后还应当遵守证券监管部门其他关于可转换债券转股条件及期限的要求，其他未尽事宜，依照届时有效的法律、行政法规、行政规章、规范性文件和上交所的有关规定办理。

若上述可转换债券的转股条件及期限与证券监管机构的最新监管意见不相符,上市公司将根据证券监管机构的监管意见对上述转股条件及期限进行相应调整。

(9)转股价格向下修正

在本次发行的可转换债券存续期间,当上市公司A股股票在任意连续30个交易日中至少有15个交易日的收盘价低于当期转股价格的90%时,上市公司董事会有权提出转股价格向下修正方案并提交上市公司股东大会审议表决,修正后的转股价格不得低于董事会审议修正方案的决议公告日前20个交易日、60个交易日或者120个交易日交易均价的90%。

上述方案须经出席会议的股东所持表决权的三分之二以上通过方可实施。股东大会进行表决时,持有上市公司本次发行的可转换债券的股东应当回避。修正后的转股价格应不低于上市公司最近一期经审计的每股净资产值和股票面值。

(10)转股价格向上修正

在本次发行的可转换债券存续期间,当交易对方提交转股申请日前20日赛腾股份股票交易均价不低于当期转股价格150%时,则当次转股时应按照当期转股价的130%进行转股,但当次转股价格最高不超过初始转股价格的130%。

(11)有条件强制转股

在本次发行的可转换债券存续期内,如上市公司A股股票连续30个交易日的收盘价格不低于当期转股价格的130%时,上市公司董事会有权提出强制转股方案,该方案须经出席股东大会的股东所持表决权的三分之二以上通过方可实施,股东大会进行表决时,持有上市公司本次发行的可转换债券的股东应当回避。通过上述表决程序后,上市公司有权行使强制转股权,将满足解锁条件的可转换债券按照当时有效的转股价格强制转化为上市公司A股普通股股票。

(12)提前回售

当交易对方所持可转换债券满足解锁条件后,如公司股票连续30个交易日的收盘价格均低于当期转股价格的80%,则交易对方有权行使提前回售权,将满足解锁条件的可转换债券的全部或部分以面值加当期应计利息的金额回售给上市公司。

在各年度首次达到提前回售权行使条件时起,交易对方的提前回售权进入行权期,行权期长度为10个交易日(含达到提前回售权行使条件的当天),如交易对方在行权期内未行使提前回售权,则交易对方至下一考核期审计报告出具前不应再行使提前回售权。

行权期满后,交易对方所持满足解锁条件的可转换债券中未回售的部分,自行权期满后第一日起,按照0.6%年利率计算利息。

(13)担保事项

本次发行可转换债券不设担保。

(14)评级事项

本次发行可转换债券不安排评级。

(15)转股年度有关股利得归属

因本次发行的可转换债券转股而增加的上市公司A股股票享有与原A股股票同等的权益,在股利发放的股权登记日当日登记在册的所有普通股股东(含因可转换债券转股形成的股东)均参与当期股利分配,享有同等权益。

(16)转股股数确定方式及转股不足一股金额的处理方法

本次发行的可转换债券持有人在转股期内申请转股时,转股数量的计算公式为:$Q = V \div P$

其中:Q为转股数量,并以去尾法取一股的整数倍;V为可转换债券持有人申请转股的可转换债券票面总金额;P为申请转股当日有效的转股价。

可转换债券持有人申请转换成的股份须是整数股。转股时不足转换为一股的可转换债券余额,上市公司将按照上海证券交易所等部门的有关规定,在可转换债券持有人转股当日后的5个交易日内以现金兑付该部分可转换债券的票面余额及其所对应的当期应计利息。

四、交易标的过渡期安排及期间损益归属

1. 各方同意,标的资产在过渡期内盈利的,盈利归上市公司享有;标的资产亏损的,则由交易对方按其各自对标的公司的持股比例在下款所述审计报告出具后补足,补足方式为对本次交易作价的现金对价部分进行折抵,如现金对价小于应补足金额的,则交易对方应在审计报告出具后30日内按其各自对标的公司的持股比例将差额部分现金支付给标的公司。过渡期内标的资产的损益由上市公司在交割日后30日内聘请具有证券期货业务资格的会计师事务所进行审计确认。相应会计师事务所应在过渡期到期后20个工作日内出具过渡期损益审计报告。

2. 过渡期内,交易对方应本着勤勉谨慎的原则对目标公司进行经营管理。交易对方及标的公司董事会、股东会签署、变更、解除与标的公司业务经营相关

的重要商务合同,处置重大债权、债务、主要固定资产或重大投资等事项,均需事前以书面形式通知上市公司,并在征得上市公司同意后方可实施,该等事项包括但不限于:

(1)非因正常经营需要而同意承担巨额债务或大额资金支付;

(2)非因正常经营需要或非根据有关法律法规的要求而对资产设定任何抵押、担保等或有债务或承诺设立该等或有债务;

(3)放弃重大权利或豁免他人的重大债务;

(4)通过增加工资、奖金、买断工龄等方式大幅提高对管理人员、员工或代理人等的报酬或福利;

(5)缔结、终止或修改任何重大合同,除非该合同条款已有明确规定;

(6)对股东进行利润分配;

(7)与其他自然人或法人进行合资、合作、重大资产转让、赠与、许可,或其他重大的投资行为;

(8)发生任何重大资产出售、置换、收购或兼并事项;

(9)任何形式的证券发行;

(10)其他对公司资产、财务状况以及公司持续经营能力可能产生重大影响的事项。

3. 本次交易完成后,上市公司本次交易完成前的滚存未分配利润将由本次交易完成后的新老股东以其所持上市公司股票共同享有。

五、交割安排

(一)交割前提

上市公司受让标的资产并支付对价须以下列条件均满足为前提(上市公司有权利豁免下述一项或几项条件):

(1)交易协议已生效;

(2)交易对方所作的声明和保证持续满足真实、准确、完整的要求,交易对方未违反其所作的声明和保证;

(3)交易对方及标的公司核心经营管理团队未违反交易协议约定;

(4)自交易协议签署之日起,标的公司的资产、经营及管理层等均未发生任何重大不利变化;

(5)交易对方已履行交易协议要在现阶段必须履行或必须完成的义务,且未发生交易协议项下的重大违约;

(6)标的公司已办理完毕自中小股份转让系统摘牌及变更为有限责任公司的全套手续(包括并不限于所涉及的股转公司、工商变更登记等的全部相关手续)。

(二)交割的实施

如交割条件均已满足,则上市公司应至少在交割日前提前10日向交易对方发出交割通知,以明确资产交割日。资产交割日前,交易对方应负责办理完毕标的资产过户至上市公司名下的工商变更登记手续及其他涉及的相关变更登记手续(包括税务登记等),上市公司应提供必要帮助。

资产交割日,交易对方应向交易双方协商指定的标的公司人员移交标的公司证照、资质、全部印章、财产权属证明、财务账簿等文件和物品,双方应对标的公司各银行账户及存款、印章等进行查核和交割,届时参与双方应在交接清单上签字签章予以确认。

自交割日起,上市公司对标的资产进行有效的管理和经营,标的资产相关的全部权利、义务亦由上市公司享有和承担。

交易协议约定的标的公司过渡期损益审计报告已出具、且本次交易募集配套资金已到位之日起7日内,上市公司应向交易对方各自书面指定的账户支付其各自对应的现金价款,交易对方各自对应的现金价款=(标的资产本次交易作价×30%×交易对方各自现对标的公司的持股比例)-根据交易协议约定若交易对方在过渡期内亏损交易对方各自应赔偿的金额。根据上述公式计算为负的,则上市公司无须支付现金对价。

若上市公司在取得中国证监会核准本次交易的批文且标的公司已办理完毕变更为有限责任公司的工商变更登记事项之日起6个月内未能完成发行股份募集配套资金的,上市公司将在6个月届满后的30个工作日内自筹资金一次性向交易对方支付全部现金对价,交易对方各自对应的现金价款=(标的资产本次交易作价×30%×交易对方各自现对标的公司的持股比例)-根据交易协议约定若交易对方在过渡期内亏损交易对方各自应赔偿的金额。根据上述公式计算为负的,则上市公司无须支付现金对价。

在资产交割日起30个工作日内,上市公司应负责将本次交易向交易对方发行的股份以及可转换债券在上交所及登记结算公司办理证券登记手续,交易对方应提供必要协助。

六、业绩补偿安排

(一)盈利预测补偿期间及承诺净利润

本次交易项下标的公司业绩承诺期为2018年度、2019年度、2020年度。该等业绩承诺的补偿义务人为交易对方,由补偿义务人各自按其对标的公司的现持股比例进行补偿。补偿义务人承诺标的公司在2018年度、2019年度、2020年度的扣除非经常性损益后的净利润分别不低于1500万元、1700万元、2100万元。

(二)补偿数额的确定原则

本次交易经中国证监会审核通过并完成交割后,若标的资产在自2018年起业绩承诺期内的任一会计年度截至当期期末累积实际净利润未达到截至当期期末累积承诺净利润的,补偿义务人同意就上述利润差额部分按本条约定方式进行补偿,具体的利润差额以该一会计年度的《专项审核报告》披露数据为准。

(三)补偿方式

若标的公司在自2018年起业绩承诺期内某一会计年度截至当期期末累积实际净利润低于截至当期期末累积承诺净利润的,根据交易协议约定应予以补偿的,则就利润差额部分补偿义务人应优先以本次交易所取得的上市公司可转换债券向上市公司进行补偿,若可转换债券不足补偿的,不足部分应以本次交易所取得的股份向上市公司进行补偿,若本次交易所取得的可转换债券及股份均不足补偿的,不足部分应支付现金进行补偿。

补偿义务人对标的公司的业绩承诺补偿以及资产减值补偿的总金额不超过本次交易中标的资产的交易对价。

(四)各期补偿金额计算公式

①2018年度补偿金额=标的资产交易作价×(2018年度承诺净利润数-2018年度实际净利润数)÷2018年度、2019年度、2020年度承诺净利润数之和。

②2019年度补偿金额=标的资产交易作价×(2018年度、2019年度承诺净利润数之和-2018年度、2019年度实际净利润数之和)÷2018年度、2019年度、2020年度承诺净利润数之和-累计已补偿金额。

③2020年度补偿金额=标的资产交易作价×(2018年度、2019年度、2020年度承诺净利润数之和-2018年度、2019年度、2020年度实际净利润数之和)÷2018年度、2019年度、2020年度承诺净利润数之和-累计已补偿金额。

当期需补偿的可转换债券数量=(截至当期应补偿金额-前期已补偿金额)÷本次发行的可转换债券的票面金额

当期需补偿的股份数量=(截至当期应补偿金额-前期已补偿金额-当期已补偿可转换债券金额)÷取得股份的价格

当期需补偿的现金金额=截至当期应补偿金额-前期已补偿金额-当期已补偿可转债金额-当期已补偿股份金额

上述公式运用中,应遵循:

①依据上述公式计算的当年应补偿可转换债券数量应精确至个位数,如果计算结果存在小于100元的尾数的,应当舍去尾数,对不足1张可转债面值的剩余对价由补偿义务人各自以现金支付;依据上述公式计算的当年应补偿股份数量应精确至个位数,如果计算结果存在小数的,应当舍去小数取整数,对不足1股的剩余对价由补偿义务人各自以现金支付。

②如上市公司在业绩承诺期及补偿完成前实施送股、公积金转增股本的,上述公式的应补偿股份数量调整为:按照上述公式计算的应补偿股份数量×(1+转增或送股比例)。

③如上市公司在本次发行中新增股份登记完成后至补偿完成日期间实施现金分红,补偿义务人应将其于股份补偿前基于补偿股份累计获得的现金分红收益返还上市公司,返还金额不作为已补偿金额,不计入各年应补偿金额的计算公式;返还期限为当年关于标的资产的专项审核报告出具后的10个工作日内。

返还计算公式为:返还金额=截至补偿前每股已获得的支付现金分红收益×补偿义务人当年应补偿股份数量

(五)补偿缓冲期安排

若标的公司业绩补偿期间前两个年度内实现的扣除非经常性损益后的累计净利润未达到当年累计承诺利润但不少于当年累计承诺利润的85%,则当年不触发补偿义务人的业绩补偿义务;业绩补偿期间最后一个年度实现的扣除非经常性损益后的累计净利润未达到当年累计承诺利润的,则直接触发补偿义务人的业绩补偿义务。

若标的公司业绩补偿期间内任一年度截至当年年末实现的扣除非经常性损益后的累计净利润小于当年累计承诺利润的85%,补偿义务人应就该累计未达成利润部分进行业绩补偿;已履行的业绩补偿行为不可撤销。

(六)减值测试及补偿

标的公司2020年《专项审核报告》以及《减值测试报告》出具披露后,应按交易协议约定计算2020年度补偿金额以及减值测试补偿金额(如有),并由补偿义务人进行相应补偿。

业绩承诺期届满后,上市公司应及时聘请具备证券期货业务资格的会计师事务所对标的公司进行减值测试,如期末减值额 > 累计已补偿金额,则补偿义务人需另行补偿(优先以本次交易所取得的可转换债券进行补偿,若可转换债券不足补偿的,不足部分应以本次交易所取得的股份向上市公司进行补偿,若本次交易所取得的可转换债券及股份均不足补偿的,不足部分应以支付现金进行补偿)。

(七)补偿的实施

1. 董事会启动补偿实施

若补偿义务人根据交易协议约定须向上市公司进行补偿的,在上市公司相应《专项审核报告》披露后10个工作日内,由上市公司董事会按交易协议约定计算确定补偿可转换债券、股份数量以及现金补偿金额后书面通知补偿义务人,董事会应就补偿义务人当年应补偿股份的回购及后续注销事宜召开股东大会,审议通过股份回购议案并完成回购股份的注销工作。

2. 回购可转债补偿

在上市公司董事会发出本款上述通知的10个工作日内,上市公司将以总价1元的价格定向回购补偿义务人业绩承诺期内应补偿的可转换债券并一并予以注销,如需现金补偿的,补偿义务人亦应在本款约定的期限内将现金补偿款汇入上市公司指定的账户。

3. 回购股份补偿

在上市公司股东大会通过该等股份回购事项的决议后10个工作日内,上市公司将以总价1元的价格回购补偿义务人业绩承诺期内应补偿的股份数量并一并予以注销。

如果上市公司股东大会未能通过关于以总价1元的价格回购补偿义务人业绩承诺期内应补偿的股份数量并予以注销的议案,补偿义务人将在股东大会决议公告后10个工作日内,在符合相关证券监管法规、规则和监管部门要求的前提下,将等同于上述应补偿的股份数量的股份赠送给上市公司股东大会股权登记日或者上市公司董事会确定的股权登记日登记在册的除补偿义务人以外的其他股东,上市公司其他股东按照其持有的股份数量占股权登记日上市公司扣除补偿义务人持有的股份数的比例获赠股份。

如届时法律法规或监管机构对补偿股份回购事项另有规定或要求的,则应遵照执行。

4.补偿义务人的配合义务

补偿义务人应根据上市公司的要求,签署相关书面文件并配合上市公司办理交易协议项下股份回购注销事项。

七、超额业绩奖励

若标的公司2018年、2019年、2020年累积实际净利润之和超过累积承诺净利润之和,则上市公司同意,待业绩承诺期届满后,将超出累积承诺净利润总额的超额部分之50%给予标的公司管理层和核心管理人员作为奖励,但累积奖励金额不得超过本次交易标的资产对价金额的20%。

获得奖励的对象和具体分配方法由标的公司制订上市公司董事会确定。相关纳税义务由实际受益人自行承担。

八、合同的生效条件和生效时间

各方同意,交易协议自各方法定代表/授权代表签字或盖章之日成立。交易协议及交易协议所述之发行可转换债券、股份及支付现金购买资产行为在以下条件均获得满足之日起生效:(1)上市公司董事会、股东大会审议批准本次交易相关事宜;(2)标的公司董事会、股东大会审议批准本次交易相关事宜;(3)中国证监会核准本次交易。

九、与资产相关的人员安排

本次交易不涉及标的公司聘用人员劳动关系的变更。如标的公司员工提出辞职,或违反法律法规或劳动合同的有关规定,标的公司有权依法与其解除劳动关系。

十、违约责任

交易协议任何一方(违约方)未能按交易协议的规定履行其在协议项下的任何或部分义务,或作出任何虚假的声明、保证及承诺,则被视为违约。违约方应赔偿因其违约而对守约方造成的一切损失(包括为避免损失而支出的合理费用)。

任何一方因违反交易协议项下的规定而应承担的违约责任不因交易协议项下的标的资产转让完成或协议的终止/解除而免除。

交易协议生效后,上市公司未能按照交易协议约定向交易对方支付对价的,每逾期一日,应当以逾期应付未付金额为基数按照中国人民银行公布的同期日贷款利率上浮10%计算违约金,但由于非因上市公司的原因导致逾期支付的除外。

交易对方未能按照交易协议约定的期限办理完毕标的资产交割,每逾期一日,应当以交易对价为基数按照中国人民银行公布的同期日贷款利率上浮10%计算违约金支付给上市公司,但由于非因交易对方的原因导致逾期办理标的资产交割的除外。

交易对方未能按交易协议约定在约定期限内完成业绩补偿的,应当继续履行补偿义务,并应以应补偿而未补偿金额为基数按照中国人民银行公布的同期日贷款利率上浮10%向上市公司计付延迟补偿部分金额对应的利息,但由于非因交易对方的原因导致逾期补偿的除外。

第六章　新三板企业海外收购典型案例

——东方略收购 INO 公司

2018 年 2 月 7 日，东方略（430187）发布了多份公告。拟用 4300 万美元，购买美国 INO 公司的，一款针对 HPV（人乳头瘤病毒）宫颈癌癌前病变 DNA 治疗性疫苗 VGX－3100 相应的专利、专有技术在约定区域内的授权。

东方略的交易对手，是一家在美国注册的企业，目前是纳斯达克全球精选市场上市公司，股票代码为“INO”。根据评估报告，VGX－3100 专利及专有技术，在大中华区（中国大陆、台湾、香港、澳门）的排他性使用权估值约 10 亿元。而本次交易的金额约 4300 万美元（人民币 2.81 亿元，以 2017 年 12 月 29 日汇率 6.5342 计算），东方略将全部以现金支付。

一、交易基本情况

（一）收购方

表 6－1　北京东方略生物医药科技股份有限公司情况一览

公司名称	北京东方略生物医药科技股份有限公司
成立日期	2006 年 7 月 18 日
统一社会信用代码	911101067916194152
注册资本	7900 万元
法定代表人	仇思念
实际控制人	陈明键
第一大股东	上海仟德股权投资合伙企业（有限合伙）
第一大股东（持股比例）	30.76%

续表

公司名称	北京东方略生物医药科技股份有限公司
所属证监会行业	制造业—专用设备制造业—采矿、冶金、建筑专用设备制造—冶金专用设备制造
注册地址	北京市丰台区航丰路8号院1号楼2层277房(园区)
经营范围	生物医药领域新药的研发、专利技术的引进与输出、生产和销售;医学研究与试验发展;自然科学研究与试验发展;技术开发、技术转让、技术咨询、技术服务;技术进出口、货物进出口、代理进出口;冶金机械设备设计、研发;销售金属材料、五金交电、电子产品;加工制造冶金机械设备(限分支机构经营)。企业依法自主选择经营项目,开展经营活动;依法须经批准的项目,经相关部门批准后依批准的内容开展经营活动;不得从事本市产业政策禁止和限制类项目的经营活动。

(二)交易对方

Inovio Pharmaceuticals,Inc.是一家在美国注册、致力于治疗与预防癌症及传染病的DNA免疫疗法和疫苗研发公司,现为美国纳斯达克全球精选市场上市公司,股票交易代码为“INO”。

表6-2 Inovio Pharmaceuticeals,Inc.情况一览

名　　称	Inovio Pharmaceuticals,Inc.
注册地	特拉华州
执照号码	33-096592
成立日期	1983年6月29日
主体类型	Corporation
已发行股本(截至2017年12月31日)	90296164美元

根据美国证券交易委员会最新日期为2017年3月29日的备案文件DEF14A显示,INO持股5%以上的股东情况,如表6-3所示。

表6-3 Inovio Pharmaceuticals,Inc.股东情况一览

序号	股东名称	持股比例(%)
1	Jong Joseph Kim	6.5
2	Blackrock,Inc.	7.4

注:由于INO为美国纳斯达克上市公司,各股东的持股比例可能发生变化,具体持股比例应以实际交易日为准。

1. Jong Joseph Kim 现年 48 岁，于 2009 年 6 月 1 日起担任 INO 董事、首席执行官（CEO）至今。

2. BlackRock，Inc. 又称黑岩集团，是一家在纽约证券交易所上市的公司，股票代码：BLK，注册地为美国纽约。

（三）交易标的

本次交易标的为 INO 公司拥有或控制的一款针对 HPV 宫颈癌癌前病变 DNA 治疗性疫苗 VGX－3100 相应的专利、专有技术在约定区域内的授权。

VGX－3100 是一种免疫治疗性疫苗，其有效成分包括针对 HPV 治疗的 DNA16 亚型的 E6、E7 致癌因子的一个 DNA 质粒编码、针对 HPV 治疗的 DNA18 亚型的 E6、E7 致癌因子的一个 DNA 质粒编码，以及双方合同履行期间 INO 公司对其进行的各项技术改进。

（四）交易标的定价依据及支付方式

本次交易标的资产 VGX－3100 授权的交易价格以公司对标的产品的尽职调查结果为基础，由公司与 INO 公司协商确定。为确保交易价格的公允性，公司聘请中企华对 VGX－3100 授权价格进行估值。估值金额为 100082.18 万元。双方协商标的资产的成交金额约为 4300 万美元，约为人民币 28097 万元（以 2017 年 12 月 29 日中国银行人民币美元中间价汇率 6.5342 计算），公司全部以现金支付。

表 6－4　北京东方略生物医药科技股份有限公司与 Inovio Pharmaceuticeals，Inc. 交易情况一览

交易详情			
交易价值（万元）	27013.46（人民币）	并购方式	协议收购
现金支付金额（万元）	27013.46（人民币）	并购目的	横向整合
评估价值（万元）	100082.18（人民币）	支付方式	现　金
评估方式	收益法	标的类型	资　产
股权转让比例（%）	—	控制权是否变更	是

（五）交易进程

依据 2018 年 2 月 7 日，东方略（430187）发布的公告本次交易的决策过程如下：

1. 东方略内部的授权与批准

2. 交易对方的内部批准

2017 年 12 月 21 日，INO 公司董事会审议通过本次交易事项。根据美国律师的法律意见，董事会是 INO 公司为完成本次交易所必须进行的唯一内部批准程序，INO 公司无需履行股东会或其他公司程序。

3. 本次交易需在中国履行的外部审批程序：

(1)商务主管部门依法对本次交易予以备案；

(2)东方略在商业银行完成与本次交易相关的外汇登记；

(3)本次交易尚需经股转公司备案通过。

二、新三板收购海外公司的交易进程

新三板企业境外并购除了按投资金额履行董事会、股东大会审批程序之外，还需要符合发改委、商务部、外管局等多个部门的监管要求。

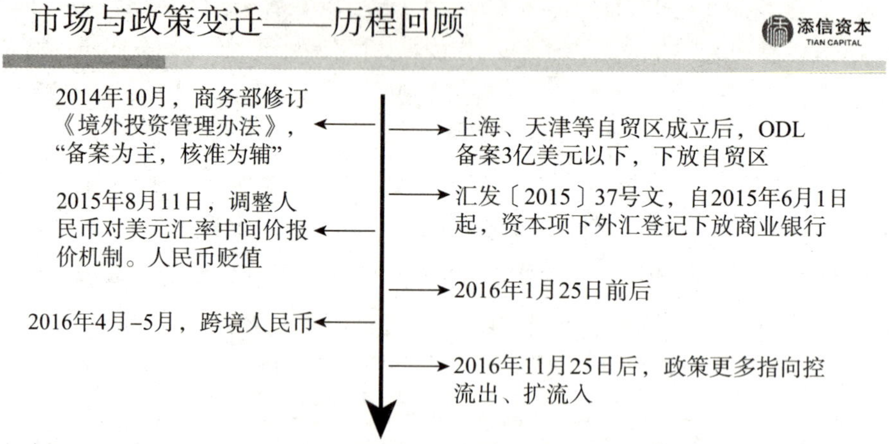

图6-1　新三板市场回顾

根据《境外投资管理办法》(2014年10月6日起施行)，商务部和省级商务部主管部门按照企业境外投资的不同情形，分别实行备案和核准管理。

(1)企业境外投资涉及敏感国家和地区、敏感行业的，实行核准管理；企业其他情形的境外投资实行备案管理。

实行核准管理的国家是指中华人民共和国未建交国家、受联合国制裁的国家，必要时商务部可另行公布其他实行核准管理的国家和地区的名单。实行核准管理的行业是指涉及出口中华人民共和国限制出口的产品和技术的行业、影响一国(地区)以上利益的行业[包括：基础电信运营，跨境水资源开发利用，大规模土地开发，输电干线、电网，新闻传媒等行业，具体可查询发改委公布的《境外投资敏感行业目录(2018年版)》]对属于备案情形的境外投资，中央企业报商务部备案，地方企业报所在地省级商务主管部门备案。

(2)对属于核准情形的境外投资，中央企业向商务部提出申请，地方企业通过所在地省级商务主管部门向商务部提出申请。

(3)两家以上企业共同开展境外投资的,应当由相对大股东在征求其他投资方书面同意后办理备案或者申请核准;如果各方持股比例相等,应当协商后由一方办理备案或者申请核准。

具体流程如图 6－2 所示。

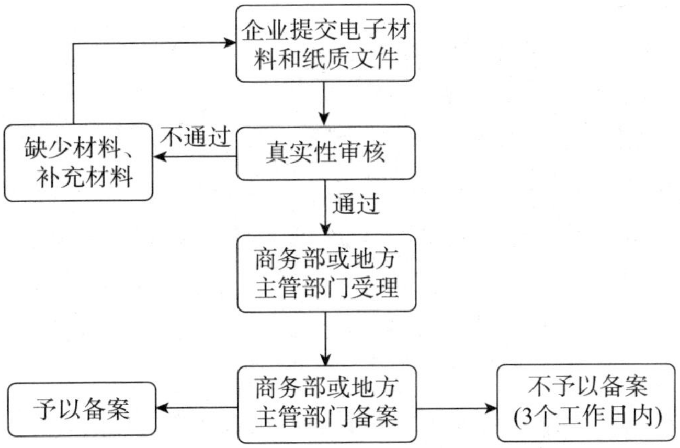

图 6－2　企业境外投资审批流程

商务部和省级商务主管部门通过“境外投资管理系统”对企业境外投资进行管理,并向获得备案或核准的企业颁发《企业境外投资证书》(以下简称《证书》),自领取《证书》之日起 2 年内,企业未在境外开展投资的,《证书》自动失效;如需再开展境外投资,应当重新办理备案或者申请核准。

投资主体凭核准文件或者备案通知书,依法办理外汇、海关、出入境管理和税收等相关手续;对于未按规定权限和程序核准或者备案的项目,有关部门不得办理相关手续,金融机构不得发放贷款。

境内机构可以使用自有外汇资金、符合规定的国内外汇贷款、人民币购汇或者实物、无形资产及经外汇局核准的其他外汇资产进行境外直接投资;境内机构境外直接投资所得利润也可留存境外用于其境外投资。其中,自有外汇资金包括经常项目外汇账户、外商投资企业资本金账户等账户内的外汇资金。

根据《国家外汇管理局关于进一步简化和改进直接投资外汇管理政策的通知》(汇发〔2015〕13 号)第 1 条规定“取消境内直接投资项下外汇登记核准和境外直接投资项下外汇登记核准两项行政审批事项”改由银行按照本通知及所附《直接投资外汇业务操作指引》直接审核办理境内直接投资项下外汇登记和境

外直接投资项下外汇登记,国家外汇管理局及其分支机构通过银行对直接投资外汇登记实施间接监管。

境内企业提交《境外直接投资等级业务申请表》《营业执照》《企业境外投资证书》等资料即可办理境内企业境外直接投资的外汇登记。

三、借鉴意义

“2018 年是医药行业投资大年,药企海外‘寻药’将持续升温,海外并购是国内药企‘走出去’的催化剂。”丽珠集团、翰宇药业、金城医药、天士力等药企,纷纷通过直接投资并购、参股产业基金收购、协议引进等多元化方式,积极探寻海外投资及发展机会。

我国医药企业同时面临国内国际两个市场、两种竞争,迫使我国医药企业在正视自身劣势的同时,迅速提升国际竞争力,“走出去”寻找新的发展空间。

1. 有利于为公司向生物医药领域转型迈出关键的一步,对未来的经营打下坚实基础

本次交易前,公司主营业务为冷轧设备及冷轧精整设备的设计、研发与生产制造。受我国经济下行压力较大、钢铁行业产能过剩等原因综合影响,公司近年销售收入、净利润逐年下降。因此,公司计划积极开拓生物医药领域,本次购买 INO 公司治疗性疫苗专利及其专有技术的授权,为公司向生物医药领域转型迈出关键的一步,为未来的经营打下坚实基础。2018 年 5 月 21 日起东方略从股转系统终止挂牌,启动香港上市和 B 轮融资。

2. 有利于公司占有巨大潜在市场

我国宫颈癌 2015 年预测年增发病人数约 10 万人,由于 80% 以上的宫颈癌形成是 HPV16、HPV18 型病毒感染,癌前病变(CIN1,C1N2 和 CIN3 级的逐步恶化)的过程,往往需要数年到数十年。我国宫颈癌癌前病变患者数量约为适龄女性的 2%,潜在患者人数超过 500 万人。

我国目前对于宫颈癌癌前病变仍然没有较好的治疗方法,唯一有效的方法是进行手术治疗。现有宫颈癌预防疫苗只能针对 9~25 岁(或 25 岁以上没有 HPV 感染)的未感染者有效,一旦发生了 HPV 感染,以及形成癌前病变,没有治疗药物。手术治疗会增加未来流产的概率,以及并发感染、切除不彻底的风险,如果有一种可以避免手术的药物治疗,将使病人免于手术治疗的痛苦。

3. 有利于公司获得世界最领先的 DNA 治疗性疫苗技术

我国尚未有相关成熟的宫颈癌癌前病变在研 DNA 生物制品，国外优势在研产品也都处在临床研究阶段。本品开发技术难度较高，通过靶向激发 T 细胞特异性应答，清除 HPV 病毒，使宫颈癌前病变得以逆转，预防了向宫颈癌的进展，让病人免除了手术治疗的痛苦，同时清除了 HPV，避免了术后的复发及恶化。

4. 有利于通过持有股权增加公司影响力

为加深与 INO 公司的专利合作，公司在获得 INO 公司技术授权的同时参与认购 INO 限售普通股。通过认购 INO 的股权，东方略将实现与 INO 公司的互利共赢：首先，东方略通过持有 INO 公司的股份，增强东方略在 INO 公司的影响力，为顺利完成本次专利授权在中国的临床试验、商业化，提供可靠保障；其次，公司成为 INO 公司的股东，通过双方合作，为双方未来的业务合作创造有利条件；再次，INO 公司主要从事治疗癌症、传染病的合成 DNA 疫苗及免疫疗法的研发，系生物医药研发领域领先的企业。东方略作为 INO 的股东，能够及时了解全球生物医药行业的前沿信息，为公司未来的业务发展提供帮助；最后，公司长期持有 INO 公司的股权，通过获得 INO 公司股票分红、股价上涨收益等方式，为公司未来在生物医药领域的发展提供有利的资金支持。

附件　本次交易合同的主要内容

一、合同主体、签订时间

合同签订主体阿波罗土星、INO 公司于 2017 年 12 月 29 日签订了《修订及复述的授权与合作协议》（以下简称本合同）。

二、交易价格、定价依据以及支付方式

1. 签约费用

本协议生效后 3 个工作日内，阿波罗土星将向 INO 支付 2300 万美元的签约费用：本条约定的签约费用不可退还，且后期不可抵扣阿波罗土星根据本协议所承担的里程碑付款、特许费及其他付款。

2. 里程碑款项

在阿波罗土星及其关联人、转授权人，INO 及其关联人或转授权人达到以下约定的条件时，阿波罗土星将向 INO 支付下列里程碑款项。

里程碑事项	里程碑款项
1. 东方略或其关联人、授权人针对标的产品获得下列条件的首次上市批件:	
①本合同约定合作领域内,在美国针对宫颈癌癌前病变获得 FDA 的上市批准;或者	1500 万美元
②在本合同约定合作领域内,在美国针对宫颈癌癌前病变外其他适应征获得 FDA 上市批准,且此时阿波罗土星针对此适应征已在进行研发或已经研发出相应产品;且	此时,支付 750 万美元
在本合同约定领域内,后续针对宫颈癌癌前病变适应征获得美国 FDA 上市批件	750 万美元[或者并未根据 6.21(b)支付款项,则直接支付 1500 万美元]
2. 在本合同约定工作领域内,阿波罗土星或其关联人、转授权人获得宫颈癌癌前病变或其他适应征的首次上市批准:	
(1)①获得韩国相应批准部门的许可时(仅限于先于中国批准的情况)	支付 100 万美元
②阿波罗土星或其关联人、转授权人在中国获得宫颈癌癌前病变或其他适应征的首次上市批准(仅限于晚于韩国批准的情况)	支付 400 万美元
(2)阿波罗土星或其关联人、转授权人获得宫颈癌癌前病变或其他适应征的首次上市批准	支付 500 万美元

3. 特许费支付

特许费率

在本合同约定区域内,针对标的产品的净销售额,阿波罗土星将按照下列特许费率向 INO 支付特许费:

标的产品的年净销售额	特许费率(%)
低于 2 亿美元(含)	10
2 亿美元 -4 亿美元(含)	12.5
超过 4 亿美元	15

(1)特许费支付期限

特许费的支付,在标的产品在本合同约定区域内第一笔商业销售开始计算,至下列情况较迟者结束：①本合同区域内标的产品首次商业销售后 10 年；②在本合同区域内，最后一件覆盖标的产品的专利保护期限终止。在某一国内，针对某一标的产品的特许费期限期满后，阿波罗土星不再支付任何特许费用。

（2）仿制药竞争

在上述特许费收费期间内，在某一国家，如存在上市标的产品的生物仿制品，则在该国家的特许费率将根据下列约定减少。

任一日历季度，该仿制药在该国的市场份额超过 25%，则特许费率减少 25%；任一日历季度，该仿制药在该国的市场份额超过 50%，则特许费率减少 50%；复合标的产品如标的产品作为某复合产品的一部分进行销售，且该标的产品的销售额为该复合产品销售额的一部分时，则：

在适用的报告期间内，通过下列公式计算：A/（A + X），A 指标的产品的平均毛销售价格，X 指任何包含在未被授权的复合标的产品（额外标的产品）中的任何活性成分（生物或化学成分）的平均毛销售价格（如果存在额外标的产品的情况时，对于额外标的产品的平均毛销售价格应在计算时加入）。在额外标的产品被单独作为完结方式销售时，在适用的相应报告期内，如未存在标的产品和额外标的产品同时销售的情况，则在最近一个存在上述全部销售的报告期内。

根据上述 6.3（d）（i）不能确定平均毛销售价格的，针对标的产品或其他标的产品，或在复合标的产品中的额外标的产品（且标的产品和/或在此复合标的产品中的额外标的产品并未单独销售），双方将友好协商合适的方法来计算包含在此复合标的产品中标的产品的净销售额；

如果双方在上述友好协商后 90 日内，未能对净销售额的适当调整达成一致，则此争议应先由双方的高管进行处理，双方高管或其代表未能解决的，应将争议提交国际商会（ICC）仲裁院，在香港进行仲裁。如果双方未能在 30 日内达成一致，则净销售额将与复合标的产品中部分的净销售额相等。

报告及特许费支付每日历季度结束后 60 日内，阿波罗土星将向 INO 发送一份报告，并列明根据本合同计算此季度特许费的合理细节的必要信息。所有按合同规定的特许费金额应在此报告发送后进行支付。

本合同所涉及的付款，如需经过中国相关政府部门批准才可付款的，阿波罗土星将在相应款项或里程碑付款条件产生后立刻申请此等付款，阿波罗土星的付款义务将在获得上述批准后履行。阿波罗土星获得相应批准后，应立即支付相应款项，即在收到相应批准后 3 个工作日内进行付款。为避免歧义，INO 确认,阿波罗土星支付本协议项下的每笔款项,均需获得全国中小企业股份转让系统、北京市商务委员会、税务部门及外汇管理局的批准才可支付。

本合同涉及的所有金额为美元,且付款均应以美元进行支付。任何特许费的支付涉及货币换算时,上述换算将根据《华尔街日报》(美国版)公布的、上述付款季度的每月最后一个工作日的平均汇率计算。

4. 付款方式

所有付款应通过可及时到账的电子转账方式进行,支付至收款方指定的银行账户,任何款项未能按时支付,应按下列方式承担利息:(1)花旗银行最优惠利率,每年增加1%;或(2)如果较低,则以法律支持的最大利率,以逾期付款的天数进行计算,上述利息年复利,每年按365天计算。

三、资产交付或过户的时间安排

为研发及商业化VGX-3100、标的产品之目的,在根据本合同6.1款收到签约费及收到阿波罗土星的书面通知后(本合同期间,应不低于每季度的频率或按阿波罗土星的要求),INO或其关联人将向阿波罗土星或阿波罗土星指定的关联人转移其掌握的对研发及商业化VGX-3100、标的产品合理必需的,VGX-3100、标的产品、有形专用技术的所有数据、信息、报告。

基于下列时间点中较早发生者起30日内,阿波罗土星有权启动对生产、商业化输送装置合理必要的输送装置、有形的专有技术的技术转移:(1)根据标的产品方案实施的一期临床研究第一例病例入组用药;或(2)如果阿波罗土星合理认为,根据相关法律法规,这类技术转移需向监管部门提交标的产品上市申请,则INO收到签约费后,收到阿波罗土星技术转移通知后30日内。

阿波罗土星行使其选择权后30天内,INO应无任何限制的、不收取任何额外费用的向阿波罗土星转移,或使其关联人向阿波罗土星转移,其掌握的对研发及商业化输送装置合理必需的或有用的、与输送装置、有形专有技术相关的所有数据、信息、报告。

四、合同生效的条件和时间

阿波罗土星获得其董事会、股东会及其关联人东方略公司董事会、股东会对合同进行决议,使其生效的日期。

五、临床标的产品提供

为支持本合同区域内临床前研发及临床研究，INO 将承担其实际的已支出费用的，包括实际支出的由第三方生产 VGX－3100，输送装置而发生的运输费用，如果 INO 生产，INO 全部承担的生产成本（根据美国普遍认可的会计准则，）向阿波罗土星提供 VGX－3100 及输送装置的临床前及临床研究标的产品。根据阿波罗土星的合理要求，双方可友好协商签署临床标的产品供应合同（临床标的产品供应协议）。

六、标的产品商业供应

为在本合同区域内商业销售 VGX－3100、输送装置，双方将根据惯例及合理条款，友好协商一份标的产品生产及供应协议（《商业供应协议》）。双方应在本协议生效后 120 日内，就《商业供应协议》的条款进行友好协商。阿波罗土星可向 INO 发送书面通知，对上述 120 日期限延长 90 日。

七、本合同区域内的标的产品生产

根据本协议，阿波罗土星拥有在本合同约定区域内为分销而生产 VGX－3100、输送装置及标的产品的独家排他权利。

关于 VGX－3100、标的产品，基于阿波罗土星的要求，INO 将向阿波罗土星（或阿波罗土星指定的第三方生产企业）转移 INO 的生产技术，以使阿波罗土星（或第三方生产企业）能够使用 INO 的生产技术来完成 VGX－3100、输送装置及标的产品的生产，并复制 INO（或其生产企业）所采用的工艺流程。

八、关于在中国开展三期临床试验的约定

本合同生效后，INO、东方略将善意协商将中国纳入 VGX－3100 正在开展的三期临床试验。将中国加入上述三期试验基于 INO 届时的选择与数据，最终由本协议双方共同评估后确定，进行上述确定时，双方应考虑 CFDA 的意见回馈。INO 应对将中国加入上述三期试验的工作提供必要资源支持，并对东方略在授权区域内对 VGX－3100 的研发提供支持。作为双方将中国加入上述三期试验的共同选择，INO 将向 FDA 提交与此相关的资料，并向东方略提供为满足 CFDA 要求而需要的资料，并承担由此产生的费用。东方略将向 CFDA 提交与此相关的资料，并承担由此产生的费用。为避免疑义，关于在授权区域内标的产

品的开发,INO的义务将根据《修订及复述的授权与合作协议》4.2(a)确定的费用分配条款执行。

九、合同其他内容

1.合同期限

除本合同根据约定提前终止外,本合同自生效日起,将在每个标的产品基础上全面有效,直至在本合同区域内标的产品相关的特许费义务履行完毕时止。在本合同区域内的任何国家,本合同期限届满(而非提前终止),在本合同约定区域及约定领域内,为生产、使用、销售、要约销售、进口相应标的产品,阿波罗土星拥有INO专利、专有技术的永久、免费、非独家使用权。

2.违约

基于任何一方对本合同的实质违反或在履行本合同实质义务时存在违约行为,并在收到对方针对此违约行为的通知后,违约行为持续了90日,则此时任何另一方可解除本合同。除非在上述90日期限内,违约方对其违约行为进行补救,否则上述解除在90日期间届满时生效。如果违约方对其对本合同实质义务的实质违反存在质疑,而非任何无争议的付款条款,则此90日的救济期将延长至相关争议根据本合同解决为止。

3.便利终止条款

(1)如本协议在2018年3月31日前未生效,则任一方可书面通知对方终止本协议;(2)且本合同生效1年后,东方略可基于任何理由提前90日通知对方解除本合同;(3)如INO未能在2018年4月7日或之前收到东方略根据本协议第6.1条支付的签约费用,则INO可书面通知东方略解除本协议。

4.争议

对本协议相关的所有争议,双方应先提交至双方的高级管理人员或其代表解决。如果在提出请求后30日内,双方高管或其代表未能解决上述争议,则任一方有权根据约定提起终决的、有约束力的仲裁。所有仲裁应以英语进行,由国际商会(ICC)仲裁院在香港,依照国际商会仲裁规则或双方约定的其他仲裁规则进行。仲裁费用应由双方平均分担,每一方应承担自方与仲裁相关的费用。双方应以诚信努力在仲裁提起后60日内完成仲裁。为在上述60日内促进或完成仲裁,仲裁员可设立合理的附加程序。任何仲裁裁决均是终局的,对双方均具有约束力。

5. 适用的法律

本协议及其所有与其有效性、解释、违反或履行相关的问题，应根据纽约州法律进行解释执行，不适用冲突法规范。

6. 转让

未经另一方的书面许可，本协议任何一方不得转让其在本协议下的权利义务；但一方基于并购、收购或其他方式获得本协议一方的全部业务或资产的，无需经过对方许可即可转让本协议。该第三方通过书面方式或根据法律规定承担本合同全部权利义务。此外，任何一方可基于其对另一方的通知，将本协议转让至其关联人，但转让方应保证其关联人履行本协议。根据上述内容，本合同对本协议任何一方、其继任主体及许可的转让方均有约束力。任何违反本约定所作出的转让，均无效。

第七章　停牌前频繁进行股权转让与增资

——天泽信息收购有棵树

一、交易方案基本情况

1. 收购方

表7-1　天泽信息产业股份有限公司情况一览

公司名称	天泽信息产业股份有限公司
曾用名	江苏天泽信息产业股份有限公司
成立日期	2000年5月25日
注册资本	290656742元
法定代表人	陈　进
实际控制人	孙伯荣
第一大股东	无锡中住集团有限公司
第一大股东(持股比例)	21.36%
所属证监会行业	信息传输、软件和信息技术服务业—软件和信息技术服务业—软件和信息技术服务业—软件和信息技术服务业
所属Wind主题行业	软　件
董事会秘书	薛冉冉
注册地址	江苏省南京市建邺区云龙山路80号
经营范围	电子计算机软件开发、应用及技术服务,卫星监控系统研制、开发,电子产品、通信设备、机械设备、保安器材及监控系统的研发、生产、销售、租赁,计算机系统集成,现代农业技术研究、技术开发、技术服务、技术推广、技术转让,科研项目开发,技术成果转让,经济信息咨询服务,国内贸易,自营和代理各类商品及技术的进出口业务,第二类增值电信业务(按增值电信业务经营许可证经营)。

2. 收购标的

表 7－2　深圳市有棵树科技股份有限公司情况一览

公司名称	深圳市有棵树科技股份有限公司
成立日期	2010 年 4 月 20 日
注册资本	2.3 亿元
法定代表人	肖四清
实际控制人	肖四清
第一大股东	肖四清
第一大股东(持股比例)	29.99%
所属证监会行业	批发和零售业—零售业—货摊、无店铺及其他零售业—互联网零售
总经理	肖四清
董事会秘书	李志强
注册地址	广东省深圳市龙岗区华南大道一号华南国际皮革皮具原辅料物流区二期 6 层 6A－001－6A－020
办公地址	广东省深圳市龙岗区华南大道一号华南国际皮革皮具原辅料物流区二期 6 层 6A－001－6A－020
经营范围	公司经工商行政部门核准的经营范围为:电子商务;计算机软硬件、电子产品的技术开发、购销;信息咨询;投资咨询;国内贸易(法律、行政法规、国务院决定规定在登记前须经批准的项目除外);货物及技术进出口(法律、行政法规禁止的项目除外;法律、行政法规限制的项目须取得许可后方可经营)。

3. 交易详情

表 7－3　深圳市有棵树科技股份有限公司股东购买股权情况一览

交易价值(万元)	339997.06（人民币）	并购方式	发行股份购买资产
现金支付金额(万元)	42139.59（人民币）	并购目的	多元化战略
评估价值(万元)	340296.94（人民币）	支付方式	股权＋现金
评估方式	收益法	标的类型	股　权
股权转让比例(%)	100	控制权是否变更	是

公司拟以发行股份及支付现金相结合的方式向肖四清等 32 位交易对方购买其持有的有棵树合计 99.9991% 股权,拟购买资产共计作价 339997.06 万元。其中,以发行股份方式支付 297857.47 万元,占本次交易对价的 87.61%,剩余

12.39%的交易对价以42139.59万元现金予以支付,具体股份与现金支付的分配比例,如表7-4所示。

表7-4 肖四清等股东持有深圳市有棵树科技股份有限公司持股情况一览

序号	股东名称	持有有棵树股权比例(%)	交易对价(万元)	交易对价支付方式	
				发行股份数(股)	现金对价(万元)
1	肖四清	29.9862	106910.54	46384415	4957.60
2	汤臣倍健	8.6498	29409.22	13379991	—
3	建研科技	8.6498	29409.22	13379991	—
4	广发信德	7.6680	24844.39	7116817	9201.63
5	有棵树基金	5.7850	19668.89	8948538	—
6	华益成路	5.2331	15699.33	—	15699.33
7	中山以勒	4.3249	14704.61	6689995	—
8	方正和生	3.9789	13528.24	6154795	—
9	鼎晖举新	3.0000	10200.00	4640582	—
10	上海海竑通	2.6425	8984.52	4087587	—
11	祈恩投资	2.5949	8822.77	4013997	—
12	李鹏	2.5635	7690.60	—	7690.60
13	金石泓信	2.0759	7058.21	3211197	—
14	前海盛世	2.0759	7058.21	3211197	—
15	日照智达	1.9998	6799.41	3093453	—
16	璀璨年华	1.6218	5514.23	2508748	—
17	海通赋泽	1.0812	3676.15	1672498	—
18	天星开元	1.0380	3529.11	1605598	—
19	深圳以利亚	0.8650	2940.92	1337999	—
20	海通元睿	0.5406	1838.08	836249	—
21	璀璨成长	0.5406	1838.08	836249	—
22	王超伟	0.4930	1676.33	762659	—
23	华益春天	0.3892	1167.72	1167.72	
24	申万成长	0.2768	941.10	428159	—
25	申万嘉实	0.2768	830.38	—	830.38
26	申万泓鼎	0.2768	830.38	—	830.38
27	杭州海新	0.2703	919.04	418124	—
28	北京联创	0.2703	810.92	—	810.92
29	深圳联创	0.2703	810.92	—	810.92
30	上海溢赞	0.2703	919.04	418124	—

续表

序号	股东名称	持有有棵树股权比例(%)	交易对价(万元)	交易对价支付方式	
				发行股份数(股)	现金对价(万元)
31	郭长杰	0.1730	588.18	267599	—
32	珠海康远	0.1168	378.34	108377	140.13
合计		99.9991	339997.06	135512938	42139.59

注:由于四舍五入的原因,本表格数据计算可能存在尾差。

本次发行股份购买资产发行价格为22.00元/股,不低于定价基准日前20个交易日上市公司股票交易均价的90%,即17.01元/股。2018年5月17日,天泽信息召开2017年年度股东大会审议通过《2017年度利润分配预案》,以公司当时总股本292122316股为基数,向全体股东每10股派0.20元人民币现金(含税)。因此,天泽信息本次发行股份购买资产价格调整为21.98元/股。

该本次交易的标的资产作价为339997.06万元,其中87.61%为股份支付方式,即297857.47万元,以发行价格21.98元/股计算,本次发行股份购买资产的股份,发行数量为135512938股,具体情况如表7-5所示。

表7-5　肖四清等25位股东所持股份一览

序　号	发行股份购买资产发行对象	发行股份数量(股)
1	肖四清	46384415
2	汤臣倍健	13379991
3	建研科技	13379991
4	广发信德	7116817
5	有棵树基金	8948538
6	中山以勒	6689995
7	方正和生	6154795
8	鼎晖举新	4640582
9	上海海竑通	4087587
10	祈恩投资	4013997
11	金石泓信	3211197
12	前海盛世	3211197
13	日照智达	3093453
14	璀璨年华	2508748
15	海通赋泽	1672498
16	天星开元	1605598

续表

序　号	发行股份购买资产发行对象	发行股份数量(股)
17	深圳以利亚	1337999
18	海通元睿	836249
19	璀璨成长	836249
20	王超伟	762659
21	申万成长	428159
22	杭州海新	418124
23	上海溢赞	418124
24	郭长杰	267599
25	珠海康远	108377
合　计		135512938

在本次发行定价基准日至发行日期间,如公司实施现金分红、送股、资本公积金转增股本等除权除息事项,则本次向各交易对方的发行股份数量将按照深交所的相关规则作出调整。

4. 业绩承诺与补偿安排

根据上市公司与肖四清、有棵树基金等十四位交易对方即补偿义务人签署的《盈利补偿协议》,本次交易的业绩承诺期为2018年度、2019年度和2020年度。补偿义务人承诺本次重大资产重组实施完毕后,有棵树在2018年度、2019年度和2020年度预测实现的合并报表范围扣除非经常性损益后归属于母公司所有者的净利润分别不低于26000万元、33000万元、41000万元。

表7-6　2018年~2020年度公司承诺盈利一览

盈利承诺					
承诺报告期	首次公告日	承诺净利润(万元)	承诺利润补偿	盈利补偿方法	补偿内容
2018年12月31日	2018年5月26日	26000	是	补对价	现金补偿,股份回购
2019年12月31日	2018年5月26日	33000	是	补对价	现金补偿,股份回购
2020年12月31日	2018年5月26日	41000	是	补对价	现金补偿,股份回购
2021年12月31日	2018年5月26日	—	—	—	—
2022年12月31日	2018年5月26日	—	—	—	—

在2018年、2019年、2020年每个会计年度结束后四个月内,由上市公司聘请具有证券期货从业资格的会计师事务所对标的公司实现的归属于母公司股东

的实际净利润进行审计并出具《专项审核报告》。若有棵树在业绩补偿期间的各个会计年度实际净利润未能达到承诺净利润，则补偿义务人应按照《盈利补偿协议》约定以通过本次交易取得的上市公司股份进行补偿，股份不足补偿的部分，以现金方式进行足额补偿。补偿义务人于业绩补偿期累计支付的补偿金额不超过其在本次交易中获得的对价。

在业绩承诺期届满时，上市公司将聘请具有证券期货从业资格的会计师事务所对标的公司进行减值测试。如根据减值测试的结果，标的资产期末减值额大于已补偿金额，则补偿义务人应另行对上市公司进行补偿，另需补偿金额为：期末减值额－在业绩承诺期内因实际净利润数不足而累计支付的补偿额。

二、交易进程

表7－7 交易进程一览

时 间	交易进度
2017年8月5日	董事会预案
2018年5月26日	董事会预案
2018年6月15日	股东大会通过
2018年6月26日	证监会受理
2018年7月18日	证监会反馈意见
2018年8月29日	证监会反馈意见回复
2018年9月11日	证监会反馈意见
2018年9月26日	证监会反馈意见
2018年10月19日	发审委通过
2018年10月24日	发审委通过
2018年12月19日	证监会核准

三、交易对手频繁交易的穿透式核查

2018年9月21日证监会发布了最新修订的《公开发行证券的公司信息披露内容与格式准则第26号——上市公司重大资产重组(2018年修订)》(以下简称26号准则)，具体规定如下：

第十五条 交易对方情况：

(一)交易对方为法人的，应当披露其名称、企业性质、注册地、主要办公地点、法定代表人、注册资本、统一社会信用代码、历史沿革、经营范围，最近三年注册资本变化情况、主要业务发展状况和最近两年主要财务指标,最近一年简要财务报表并注明是否已经审计。

以方框图或者其他有效形式,全面披露交易对方相关的产权及控制关系,包括交易对方的主要股东或权益持有人、股权或权益的间接控制人及各层之间的产权关系结构图,直至自然人、国有资产管理部门或者股东之间达成某种协议或安排的其他机构;以文字简要介绍交易对方的主要股东及其他关联人的基本情况;列示交易对方按产业类别划分的下属企业名目。

交易对方成立不足一个完整会计年度、没有具体经营业务或者是专为本次交易而设立的,则应当按照上述要求披露交易对方的实际控制人或者控股公司的相关资料。

(二)交易对方为自然人的,应当披露其姓名(包括曾用名)、性别、国籍、身份证号码、住所、通信地址、是否取得其他国家或者地区的居留权、最近三年的职业和职务,并注明每份职业的起止日期和任职单位,是否与任职单位存在产权关系,以及其控制的企业和关联企业的基本情况。

(三)交易对方为其他主体的,应当披露其名称、性质及相关协议安排,并比照本条第(一)项相关要求,披露该主体的基本情况及其相关产权及控制关系,以及该主体下属企业名目等情况。如为合伙企业,应当穿透披露至最终出资人,同时还应披露合伙人、最终出资人与参与本次交易的其他有关主体的关联关系(如有);交易完成后合伙企业成为上市公司第一大股东或持股5%以上股东的,还应当披露最终出资人的资金来源,合伙企业利润分配、亏损负担及合伙事务执行(含表决权行使)的有关协议安排,本次交易停牌前六个月内及停牌期间合伙人入伙、退伙、转让财产份额、有限合伙人与普通合伙人转变身份的情况及未来存续期间内的类似变动安排(如有)。如为契约型私募基金、券商资产管理计划、基金专户及基金子公司产品、信托计划、理财产品、保险资管计划、专为本次交易设立的公司等,应当比照对合伙企业的上述要求进行披露。

(四)交易对方为多个主体的,应当披露交易对方之间是否存在关联关系及其情况说明。

(五)交易对方与上市公司之间是否存在关联关系及其情况说明,交易对方向上市公司推荐董事或者高级管理人员的情况。

(六)交易对方及其主要管理人员最近五年内受过行政处罚(与证券市场明显无关的除外)、刑事处罚、或者涉及与经济纠纷有关的重大民事诉讼或者仲裁的,应当披露处罚机关或者受理机构的名称、处罚种类、诉讼或者仲裁结果,以及日期、原因和执行情况。

（七）交易对方及其主要管理人员最近五年的诚信情况，包括但不限于：交易对方及其主要管理人员未按期偿还大额债务、未履行承诺、被中国证监会采取行政监管措施或受到证券交易所纪律处分的情况等。

26 号准则首次以法规形式明确了交易对方穿透核查、关联关系披露等监管要求：

（1）对于合伙企业性质的交易对方，要求穿透披露其最终出资人以及其合伙人、最终出资人与相关主体的关联关系，并且对于交易后将成为上市公司第一大股东或持股 5% 以上股东的交易对方，需要进一步穿透披露其出资来源、特定期间权益变动等信息；

（2）要求披露交易对方之间的关联关系。资管计划、信托计划、契约型基金等非法人主体比照上述要求进行披露。

2017 年 2 月 10 日上市公司公告了《关于重大事项停牌的公告》，上市公司股票自 2017 年 2 月 10 日开市起停牌。2017 年 2 月 17 日，上市公司公告了《关于重大资产重组停牌公告》，进入重大资产重组事项停牌程序。本次交易停牌前六个月、停牌期间及交易预案披露后，目标公司发生的增资及股权转让情况具体，如表 7－8 所示。

表 7－8　目标公司停牌后发生的增资及股权转让情况一览

序号	变更时间	变更类型	变更情况
1	2016 年 11 月	增　资	方正和生、金石泓信、前海盛世、天星开元、深圳以利亚、申万成长、申万嘉实、申万泓鼎、郭长杰合计认购目标公司发行的股份 2472 万股，目标公司新增注册资本 2472 万元。
2	2016 年 12 月	股权转让	肖四清通过全国股转系统将其持有的目标公司 269.4 万股股份转让给华益成路；
			李鹏通过全国股转系统将其持有的目标公司 173 万股股份转让给华益成路；
			李鹏通过全国股转系统将其持有的目标公司 90 万股股份转让给华益春天；
			李鹏通过全国股转系统将其持有的目标公司 0.1 万股股份转让给钱祥丰；
			李鹏通过全国股转系统将其持有的目标公司 0.1 万股股份转让给李科军。
3	2017 年 1 月	股权转让	海之创通过全国股转系统将其持有的目标公司 114 万股股份转让给王超伟。

续表

序号	变更时间	变更类型	变更情况
4	2017年2月	增资	华益成路认购目标公司发行的股份650万股,目标公司新增注册资本650万元。
5	2017年2月	股权转让	李鹏通过全国股转系统将其持有的目标公司117万股股份转让给华益成路;
			肖四清通过全国股转系统将其持有的目标公司0.6万股股份转让给华益成路。
6	2017年3月	股权转让	李鹏通过全国股转系统将其持有的目标公司80万股股份转让给金石泓信。
7	2017年7月	股权转让	有棵树基金通过全国股转系统将其持有的目标公司462.4万股股份转让给日照智达。
8	2018年5月	股权转让	肖四清将其持有的目标公司693.66万股股份转让给鼎晖举新。

2018年7月19日,天泽信息产业股份有限公司收到中国证券监督管理委员会(以下简称中国证监会)出具的《中国证监会行政许可项目审查一次反馈意见通知书》(180925号)(以下简称通知书)。中国证监会依法对公司提交的《天泽信息产业股份有限公司上市公司发行股份购买资产核准》行政许可申请材料进行了审查,关注了本次交易停牌前6个月和停牌期间,标的资产进行多次股权转让和增资行为。

申请文件显示,(1)本次交易完成后,孙伯荣仍为上市公司实际控制人。(2)本次交易停牌前6个月和停牌期间,标的资产进行多次股权转让和增资,且交易对方中多家有限合伙企业存在增资、合伙人变更等情形。请你公司补充披露:(1)标的资产在停牌前6个月内及停牌期间、交易预案披露后进行增资和股权转让的原因及必要性,是否已履行必要的审议和披露程序,相关工商登记是否已完成,增资及股权转让涉及的相关价款来源是否合法、支付是否到位。(2)前述有限合伙企业增资、合伙人变更的原因和必要性,涉及的相关价款来源是否合法、支付是否到位。(3)标的资产前述股权转让和增资与本次重组的关系,是否为"一揽子"交易,是否存在其他协议或安排、是否存在关联方利益输送的情形。(4)李鹏本次交易选择现金退出的原因,肖四清与李鹏是否存在关联关系或一致行动关系。(5)交易对方的一致行动关系并计算一致行动方的合计持股比例。(6)交易对方是否存在参与配套募集资金的计划以及对上市公司控制权的影响。请独立财务顾问和律师核查并发表明确意见。

回复：

（一）标的资产在停牌前六个月内及停牌期间、交易预案披露后进行增资和股权转让的原因及必要性，是否已履行必要的审议和披露程序，相关工商登记是否已完成，增资及股权转让涉及的相关价款来源是否合法、支付是否到位。

1. 标的公司股权变更的情况

2017 年 2 月 10 日，上市公司公告了《关于重大事项停牌的公告》，上市公司股票自 2017 年 2 月 10 日开市起停牌。2017 年 2 月 17 日，上市公司公告了《关于重大资产重组停牌公告》，进入重大资产重组事项停牌程序。本次交易停牌前六个月、停牌期间及交易预案披露后，目标公司发生的增资及股权转让情况具体，如表 7－9 所示。

表 7－9　目标公司股权变更情况一览

序号	变更时间	变更类型	变更情况
1	2016 年 11 月	增资	方正和生、金石泓信、前海盛世、天星开元、深圳以利亚、申万成长、申万嘉实、申万泓鼎、郭长杰合计认购目标公司发行的股份 2472 万股，目标公司新增注册资本 2472 万元。
2	2016 年 12 月	股权转让	肖四清通过全国股转系统将其持有的目标公司 269.4 万股股份转让给华益成路；
			李鹏通过全国股转系统将其持有的目标公司 173 万股股份转让给华益成路；
			李鹏通过全国股转系统将其持有的目标公司 90 万股股份转让给华益春天；
			李鹏通过全国股转系统将其持有的目标公司 0.1 万股股份转让给钱祥丰；
			李鹏通过全国股转系统将其持有的目标公司 0.1 万股股份转让给李科军。
3	2017 年 1 月	股权转让	海之创通过全国股转系统将其持有的目标公司 114 万股股份转让给王超伟。
4	2017 年 2 月	增资	华益成路认购目标公司发行的股份 650 万股，目标公司新增注册资本 650 万元。
5	2017 年 2 月	股权转让	李鹏通过全国股转系统将其持有的目标公司 117 万股股份转让给华益成路；
			肖四清通过全国股转系统将其持有的目标公司 0.6 万股股份转让给华益成路。
6	2017 年 3 月	股权转让	李鹏通过全国股转系统将其持有的目标公司 80 万股股份转让给金石泓信。

续表

序号	变更时间	变更类型	变更情况
7	2017 年 7 月	股权转让	有棵树基金通过全国股转系统将其持有的目标公司 462.4 万股股份转让给日照智达。
8	2018 年 5 月	股权转让	肖四清将其持有的目标公司 693.66 万股股份转让给鼎晖举新。

2. 关于前述增资及股权转让的原因和必要性,以及履行的审议和披露程序、工商变更登记手续、资金来源及支付情况

(1)2016 年 11 月增资扩股

①审议和披露程序、工商变更登记手续

2016 年 6 月 14 日,有棵树第一届董事会第五次会议审议通过了《关于公司 2016 年第一次股票发行方案的议案》,决定发行不超过 4000 万股普通股,每股价格区间 12.5～16.5 元,预计募集资金总额不超过 66000 万元人民币,并通过了《关于修改〈深圳市有棵树科技股份有限公司章程〉的议案》《关于提请股东大会授权董事会办理本次股票发行相关事宜的议案》和《关于提请召开 2016 年第二次临时股东大会的议案》。2016 年 6 月 14 日,有棵树公告了《第一届董事会第五次会议决议公告》(公告编号:2016－014)、《股票发行方案》(公告编号:2016－015)和《2016 年第二次临时股东大会通知公告》(公告编号:2016－016)。

2016 年 6 月 30 日,有棵树 2016 年第二次临时股东大会审议通过了《关于公司 2016 年第一次股票发行方案的议案》《关于修改深圳市有棵树科技股份公司章程的议案》和《关于提请股东大会授权董事会办理本次股票发行相关事宜的议案》。2016 年 7 月 4 日,有棵树公告了《2016 年第二次临时股东大会决议公告》(公告编号:2016－017)。

2016 年 7 月 13 日,有棵树公告了《股票发行认购意向书》(公告编号:2016－018)。2016 年 7 月 22 日,有棵树公告了《股票发行询价结果和定价公告》(公告编号:2016－019)和《股票发行认购公告》(公告编号:2016－020),本次增资扩股认购对象共计 10 名,分别为方正和生、金石泓信、深圳前海智图投资合伙企业(有限合伙)(以下简称前海智图)、前海盛世、天星开元、深圳以利亚、申万成长、申万嘉实、申万泓鼎、郭长杰,认购数量合计 4000 万股,认购价格均为 12.5 元/股,认购金额合计 50000 万元。

2016 年 8 月 12 日,有棵树第一届董事会第七次会议审议通过了《关于〈深圳市有棵树科技股份有限公司股票发行方案(修订稿)〉的议案》《关于制订〈深

圳市有棵树科技股份有限公司募集资金管理制度〉的议案》《关于开设募集资金专项账户的议案》《关于〈深圳市有棵树科技股份有限公司股票发行认购协议〉以及〈特别协议〉的议案》和《关于提请召开公司2016年第三次临时股东大会的议案》。2016年8月15日，有棵树公告了《第一届董事会第七次会议决议公告》（公告编号:2016－026）、《股票发行方案（修订稿）》（公告编号:2016－029）和《2016年第三次临时股东大会通知公告》（公告编号:2016－028）。

根据国浩律师（广州）事务所于2016年9月9日出具的《关于深圳市有棵树科技股份有限公司股票发行合法合规的法律意见书》，前海智图在提交《认购意向单》后，因其未在约定期限内与公司签署股票发行认购协议，视为其放弃认购。前海智图原认购股份数为1528万股。

2016年8月30日，有棵树2016年第三次临时股东大会审议通过了《关于深圳市有棵树科技股份有限公司股票发行认购协议以及特别协议的议案》和《关于制订深圳市有棵树科技股份有限公司募集资金管理制度的议案》。2016年8月31日，有棵树公告了《2016年第三次临时股东大会决议公告》（公告编号:2016－034）。本次股票发行具体认购情况如表7－10所示。

表7－10　方证和生等股东认购股份情况一览

序号	认购对象	认购金额（万元）	认购股数（万股）	认购方式
1	方正和生	11500.00	920.00	货币
2	金石泓信	5000.00	400.00	货币
3	前海盛世	6000.00	480.00	货币
4	天星开元	3000.00	240.00	货币
5	深圳以利亚	2500.00	200.00	货币
6	申万成长	800.00	64.00	货币
7	申万嘉实	800.00	64.00	货币
8	申万泓鼎	800.00	64.00	货币
9	郭长杰	500.00	40.00	货币
合计		30900.00	2472.00	—

2016年10月25日，全国股转系统公司出具《关于深圳市有棵树科技股份有限公司股票发行股份登记的函》（股转系统函〔2016〕7154号），同意本次股票发行。

2016年11月17日，有棵树公告了《关于公司发行股票新增股份将在全国中小企业股份转让系统挂牌并公开转让的公告》（公告编号:2016－038）和《股票发行情况报告书》。有棵树本次发行的2472万股股票于2016年11月22日起在全国股转系统挂牌并公开转让。

深圳市市场监督管理局于2016年11月21日出具《变更(备案)通知书》(〔2016〕第84993104号),核准本次增资扩股登记,有棵树注册资本由20000万元变更为22472万元。本次增资完成后,有棵树的股份结构变更情况如表7-11所示。

表7-11 深圳市有棵树科技股份有限公司增资后股权结构变化一览

序号	股东	股份数量(万股)	持股比例(%)	序号	股东	股份数量(万股)	持股比例(%)
1	肖四清	7897.06	35.1419	16	深圳以利亚	200.00	0.8900
2	汤臣倍健	2000.00	8.9000	17	海通元睿	125.00	0.5562
3	建研科技	2000.00	8.9000	18	璀璨成长	125.00	0.5562
4	有棵树基金	1800.00	8.0100	19	海之创	114.00	0.5073
5	广发信德	1773.00	7.8898	20	申万成长	64.00	0.2848
6	李鹏	1052.94	4.6856	21	申万嘉实	64.00	0.2848
7	中山以勒	1000.00	4.4500	22	申万泓鼎	64.00	0.2848
8	方正和生	920.00	4.0940	23	上海溢赞	62.50	0.2781
9	上海海竑通	611.00	2.7189	24	杭州海新	62.50	0.2781
10	祈恩投资	600.00	2.6700	25	北京联创	62.50	0.2781
11	前海盛世	480.00	2.1360	26	深圳联创	62.50	0.2781
12	金石泓信	400.00	1.7800	27	郭长杰	40.00	0.1780
13	璀璨年华	375.00	1.6687	28	珠海康远	27.00	0.1201
14	海通赋泽	250.00	1.1125	合计		22472.00	100.00
15	天星开元	240.00	1.0680				

②资金来源及支付情况

根据中审会计师于2016年8月29日出具的中审亚太验字〔2016〕020621号《验资报告》,方正和生、金石泓信、前海盛世、天星开元、深圳以利亚、申万成长、申万嘉实、申万泓鼎、郭长杰出具的资金来源说明及相关的账户交易明细、缴付增资价款的银行转账凭证。本次增资价款的支付和资金来源情况如下:

序号	认购对象	支付金额(万元)	支付时间	资金来源
1	方正和生	11500.00	2016年7月8日	自有资金
2	金石泓信	5000.00	2016年8月3日	自有资金
3	前海盛世	6000.00	2016年7月28日	自有资金

续表

序号	认购对象	支付金额(万元)	支付时间	资金来源
4	天星开元	3000.00	2016年7月27日	自有资金
5	深圳以利亚	2500.00	2016年7月8日	自有资金
6	申万成长	800.00	2016年8月4日	自有资金
7	申万嘉实	800.00	2016年8月4日	自有资金
8	申万泓鼎	800.00	2016年8月5日	自有资金
9	郭长杰	500.00	2016年7月8日	自有资金
合计		30900.00	—	

③原因和必要性

近年来,跨境电商行业处在高速发展通道之中,有棵树需要大量资金来满足高速增长的业务需求,本次增资扩股主要为有棵树补充运营资金、促进仓储和物流基础设施建设、IT系统研发建设、人才队伍建设,以保证持续稳定发展。方正和生、金石泓信、前海盛世、天星开元、深圳以利亚、申万成长、申万嘉实、申万泓鼎、郭长杰向有棵树增资均系看好跨境电商行业,基于自主判断的正常投资行为。

(2)2016年12月股份转让

①审议和披露程序、工商变更登记手续

2016年12月26日至12月30日期间,肖四清、李鹏通过全国股转系统转让持有的有棵树股份共计532.60万股,转让单价为12.5元/股,具体转让情况如表7-12所示。

表7-12 肖四清、李鹏转让部分股份后股权结构一览

受让方	转让比例(%)	转让股份数(万股)	转让价格(万元)
华益成路	1.1988	269.40	3367.50
华益成路	0.7699	173.00	2162.50
华益春天	0.4005	90.00	1125.00
钱祥丰	0.0004	0.10	1.25
李科军	0.0004	0.10	1.25
合计	2.3700	532.60	6657.50

有棵树当时系全国股转系统挂牌的股份有限公司,上述股份转让经全国股转系统交易通过协议转让方式完成,已经中国证券登记结算有限责任公司北京分公司(以下简称中登公司北京分公司)办理过户登记,无须办理工商变更登

记。根据《中华人民共和国公司登记管理条例》(2016 年修订)第 9 条“公司的登记事项包括:(一)名称;(二)住所;(三)法定代表人姓名;(四)注册资本;(五)公司类型;(六)经营范围;(七)营业期限;(八)有限责任公司股东或者股份有限公司发起人的姓名或者名称”的规定,股份有限公司股东的股份转让事项不属于工商登记的事项,因此有棵树本次股份转让事项无须办理工商变更登记手续。

②资金来源及支付情况

经查阅有棵树提供的股票成交查询记录、华益成路和华益春天出具的资金来源说明及相关的账户交易明细,并与肖四清、李鹏、华益成路和华益春天的授权代表进行了访谈。本次股份转让的价款已通过全国股转系统支付完毕,华益成路和华益春天用于支付本次股份转让价款的资金来源系自有资金。根据有棵树提供的相关股票成交查询记录,钱祥丰、李科军已通过全国股转系统支付完毕本次股份转让价款。根据与李鹏的访谈,钱祥丰、李科军系通过股转系统定价委托方式成交而进入的股东,李鹏不认识钱祥丰、李科军,也无法与其取得联系。2017 年 7 月 4 日,有棵树公告了《关于与中小股东沟通股份转让事项的公告》,通过中国证券登记结算有限责任公司北京分公司提供的《证券持有人名册》上记载的联系方式以短信、电话和邮件等方式多次与钱祥丰、李科军两人联系未果。截至本专项核查意见出具之日,有棵树仍未与钱祥丰、李科军取得联系。

③原因和必要性

华益春天、华益成路看好跨境电商行业并有意向投资有棵树,华益成路参与了有棵树 2016 年第二次定增,但因有棵树增资扩股融资额度有限,无法满足华益春天、华益成路进一步投资需求,因此华益成路和华益春天受让了肖四清、李鹏持有的部分有棵树股份。

(3)2017 年 1 月股份转让

①审议和披露程序、工商变更登记手续

2017 年 1 月 19 日,海之创通过全国股转系统转让其持有的有棵树股份 114 万股给王超伟,转让价格为 12.5 元/股。有棵树本次股份转让事项已经中登公司北京分公司办理过户登记,无须办理工商变更登记手续,也无须履行有棵树董事会或股东大会审批程序,不属于需要公开披露的事项。

②资金来源及支付情况

经查阅有棵树提供的股票成交查询记录、王超伟出具的资金来源说明及相关的账户交易明细,并与本次股份转让的转让方、受让方进行了访谈。本次股份转让的价款已通过全国股转系统支付完毕，王超伟用于支付本次股份转让价款的资金来源系自有资金。

③原因和必要性

王超伟通过全国股转系统受让海之创持有的有棵树股份系基于自主判断看好跨境电商行业的正常投资行为。

(4)2017年4月增资扩股

①审议和披露程序、工商变更登记手续

2016年11月30日，有棵树第一届董事会第九次会议审议通过了《关于公司2016年第二次股票发行方案的议案》，决定发行不超过650万股普通股，每股价格12.5元，预计募集资金总额不超过8125万元人民币，并同时通过了《关于签订附生效条件的〈股份发行认购协议〉和〈特别协议〉的议案》《关于提请股东大会授权董事会全权办理本次股票发行相关事宜的议案》《关于签订〈募集资金三方监管协议〉并开设募集资金专项账户的议案》《关于修订〈公司章程〉的议案》和《关于提请召开公司2016年第四次临时股东大会的议案》等议案。

2016年12月2日，有棵树公告了《第一届董事会第九次会议决议公告》（公告编号：2016－040）、《2016年第二次股票发行方案》（公告编号：2016－041）和《2016年第四次临时股东大会通知公告》（公告编号：2016－047）。

2016年12月17日，有棵树2016年第四次临时股东大会审议通过了《关于公司2016年第二次股票发行方案的议案》《关于签订附生效条件的〈股份发行认购协议〉和〈特别协议〉的议案》《关于修改公司章程的议案》和《关于提请股东大会授权董事会全权办理本次股票发行相关事宜的议案》。2016年12月19日，有棵树公告了《2016年第四次临时股东大会决议公告》（公告编号：2016－050）、《2016年第二次股票发行认购公告》（2016－053）。本次增资扩股认购对象为华益成路。

2017年1月24日，全国股转系统公司出具《关于深圳市有棵树科技股份有限公司股票发行股份登记的函》（股转系统函〔2017〕324号），同意本次股票发行。

2017年2月16日，有棵树公告了《关于公司发行股票新增股份将在全国中小企业股份转让系统挂牌并公开转让的公告》（公告编号：2017－002）和《股票发行情况报告书》。有棵树本次发行的650万股股票于2017年2月21日起在全国股转系统挂牌并公开转让。

深圳市市场监督管理局于2017年4月13日出具《变更（备案）通知书》（21700208424），核准本次增资扩股登记，有棵树注册资本由22472万元变更为

23122 万元。本次增资完成后,有棵树的股份结构变更情况如表 7-13 所示。

表 7-13　2017 年 2 月 16 日,有棵树公司增资后股份结构一览

序号	股东	股份数量(万股)	持股比例(%)	序号	股东	股份数量(万股)	持股比例(%)
1	肖四清	7627.66	32.9888	18	海通元睿	125.00	0.5406
2	汤臣倍健	2000.00	8.6498	19	璀璨成长	125.00	0.5406
3	建研科技	2000.00	8.6498	20	王超伟	114.00	0.4930
4	有棵树基金	1800.00	7.7848	21	华益春天	90.00	0.3892
5	广发信德	1773.00	7.6680	22	申万成长	64.00	0.2768
6	华益成路	1092.40	4.7245	23	申万嘉实	64.00	0.2768
7	中山以勒	1000.00	4.3249	24	申万泓鼎	64.00	0.2768
8	方正和生	920.00	3.9789	25	上海溢赞	62.50	0.2703
9	李鹏	789.74	3.4155	26	杭州海新	62.50	0.2703
10	上海海竑通	611.00	2.6425	27	北京联创	62.50	0.2703
11	祈恩投资	600.00	2.5949	28	深圳联创	62.50	0.2703
12	前海盛世	480.00	2.0759	29	郭长杰	40.00	0.1730
13	金石泓信	400.00	1.7300	30	珠海康远	27.00	0.1168
14	璀璨年华	375.00	1.6218	31	钱祥丰	0.10	0.0004
15	海通赋泽	250.00	1.0812	32	李科军	0.10	0.0004
16	天星开元	240.00	1.0380	合计		23122.00	100.00
17	深圳以利亚	200.00	0.8650				

②资金来源及支付情况

经查阅中审会计师于 2016 年 12 月 27 日出具的中审亚太验字(2016)021087 号《验资报告》,华益成路出具的资金来源说明及相关的账户交易明细、缴付增资价款的银行转账凭证。华益成路认购本次增资扩股的相关价款已支付,资金来源为自有资金。

③原因和必要性

近年来跨境电商行业处在高速发展通道之中,有棵树需要大量资金来满足高速增长的业务需求,本次增资扩股主要为补充运营资金,以保证公司业务持续稳定发展,增强公司实力。华益成路向有棵树增资系看好跨境电商行业,基于自主判断的正常投资行为。

(5)2017 年 2 月股份转让

①审议和披露程序、工商变更登记手续

2017 年 2 月 20 日,李鹏通过全国股转系统转让其持有的有棵树股份 117 万股给华益成路,转让价格为12.5元/股;2017年2月21日,肖四清通过全国股转系统转让其持有的有棵树股份0.6万股给华益成路,转让价格为12.5元/股。有棵树本次股份转让事项已经中登公司北京分公司办理过户登记,无须办理工商变更登记手续,也无须履行有棵树董事会或股东大会审批程序,不属于需要公开披露的事项。

②资金来源及支付情况

经查阅有棵树提供的股票成交查询记录、华益成路出具的资金来源说明及相关的账户交易明细,并与本次股份转让的转让方、受让方进行了访谈。本次股份转让的价款已通过全国股转系统支付完毕,华益成路用于支付本次股份转让价款的资金来源系自有资金。

③原因和必要性

因有棵树增资扩股融资额度有限,无法满足华益成路进一步增持股份需求,因此华益成路受让肖四清和李鹏所持股份。

(6)2017年3月股份转让

①审议和披露程序、工商变更登记手续

2017年2月14日,李鹏与金石泓信签署《股份转让协议》,约定李鹏将其持有的有棵树股份80万股转让给金石泓信,转让价格为12.5元/股。2017年3月6日,李鹏通过全国股转系统将上述股份转让给金石泓信。有棵树本次股份转让事项已经中登公司北京分公司办理过户登记,无须办理工商变更登记手续,也无须履行有棵树董事会或股东大会审批程序,不属于需要公开披露的事项。

②资金来源及支付情况

经查阅有棵树提供的股票成交查询记录、金石泓信出具的资金来源说明及相关的账户交易明细,并与本次股份转让的转让方、受让方进行了访谈。本次股份转让的价款已通过全国股转系统支付完毕,金石泓信用于支付本次股份转让价款的资金来源系自有资金。

③原因和必要性

因有棵树增资扩股融资额度有限,无法满足投资人增持需求,同时李鹏有一定的现金需求,金石泓信通过受让李鹏所持股份的方式进一步增持有棵树股份。

(7)2017年7月股份转让

①审议和披露程序、工商变更登记手续

2017年7月14日至7月17日期间,有棵树基金通过全国股转系统将其持有的有棵树股份462.4万股转让给日照智达,转让价格为12.5元/股。有棵树本次股份转让事项已经中登公司北京分公司办理过户登记,无须办理工商变更登记手续,也无须履行有棵树董事会或股东大会审批程序,不属于需要公开披露的事项。

②资金来源及支付情况

经查阅有棵树提供的股票成交查询记录、日照智达及其合伙人李志强出具的资金来源说明,并与本次股份转让的转让方、受让方进行了访谈。本次股份转让的价款已通过全国股转系统支付完毕,日照智达用于支付本次股份转让价款的资金来源系向李志强的借款,李志强提供给日照智达的借款为自筹资金。

③原因和必要性

因李志强系有棵树的财务负责人及董事会秘书,且其看好有棵树未来的发展,有意向投资,因此通过持股平台日照智达受让有棵树基金所持股份的方式投资有棵树。

(8)2018年5月股份转让

①审议和披露程序、工商变更登记手续

2018年5月14日,肖四清与鼎晖举新签署了《股份转让协议》,约定肖四清将其持有的有棵树股份693.66万股转让给鼎晖举新,转让对价为10200万元。有棵树已于2017年9月18日起在全国股转系统终止挂牌,因此本次股份转让不再通过全国股转系统进行,本次股份转让事项也无须办理工商变更登记手续。

②资金来源及支付情况

经查阅本次股份转让相关的银行转账凭证、鼎晖举新出具的资金来源说明及相关的账户交易明细,并与本次股份转让的转让方、受让方进行了访谈。本次股份转让的价款已支付完毕,鼎晖举新用于支付本次股份转让价款的资金来源系自有资金。

③原因和必要性

本次股权转让主要系鼎晖举新对跨境电商行业的战略投资布局。鼎晖举新看好跨境电商出口业务并认可标的公司的管理团队,认为有棵树作为业内第一梯队企业,未来业务具备良好的发展前景,预计能为鼎晖举新带来稳定投资回报。

同时,肖四清作为有棵树的实际控制人,亦看好引入鼎晖举新等拥有丰富行业投资经验、专业管理经验的战略投资者将进一步推动标的公司业务发展;除此之外,基于个人资金需求的考虑,肖四清最终决定转让3%有棵树股权至鼎晖举新。

综上所述,有棵树停牌前六个月、停牌期间及交易预案披露后的历次增资均经股东大会决议通过、在全国股转系统进行了信息披露,并经工商行政管理部门核准登记，履行了必要的审批、披露和登记程序，终止挂牌前历次股份转让均通过全国股转系统交易并经中国证券登记结算有限责任公司北京分公司登记；有棵树停牌前六个月、停牌期间及交易预案披露后的历次增资股东认缴的注册资本已足额缴纳，历次股份转让相关的价款均已支付到位，增资及股份转让涉及的相关价款资金来源合法。

（二）前述有限合伙企业增资、合伙人变更的原因和必要性，涉及的相关价款来源是否合法、支付是否到位

1. 合伙企业交易对方的变更情况

本次交易停牌前六个月、停牌期间及交易预案披露后合伙企业交易对方发生的增资及合伙人变更情况具体如表 7－14 所示。

表 7－14　有棵树公司发生的增资及合作人变更情况一览

序号	交易对方	变更时间	变更类型	变更情况
1	有棵树基金	2017 年 8 月	增　资	日照智汇、日照智瑞、日照智铁、日照智源新入伙，并合计新增出资份额 2000 万元。
2	中山以勒	2017 年 4 月	出资份额转让	周红将其持有的中山以勒 250 万元出资份额转让给吴小萍。
3	璀璨年华	2017 年 9 月	出资份额转让	吴莎莎将其持有的璀璨年华 200 万元出资份额转让给费慧威；吴莎莎将其持有的璀璨年华 200 万元出资份额转让给罗挺霞。
4	璀璨成长	2016 年 9 月	出资份额转让	深圳金卓诚供应链管理有限公司将其持有的璀璨成长 5000 万元出资份额转让给广东群兴投资有限公司；郑冬生将其持有的璀璨成长 1000 万元出资份额转让给广东群兴投资有限公司。
		2016 年 12 月	出资份额转让	王莹将其持有的璀璨成长 500 万元出资份额转让给汕头市澄海区莲下祥达塑料厂。
		2017 年 1 月	出资份额转让	广东群兴投资有限公司将其持有的璀璨成长 6000 万元出资份额转让给广东迪隆投资发展有限公司。
		2017 年 11 月	出资份额转让	广东迪隆投资发展有限公司将其持有的璀璨成长 6000 万元出资份额转让给西藏迪隆创业投资有限公司。

续表

序 号	交易对方	变更时间	变更类型	变更情况
5	申万成长	2017 年 8 月	出资份额转让	上海特伟真股权投资管理有限公司将其持有的申万成长 1000 万元出资份额转让给上海虹顺股权投资管理有限公司。
		2017 年 12 月	出资份额转让	广东侨兴投资基金管理有限公司将其持有的申万成长 1500 万元出资份额转让给深圳市大丸担保有限公司。

2. 关于前述增资及合伙人变更的原因及必要性、价款来源和支付情况合伙企业交易对方发生增资及合伙人变更的具体情况如下：

(1)有棵树基金

2017 年 8 月，经有棵树 2017 年第三次临时股东大会审议通过，有棵树实施员工持股方案，由新设立的员工持股平台日照智汇、日照智瑞、日照智轶、日照智源认购有棵树基金新增出资份额，以保持核心团队的稳定性和调动管理人员及核心骨干人员的积极性。有棵树基金 2017 年 8 月新增出资份额系有棵树实施员工持股方案。

经查阅了日照智汇、日照智瑞、日照智轶、日照智源相关普通合伙人出具的资金来源说明、账户交易明细、银行转账凭证等资料。日照智汇出资 3344 万元认购有棵树基金 500 万元出资份额；日照智瑞出资 3344 万元认购有棵树基金 500 万元出资份额；日照智轶出资 3344 万元认购有棵树基金 500 万元出资份额；日照智源出资 3344 万元认购有棵树基金 500 万元出资份额。截至 2017 年 8 月 4 日，日照智汇、日照智瑞、日照智轶、日照智源已缴纳全部出资，资金来源于日照智汇、日照智瑞、日照智轶、日照智源合伙人陈阳波、龙良玉、王章民、禹华锋、曾祥文、王振铭、蔡超军、乐传焱对上述合伙企业的出资，该等合伙人的出资系其自筹资金。

(2)中山以勒

2017 年 4 月，中山以勒原有限合伙人周红将其持有的中山以勒 250 万元财产份额按照 250 万元的价格转让给吴小萍，上述出资份额转让系双方协商一致开展的正常商业行为。根据吴小萍出具的说明和相关银行付款凭证，吴小萍已于支付转让款 250 万元，资金来源系吴小萍自有资金。

(3)璀璨年华

2017 年 9 月，璀璨年华原有限合伙人吴莎莎分别将其持有的璀璨年华 200

万元财产份额按照200万元的价格转让给费慧威、200万元财产份额按照200万元的价格转让给罗挺霞，上述出资份额转让系转让方、受让方协商一致开展的正常商业行为。

根据璀璨年华的执行事务合伙人出具的说明，上述出资份额转让系转让方、受让方协商一致开展的正常商业行为，相关出资份额转让款均由受让方与转让方之间自行支付，璀璨年华上述出资份额转让过程中不存在纠纷或诉讼情况。

(4)璀璨成长

2016年9月，深圳金卓诚供应链管理有限公司将其持有的璀璨成长5000万元出资份额按照5000万元的价格转让给广东群兴投资有限公司；郑冬生将其持有的璀璨成长1000万元出资份额按照1000万元的价格转让给广东群兴投资有限公司。

2016年12月，王莹将其持有的璀璨成长500万元出资份额按照500万元的价格转让给汕头市澄海区莲下祥达塑料厂。

2017年1月，广东群兴投资有限公司将其持有的璀璨成长6000万元出资份额按照6000万元的价格转让给广东迪隆投资发展有限公司。

2017年11月，广东迪隆投资发展有限公司将其持有的璀璨成长6000万元出资份额按照6000万元的价格转让给西藏迪隆创业投资有限公司。广东迪隆投资发展有限公司与西藏迪隆创业投资有限公司均系林伟章、黄仕群持股100%的公司。

根据璀璨成长的执行事务合伙人出具的说明，上述出资份额转让系转让方、受让方协商一致开展的正常商业行为，相关出资份额转让款均由受让方与转让方之间自行支付，璀璨成长上述出资份额转让过程中不存在纠纷或诉讼情况。

(5)申万成长

2017年8月，上海特伟真股权投资管理有限公司将其持有的申万成长1000万元出资份额按照1000万元的价格转让给上海虹顺股权投资管理有限公司，上述股权转让系双方协商确定的正常商业行为。根据上海虹顺股权投资管理有限公司出具的说明和相关银行付款凭证，上海虹顺股权投资管理有限公司已支付转让款1000万元，资金来源系自有资金。

根据深圳市大丸担保有限公司出具的说明，2017年12月，广东侨兴投资基金管理有限公司因欠付深圳市大丸担保有限公司债务无力偿还，将持有的申万成长财产份额转让给深圳市大丸担保有限公司用于抵债。

(三)标的资产前述股权转让和增资与本次重组的关系,是否为“一揽子”交易,是否存在其他协议或安排、是否存在关联方利益输送的情形

有棵树在本次重组停牌前6个月、停牌期间及交易预案披露后发生的历次增资和股权转让均系有棵树基于公司发展需要进行的融资,以及投资人基于对跨境电商行业的发展前景和有棵树的行业地位理性判断作出的投资决定,已按照全国股份转让系统的相关规定履行了审批程序和信息披露义务,与本次重组不属于“一揽子”交易。

交易对方分别出具了《关于无其他协议或安排的承诺函》,承诺“除本承诺人已向天泽信息披露的情况外,本承诺人与有棵树或其实际控制人、股东之间未签署其他与本次交易有关的包含业绩承诺、股份回购、股东优先权利或其他特殊条款的协议或类似安排”。

天泽信息出具了《关于无其他协议或安排的承诺函》,承诺“除本公司已公告的信息外,本承诺人与有棵树或其实际控制人及其他交易对方之间未签署其他与本次交易有关的包含业绩承诺、股份回购或其他特殊条款的协议或类似安排,不存在利益输送的情形”。

标的公司相关增资和股权转让与本次重组不属于“一揽子”交易;天泽信息与相关交易对方之间及交易对方之间不存在其他协议或安排,也不存在关联方利益输送的情况。

四、借鉴意义

停牌前频繁进行股权转让与增资必定会引起审核机构的高度关注,如实披露转让、增资的原因,审批程序以及资金来源即可。

由此可见,证监会在审核上市公司并购重组案时,交易对手是否涉及有限合伙、资管计划、理财产品、以持有标的资产股份为目的公司是核查的重点。其核查的手段为穿透披露和穿透计算。其核查的目的在于是否存在结构化、杠杆等安排以及交易对手的出资方是否与上市公司及其控股股东、实际控制人、董事、监事、高级管理人员存在关联关系。穿透计算目的在于穿透计算后总人数是否超过200人。结合《公开发行证券的公司信息披露内容与格式准则第26号——上市公司重大资产重组(2018年修订)》(证监会公告〔2018〕36号)关于穿透披露新规,并梳理天泽信息对该问题的回复意见以及证监会采纳该回复意见,停牌前频繁进行股权转让与增资需要关注合格投资者的资金来源,并在设计募资架构时,避免设计成结构化产品。如交易对手存在结构化,极有可能成为并购重组的重大障碍。

《公开发行证券的公司信息披露内容与格式准则第26号——上市公司重大资产重组（2018年修订）》

交易对方如为合伙企业，应当穿透披露至最终出资人，同时还应披露合伙人、最终出资人与参与本次交易的其他有关主体的关联关系。

交易完成后合伙企业成为上市公司第一大股东或持股5%以上股东的，还应当披露最终出资人的资金来源，合伙企业利润分配、亏损负担及合伙事务执行(含表决权行使)的有关协议安排，本次交易停牌前六个月内及停牌期间合伙人入伙、退伙、转让财产份额、有限合伙人与普通合伙人转交身份的情况及未来存续期间内的类似变动安排。

如为契约型私募基金、券商资产管理计到、基金专户及基金子公司产品、信托计划、理财产品、保险资管计划、专为本次交易设立的公司等，应当比照对合伙企业的上述要求进行披露。

证监会反馈意见

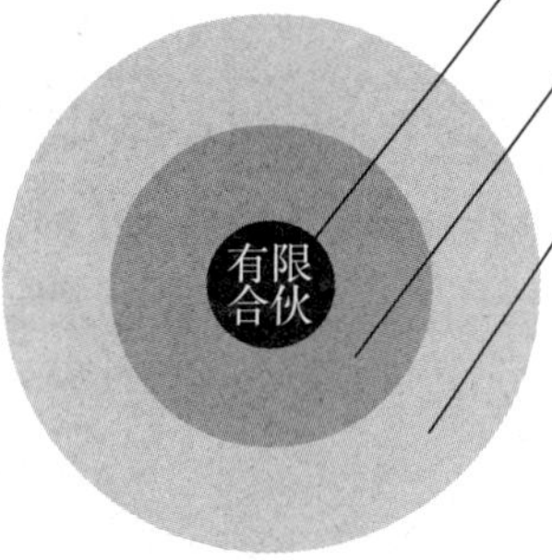

上述资金安排情况的具体含义，涉及信托计划、资管计划的具体内容。

上述有限合伙人中是否存在结构化产品。

如存在结构化产品，补充披露结构化产品的主要内容及相关安排，对相关有限合伙企业出资份额及标的资产出资份额稳定性的影响，结构化产品与上市公司及其控股股东、实际控制人之间是否存在关联关系或资金往来。

第八章　大股东独自降价并补偿小股东

——维力医疗并购狼和医疗

2018 年 4 月 13 日，狼和医疗就已经发布被收购的公告，双方原先协商的是通过发行股份 + 支付现金合计 5.2 亿元收购狼和医疗 100 股权，后来交易方案存在不少疑问，证监会下发了反馈意见通知书，提出 26 个反馈意见，要求维力医疗对狼和医疗的专利、产品竞争优势等问题进行说明，并要求维力医疗在 30 个工作日内对证监会提出的 26 个反馈意见进行回复。

维力医疗与交易对方于 2018 年 7 月 31 日签署了《资产购买协议》，根据该协议，交易双方以评估值为基础确定标的公司整体变更为有限公司后 100% 股权的价格为 43000.00 万元。公司通过自有资金、自筹资金支付交易对价并实施本次交易。

一、交易基本情况

1. 收购方基本情况

表 8－1　广州维力医疗器械股份有限公司情况一览

公司名称	广州维力医疗器械股份有限公司
成立日期	2004 年 4 月 30 日
注册资本	2 亿元
法定代表人	韩广源
实际控制人	向　彬
第一大股东	高博投资(香港)有限公司

续表

公司名称	广州维力医疗器械股份有限公司
第一大股东(持股比例)	37.39%
所属证监会行业	制造业—专用设备制造业—专用设备制造业—专用设备制造业
总经理	韩广源
董事会秘书	张增勇
注册地址	广东省广州市番禺区化龙镇金湖工业城C区4号
办公地址	广东省广州市番禺区化龙镇国贸大道南47号
经营范围	Ⅱ类、Ⅲ类6815注射穿刺器械,Ⅱ类6856病房护理设备及器具,Ⅱ类Ⅲ类6877介入器材,Ⅱ类、Ⅲ类6854手术室、急救室、诊疗室设备及器具,Ⅱ类、Ⅲ类6866医用高分子材料及制品,Ⅱ类、Ⅲ类6822医用光学器具、仪器及内窥镜设备(在《医疗器械生产企业许可证》有效期内从事经营)、医疗用品的开发、生产,销售本企业产品;从事Ⅱ类、Ⅲ类6866医用高分子材料及制品(一次性输液、输血器具除外),Ⅱ类、Ⅲ类6865医用缝合材料及粘合剂,Ⅱ类、Ⅲ类6864医用卫生材料及敷料,Ⅱ类6856病房护理设备及器具,Ⅱ类、Ⅲ类6854手术室、急救室、诊疗室设备及器具,Ⅱ类、Ⅲ类6840临床检验分析仪器,Ⅱ类、Ⅲ类6822医用光学器具、仪器及内窥镜设备,Ⅱ类、Ⅲ类6821医用电子仪器设备的批发和进出口业务。

2. 收购标的基本信息

表8-2　江西狼和医疗器械股份有限公司情况一览

名　称	江西狼和医疗器械股份有限公司
企业性质	股份有限公司(非上市、自然人投资或控股)
注册地	江西省吉安市永丰县工业园南区
成立日期	2011年1月12日
法定代表人	周明海
注册资本	4620.00万元
营业范围	医疗器械生产、销售;自营和代理国内各类商品和技术的进出口业务(国家限定公司经营和禁止进出口的商品和技术除外;依法须经批准的项目,经相关部门批准后方可开展经营活动)。

根据广东正中珠江会计师事务所(特殊普通合伙)出具的"广会审字〔2018〕G18001270100"《审计报告》,标的公司最近一年一期经审计财务数据摘要如下:

单位:万元

项　目	2018 年 1 – 6 月	2017 年 12 月 31 日
总资产	14439. 84	14711. 94
所有者权益合计	12552. 06	10527. 98
归属于母公司所有者权益	12552. 06	10527. 98
营业收入	4991. 68	9680. 40
利润总额	2380. 77	3619. 79
归属于母公司所有者的净利润	2024. 07	3055. 48
经营活动产生的现金流量净额	2141. 47	3773. 22
扣除非经常性损益后归属于母公司所有者的净利润	1600. 88	2696. 83

根据联信评估出具的资产评估报告(联信(证)评报字〔2018〕第 A0128 号),联信评估对狼和医疗截至评估基准日的 100% 股份价值采用收益法和资产基础法两种方法进行评估。本次评估以收益法的评估结果作为最终的评估结论,标的资产股东全部权益以收益法评估结果为 52065. 90 万元。鉴此,交易各方一致同意的交易作价情况,如表 8 – 3 所示。

表 8 – 3　江西狼和医疗器械股份有限公司评估概况一览

序　号	交易对方	持有标的公司股份/股权比例(%)	交易对价(万元)
1	周明海	23. 93	9817. 47
2	刘晓鹏	32. 86	13567. 45
3	张小波	16. 07	6317. 54
4	源生投资	7. 86	3550. 00
5	富海博晖	5. 36	2707. 65
6	九州风雷	3. 57	1805. 10
7	久承投资	3. 57	1805. 10
8	医宸投资	3. 57	1805. 10
9	润讯投资	1. 79	902. 55
10	张　新	1. 43	722. 04
合 计		100. 00	43000. 00

3. 盈利补偿

表 8－4　江西狼和医疗器械股份有限公司盈利概况一览

承诺报告期	首次公告日	承诺净利润（万元）	承诺利润补偿	盈利补偿方法	补偿内容
2018 年 12 月 31 日	2018 年 8 月 2 日	3357. 51	是	补对价	现金补偿
2019 年 12 月 31 日	2018 年 8 月 2 日	4212. 39	是	补对价	现金补偿
2020 年 12 月 31 日	2018 年 8 月 2 日	5093. 57	是	补对价	现金补偿
2021 年 12 月 31 日	2018 年 8 月 2 日	—	—	—	—
2022 年 12 月 31 日	2018 年 8 月 2 日	—	—	—	—

4. 交易进程

表 8－5　交易进展概况一览

时　间	最新交易进度
2018 年 10 月 10 日	完成
2018 年 8 月 21 日	股东大会通过
2018 年 8 月 2 日	董事会预案
2018 年 7 月 20 日	达成转让意向
2018 年 6 月 7 日	证监会反馈意见
2018 年 5 月 16 日	证监会受理
2018 年 4 月 14 日	董事会预案

二、交易方式变更

依据 2018 年 5 月披露的《发行股份及支付现金购买资产并募集配套资金暨关联交易报告书（草案）》本次交易标的资产交易价格为 5. 2 亿元，按照发行价格 16. 35 元/股计算，维力医疗拟发行 1639. 14 万股支付 26800. 00 万元，以现金方式支付 25200. 00 万元。2018 年 8 月 1 日狼和医疗披露了《收购报告书》，交易价格调整为 4. 3 亿元，支付方式为现金支付。

表 8－6　广东维力收购江西狼和情况一览　　单位：万元

序 号	交易对方	交易对价（万元）	调整前			调整后	
			股份支付		现金支付对价（万元）	现金支付对价（万元）	下调比例（%）
			支付数量（万股）	支付对价（万元）			
1	周明海	12442. 86	494. 68	8087. 95	4354. 90	9817. 47	21
2	刘晓鹏	17085. 71	571. 16	9338. 39	7747. 33	13567. 45	20. 59

续表

序号	交易对方	交易对价(万元)	调整前			调整后	
			股份支付		现金支付	现金支付	下调比例
			支付数量(万股)	支付对价(万元)	对价(万元)	对价(万元)	(%)
3	张小波	8357.14	398.39	6513.66	1843.48	6317.54	24.4
4	源生投资	4085.71	174.92	2860.00	1225.71	3550.00	13.11
5	富海博晖	2785.71	—	—	2785.71	2707.65	2.8
6	九州风雷	1857.14	—	—	1857.14	1805.10	2.8
7	久承投资	1857.14	—	—	1857.14	1805.10	2.8
8	医宸投资	1857.14	—	—	1857.14	1805.10	2.8
9	润讯投资	928.57	—	—	928.57	902.55	2.8
10	张新	742.86	—	—	742.86	722.04	2.8
合计		52000.00	1639.15	26800.00	25200.00	43000.00	17

交易价格整体下调17%,三位大股东下调价格达20%以上,其余小股东价格仅仅下调2.8%。

周明海、刘晓鹏、张小波、源生投资购买维力医疗股票安排维力医疗支付周明海、刘晓鹏、张小波第三期交易价款,及支付源生投资第二期交易价款时,应将其中的3000.00万元、3000.00万元、2000.00万元、1000.00万元支付至以周明海、刘晓鹏、张小波、源生投资名义开立的,由维力医疗分别与周明海、刘晓鹏、张小波、源生投资共同监管的账户(以下简称共管账户)。

周明海、刘晓鹏、张小波、源生投资承诺,维力医疗支付至共管账户的交易价款仅可由周明海、刘晓鹏、张小波、源生投资专项用于在二级市场以集中竞价方式购买维力医疗于上交所上市的股票(以下简称目标股票),不得用于其他用途。如买入目标股票后,共管账户中所余下的购股价款不足其所获得购股价款的1%,视为其已履行购股承诺;否则,其共管账户中余下的购股价款归维力医疗所有。

周明海、刘晓鹏、张小波、源生投资承诺,于维力医疗向其支付交易价款之日起六个月届满之日内,将购股价款全部用于在二级市场以集中竞价方式购买目标股票。

三、借鉴意义

交易方案的更改中,首先,放弃发行股份,采用纯现金支付;其次,降低交易价格,使其达不到重大资产重组标准。支付方式改为纯现金支付,交易价格从

5.2 亿元降到 4.3 亿元。

1. 为了促成这笔交易，前三大股东主动降价，并以自身下调的价格补偿其他小股东的权益。狼和医疗公告显示：在保持本次收购交易总价 43000.00 万元不变的前提下，周明海、刘晓鹏、张小波在本次交易中自愿下调其持有的狼和医疗股份的部分交易作价，并同意以该下调的交易作价相应上调其他交易对方持有的狼和医疗股份/股权的交易作价。至此，交易形成一个收购方、被收购方大股东、被收购方小股东三方都接受的局面。

2. 变更支付方式保障业绩补偿

在狼和医疗此次并购交易中，关于支付的方式，还有一个特别的约定，即要求标的方狼和医疗三大股东需拿出支付的部分现金在二级市场购买收购方维力医疗的股票。确保在被收购方业绩不达约定的情况下，收购方要求的业绩补偿有所保障，双方约定，三大股东购买的股票，在业绩承诺期内，不得进行任何操作，一方面确保项目顺利通过审批，又让标的方最终还是拿到现金 + 股份，为业绩补偿提供保障。

3. 完善上市公司产业布局，优化产品结构

维力医疗一直寻求对公司有战略意义的投资和并购标的，利用资本市场，通过并购整合的方式，完善公司的战略布局，将维力医疗打造成为产业链完善的医疗器械产品及服务提供商。

维力医疗与本次交易标的公司狼和医疗同属于医疗器械行业。本次交易将深入贯彻维力医疗内生发展加外延并购的发展战略，完善公司产业布局。通过本次交易，维力医疗获得狼和医疗的专利技术、销售网络和管理团队，优化上市公司产品种类并增强核心竞争力，更好地维护股东利益。

4. 实现公司与标的公司的协同发展

维力医疗与狼和医疗在泌尿外科领域具有高度协同性。泌尿外科为维力医疗的重点市场发展领域，2017 年维力医疗在该领域实现销售收入达 19998.59 万元，占全年销售收入的 31.75%；而狼和医疗的产品 100% 用于泌尿外科领域。本次收购完成后，双方可以在泌尿外科市场形成“医用泌尿导管 + 包皮环切手术器械”的产品线，并通过双方营销网络的有效整合，共同推动产品销售。

作为深耕医疗器械行业上市公司，维力医疗在海外销售方面相比狼和医疗具有明显优势，对狼和医疗的海外销售业务将形成助力。2017 年维力医疗实现境外销售收入占主营业务收入比例达 60.07%；而狼和医疗的产品销售主要在国内市场。由于海外医疗器械市场具有较强的区域差异性，不同国家、地区对医

疗器械具有差异性的要求,医疗器械企业在拓展海外市场时,相关经验积累显得尤其重要。维力医疗通过现有的海外销售渠道协助狼和医疗扩大海外销售,进一步增强狼和医疗的盈利能力。

附件　本次收购相关协议主要内容

(一)附条件生效的资产转让合同的内容摘要

1. 合同主体、签订时间

2018 年 7 月 31 日,维力医疗分别与周明海、刘晓鹏、张小波、源生投资、富海博晖、九州风雷、久承投资、医宸投资、润讯投资、张新签订了《资产购买协议》。

2. 交易标的及其价格

标的资产为狼和医疗整体变更为有限公司后 100% 股权。联信评估对狼和医疗截至评估基准日的 100% 股份价值采用收益法和资产基础法两种方法进行评估。狼和医疗截至 2017 年 12 月 31 日经审计母公司报表所有者权益合计为 11015.70 万元,资产基础法评估值为 14241.79 万元,增值率为 29.29%;截至 2017 年 12 月 31 日经审计合并报表归属于母公司股东权益为 10527.98 万元,收益法评估值为 52065.90 万元,增值率为 394.55%。本次评估以收益法的评估结果作为最终的评估结论,标的资产股东全部权益以收益法评估结果为 52065.90 万元。

标的资产的交易价格由交易双方参考上述评估结论,基于市场化交易原则公平谈判确定。经交易双方协商一致后确认,狼和医疗股东全部权益作价为 43000.00 万元。

此外,在保持本次收购交易总价 43000.00 万元不变的前提下,周明海、刘晓鹏、张小波在本次交易中自愿下调其持有的狼和医疗股份/股权的部分交易作价,并同意以该下调的交易作价相应上调其他交易对方持有的狼和医疗股份/股权的交易作价。

鉴此,交易各方一致同意的交易作价情况如表 8-7 所示。

表 8-7　广州维力和江西狼和交易作价一览

序　号	交易对方	持有标的公司股份/股权比例(%)	交易对价(万元)
1	周明海	23.93	9817.47
2	刘晓鹏	32.86	13567.45
3	张小波	16.07	6317.54

续表

序　号	交易对方	持有标的公司股份/股权比例(%)	交易对价(万元)
4	源生投资	7.86	3550.00
5	富海博晖	5.36	2707.65
6	九州风雷	3.57	1805.10
7	久承投资	3.57	1805.10
8	医宸投资	3.57	1805.10
9	润讯投资	1.79	902.55
10	张　新	1.43	722.04
合　计			43000.00

3.支付方式

(1)维力医疗分四期向交易对方支付本次交易的交易价款

第一期交易价款3000.00万元于维力医疗及狼和医疗股东大会审议通过本次交易事项之日起5个工作日内支付给刘晓鹏。

第二期交易价款15000.00万元于标的资产过户至维力医疗方名下之日起10个工作日内,分别支付给刘晓鹏、源生投资、富海博晖、九州风雷、久承投资、医宸投资、润讯投资、张新1702.46万元、3550.00万元、2707.65万元、1805.10万元、1805.10万元、1805.10万元、902.55万元、722.04万元。

第三期交易价款21000.00万元于标的资产过户至维力医疗名下之日起30个工作日内,分别支付给周明海、刘晓鹏、张小波8317.47万元、7364.99万元、5317.54万元。

第四期交易价款4000.00万元于周明海、刘晓鹏、张小波在二级市场以集中竞价方式购买的维力医疗股票的锁定及质押手续办理完成之日起3日内,分别支付给周明海、刘晓鹏、张小波1500.00万元、1500.00万元、1000.00万元。

(2)周明海、刘晓鹏、张小波、源生投资购买维力医疗股票安排维力医疗支付周明海、刘晓鹏、张小波第三期交易价款,以及支付源生投资第二期交易价款时,应将其中的3000.00万元、3000.00万元、2000.00万元、1000.00万元支付至以周明海、刘晓鹏、张小波、源生投资名义开立的,由维力医疗分别与周明海、刘晓鹏、张小波、源生投资共同监管的账户(以下简称共管账户)。

周明海、刘晓鹏、张小波、源生投资承诺,维力医疗支付至共管账户的交易价款仅可由周明海、刘晓鹏、张小波、源生投资专项用于在二级市场以集中竞价方式购买维力医疗于上交所上市的股票(以下简称目标股票),不得用于其他用途。如买入目标股票后,共管账户中所余下的购股价款不足其所获得购股价款的1%,视为其已履行购股承诺;否则,其共管账户中余下的购股价款归维力医疗所有。

周明海、刘晓鹏、张小波、源生投资承诺,于维力医疗向其支付交易价款之日起六个月届满之日内,将购股价款全部用于在二级市场以集中竞价方式购买目标股票。

周明海、刘晓鹏、张小波及源生投资承诺遵守《上市公司董事、监事和高级管理人员所持本公司股份及其变动管理规则》第13条的有关规定,在下列期间不买入维力医疗股票:

①上市公司定期报告公告前30日内;

②上市公司业绩预告、业绩快报公告前10日内;

③自可能对上市公司股票交易价格产生重大影响的重大事项发生之日或在决策过程中,至依法披露后2个交易日内;

④证券交易所规定的其他期间。

周明海、刘晓鹏、张小波承诺,除非经维力医疗书面同意,其购入任何数量的目标股票自购入之日起至2021年4月30日前,且周明海、刘晓鹏、张小波按照《承诺利润补偿协议》履行完毕对上市公司的业绩承诺补偿义务前,不得以任何方式进行转让、质押或设置其他任何权利负担。为此目的,周明海、刘晓鹏、张小波同意在锁定期间内将目标股票质押予维力医疗指定的其他第三方。

自完成目标股票购买之日起10日内,周明海、刘晓鹏、张小波应与维力医疗及其指定的其他第三方共同至中国证券登记结算有限责任公司上海分公司办理目标股票的锁定与质押相关手续。

如周明海、刘晓鹏、张小波违反购股承诺,或未将目标股票办理锁定并质押予维力医疗指定的其他第三方,则维力医疗不再向周明海、刘晓鹏、张小波支付第四期交易价款,即调减周明海、刘晓鹏、张小波的交易作价。同时并不免除周明海、刘晓鹏、张小波对维力医疗承担的违约责任及赔偿责任,维力医疗仍然有权要求周明海、刘晓鹏、张小波继续履行本协议、承担违约责任,并赔偿损失;调减的交易作价亦不得扣减周明海、刘晓鹏、张小波于《承诺利润补偿协议》项下对维力医疗的业绩承诺补偿义务(如有)。

源生投资承诺,除非经维力医疗书面同意,其购入任何数量的目标股票自购入之日起一年之内不得以任何方式进行转让、质押或设置其他任何权利负担。

4. 资产交付或过户时间安排

在本次交易事项经维力医疗董事会审议通过之日起20个工作日内，狼和医疗将向股转系统申请终止挂牌；最迟不晚于狼和医疗终止挂牌取得股转系统审查同意后30日内，交易对方按照本次交易的方案促使狼和医疗整体变更为有限公司，并尽快但最迟不晚于狼和医疗整体变更为有限公司之日起30日内将其所持狼和医疗全部股权过户至维力医疗，且承诺放弃优先购买权（若有）。

5. 自评估截止日至资产交易日所产生收益的归属

自评估基准日起至资产交割日止的期间，狼和医疗因盈利或其他任何原因造成的权益增加由维力医疗享有；标的资产因亏损或其他任何原因造成的权益减少由周明海、刘晓鹏、张小波连带承担，周明海、刘晓鹏、张小波应按照其持有狼和医疗的股份/股权数量占周明海、刘晓鹏、张小波合计持有的狼和医疗的股份/股权总数的比例在资产交割日后90日内以现金方式一次性向维力医疗补足。

6. 债权债务处理和与资产相关的人员安排

本次交易为收购狼和医疗整体变更为有限公司后100%股权，不涉及狼和医疗债权债务主体的变更，原由狼和医疗享有和承担的债权债务在资产交割日后仍然由狼和医疗享有和承担。

本次交易亦不涉及狼和医疗的职工安置，原由狼和医疗聘任的员工在资产交割日后仍然由狼和医疗继续履行已经签署的劳动合同。

7. 本次交易前滚存利润的安排

狼和医疗的未分配利润归本次交易完成后狼和医疗的股东所有（本次交易完成或终止前狼和医疗不分红）。

8. 业绩承诺期的商业活动管理

在本次交易完成后的业绩承诺期间，维力医疗除派出财务总监负责会计合规外，保持狼和医疗现有管理层不变，并保留原有的管理机制和分配机制。维力医疗承诺狼和医疗总经理由周明海、刘晓鹏、张小波推荐的人员担任，拥有经营管理权并按照上市公司的要求依法经营。

在本次交易完成后的业绩承诺期，原则上狼和医疗以每年不低于当年实现的可分配利润的50%以现金方式向股东进行分红，但维力医疗与周明海、刘晓鹏、张小波双方协商一致的情形除外。

业绩承诺期届满后，狼和医疗的运营管理及利润分配事宜由届时的狼和医疗股东依据《公司法》及《公司章程》的规定确定。

9. 合同的生效条件和生效时间

协议自交易各方签署之日起成立。协议自下述条件全部成就之日起生效:

(1)维力医疗已与狼和医疗现有股东就购买其于狼和医疗整体变更为有限公司后持有的全部狼和医疗股权事宜签订《资产购买协议》;

(2)本次交易有关事宜获得维力医疗董事会及股东大会审议通过;

(3)本次交易有关事宜获得狼和医疗董事会及股东大会审议通过;

(4)狼和医疗终止挂牌申请取得股转系统审查同意;

(5)狼和医疗整体变更为有限公司;

(6)狼和医疗现有股东放弃或未主张其对于标的资产的优先购买权。

10. 合同附带的任何保留条款、前置条件

除上述合同生效条件外,本合同未附带其他任何保留条款、前置条件。

11. 违约责任

如资产交割日前本次交易因任何原因终止,则刘晓鹏应于本次交易终止之日起3个自然日内将第一期交易价款3000.00万元返还予维力医疗,每逾期一日,应向维力医疗支付万分之五的滞纳金。

维力医疗应按约定时间将本次交易的各期交易价款支付予交易对方,每逾期一日,应向交易对方承担该期交易价款万分之三的滞纳金。

如果维力医疗或周明海、刘晓鹏、张小波违反其声明、保证、承诺或存在虚假陈述行为,不履行其在本协议项下的任何责任与义务,则构成违约。违约方应当向守约方支付协议约定的交易资产对价5%的违约金;向守约方支付违约金的同时,违约方还应根据守约方的请求继续履行义务、采取补救措施,或给予其全面、及时、充分、有效的赔偿。

如果维力医疗或除周明海、刘晓鹏、张小波以外的交易对方违反其声明、保证、承诺或存在虚假陈述行为,不履行其在本协议项下的任何责任与义务,则构成违约。违约方应当向守约方支付协议约定的交易资产对价2%的违约金;向守约方支付违约金的同时,违约方还应根据守约方的请求继续履行义务、采取补救措施,或给予其全面、及时、充分、有效的赔偿。如因维力医疗或周明海不履行或不及时履行、不适当履行本协议项下其应履行的任何义务,导致本协议目的无法达成的,守约方有权解除本合同,违约方给守约方造成损失的,应向守约方支付协议约定的交易资产对价20%的违约金,并足额赔偿损失金额(包括但不限于聘请中介机构的费用等)。

如因维力医疗或周明海以外的交易对方不履行或不及时履行、不适当履

行本协议项下其应履行的任何义务，导致本协议目的无法达成的，守约方有权解除本合同，违约方给守约方造成损失的，应向守约方支付协议约定的交易资产对价5%的违约金，并足额赔偿损失金额（包括但不限于聘请中介机构的费用等）。

非因双方的过错导致本次交易不能生效或不能完成的，任何一方均无须对此承担违约责任。

（二）附条件生效的承诺利润补偿协议的内容摘要

1. 合同主体、签订时间

2018年7月31日，维力医疗与周明海、刘晓鹏、张小波以及向彬签订了《承诺利润补偿协议》。

2. 净利润承诺

周明海、刘晓鹏、张小波对狼和医疗2018年度、2019年度、2020年度的扣除非经常损益后的净利润向维力医疗承诺如表8-8所示。

表8-8　周明海、刘晓鹏、张小波3位自然人股东承诺净利润一览　　单位：万元

项　目	2018年度	2019年度	2020年度
承诺净利润数	3357.51	4212.39	5093.57

3. 业绩承诺期及业绩补偿的确定

业绩承诺的期间为2018年度、2019年度及2020年度。尽管有前述约定，若根据监管部门的要求需要延长业绩承诺的期间，则各方同意届时由维力医疗董事会按照本协议的约定具体执行延长业绩承诺的期间的业绩承诺及补偿事宜而无须另行召开维力医疗股东大会。

维力医疗应当在补偿期限内的最后一个年度审计时，对狼和医疗业绩承诺期内承诺净利润数总和与业绩承诺期内实现净利润数总和之间的差异进行审查，并由上市公司聘请具有证券、期货业务资格的会计师事务所对此出具专项审核报告。净利润差额将按照截至补偿期限内的最后一个年度末累计承诺净利润数减去截至补偿期限内的最后一个年度末累计实现净利润数计算，以会计师事务所出具的专项审核结果为准。

4. 业绩补偿的实施

（1）如狼和医疗业绩承诺期内实现净利润数总和低于10130.78万元，则周明海、刘晓鹏、张小波和向彬应在《专项审核报告》在指定媒体披露后的10个工作日内，向维力医疗支付补偿。

补偿金额按照如下方式计算:

应补偿金额 =(业绩承诺期内承诺净利润数总和 - 业绩承诺期内实现净利润数总和)÷ 业绩承诺期内承诺净利润数总和 × 标的资产交易作价。

在计算上述实现净利润数时,需考虑业绩承诺期内维力医疗对狼和医疗进行增资、减资、接受赠予以及狼和医疗对维力医疗利润分配的影响。

(2)在业绩承诺期届满后三个月内,维力医疗应聘请具有证券、期货业务资格的会计师事务所对标的资产出具《减值测试报告》。如标的资产期末减值额 > 已补偿金额,则补偿义务方应对维力医疗另行补偿。

补偿时,因标的资产减值应补偿金额的计算公式为:应补偿的金额 = 期末减值额 - 因实际利润未达承诺利润已支付的补偿额。

在计算上述期末减值额时,需考虑业绩承诺期内维力医疗对狼和医疗进行增资、减资、接受赠予以及狼和医疗对维力医疗利润分配的影响。

(3)周明海、刘晓鹏、张小波和向彬应以 17200.00 万元为限就狼和医疗的业绩承诺事项及期末减值事项向维力医疗支付补偿,具体补偿原则如下:

如依据本协议确定的应补偿金额不高于 9000.00 万元,则补偿义务由周明海、刘晓鹏、张小波承担;

如依据本协议确定的应补偿金额高于 9000.00 万元,但不高于 17200.00 万元,则在周明海、刘晓鹏、张小波以 9000.00 万元为限向维力医疗支付补偿后,超出 9000.00 万元的部分由向彬补充承担。

周明海、刘晓鹏、张小波按照资产交割日各自持有的狼和医疗出资额占周明海、刘晓鹏、张小波合计持有狼和医疗出资额的比例分担本条约定的补偿额,但周明海、刘晓鹏、张小波应对本条约定的补偿额承担连带责任。

5. 超额业绩奖励

如狼和医疗业绩承诺期内实现净利润数总和不低于业绩承诺期内承诺净利润数总和,则维力医疗应在《专项审核报告》在指定媒体披露后的 10 个工作日内,向狼和医疗经营管理团队支付超额业绩奖励。奖励金额按照如下方式计算:

应奖励金额 =(业绩承诺期内实现净利润数总和 - 业绩承诺期内承诺净利润数总和)× 60%,但奖励总金额不超过 8600 万元。

6. 成立与生效

本协议经各方适当签署即成立。

本协议自《资产购买协议》及其补充协议(如有)生效后即时生效。

7.违约责任

除不可抗力因素外,任何一方未能履行其在本协议项下之义务或承诺或其所做出的陈述或保证严重失实或严重有误,则该方应被视作违反本协议。违约方应依本协议约定和法律规定向守约方承担违约责任,赔偿守约方因其违约行为而发生的所有损失(包括为避免损失而进行的合理支出)。

第九章　收购股东超200人新三板企业

——设研院收购中赟国际

一、本次交易方案概述

本次交易设研院拟以发行股份及支付现金相结合的方式购买中赟国际87.20%的股权，交易金额拟定为56037.27万元，其中：拟向杨彬、肖顺才、曲振亭、牛其志、李明等162名中赟国际股东以发行股份及支付现金相结合的方式，向孙伟、贾波等57名中赟国际股东以支付现金的方式，购买其合计持有的中赟国际109877000股股份（占中赟国际股权比例为87.20%），交易价格合计为56037.27万元，即5.1元/股。其中，以发行股份的方式支付交易对价总计28676.49万元，以现金的方式支付交易对价总计27360.78万元。

本次交易完成前，上市公司的控股股东为河南交院投资控股有限公司，其直接持有公司34.55%的股权；实际控制人为常兴文、毛振杰、李智、王世杰、汤意、刘东旭、王国锋、林明、岳建光、苏沛东、杜战军、杨锋、杨磊、张建平，共14名一致行动人，其间接持有公司20.67%的股权。

本次交易拟发行股份7454173股，公司总股本将由129600000股增加至137054173股。本次交易完成后，上市公司的控股股东直接持有公司32.67%的股权，实际控制人间接持有公司19.55%的股权。本次交易不会导致上市公司的控股股东和实际控制人发生变化。根据《重组管理办法》，本次交易不构成借壳上市。

1. 收购方概况

表9-1　河南省交通规划设计研究院股份有限公司概况一览

公司名称	河南省交通规划设计研究院股份有限公司
英文名称	Henan Provincial Communications Planning & Design Institute Co. ,Ltd.
曾用名称	河南省交通规划勘察设计院有限责任公司
股票上市地	深圳证券交易所
证券代码	300732
证券简称	设研院
公司住所	河南省郑州市郑东新区泽雨街9号
法定代表人	常兴文
董事会秘书	王国锋
统一社会信用代码	91410100706774868X
联系电话	0371-86590678
传　真	0371-86590777
公司网站	www. hnrbi. com
经营范围	工程咨询、规划、勘察、设计、测绘、试验、检测、监测及相关技术服务；工程总承包；项目管理；承包与其实力、规模、业绩相适应的国外工程项目；对外派遣实施上述境外工程所需的劳务人员；计算机技术服务；数字图像服务。

交院控股持有上市公司4478.18万股股份，持股比例34.55%，为上市公司的控股股东。交院控股成立于2014年7月11日，系由常兴文、毛振杰、李智、王世杰、汤意、刘东旭等39名自然人以其所持有的交设院有限的股权出资设立。截至本报告书签署之日，常兴文、毛振杰、李智、王世杰、汤意、刘东旭、王国锋、林明、岳建光、苏沛东、杜战军、杨锋、杨磊、张建平共14人合计持有交院控股股权比例为59.83%，间接持有设研院股权比例为20.67%，上述14人签订了一致行动协议，且均为设研院董事、高级管理人员或其他核心人员，故常兴文等上述14人为设研院实际控制人。

2. 标的公司概况

表9-2　中赟国际工程股份有限公司概况一览

公司名称	中赟国际工程股份有限公司
统一社会信用代码	914101001700719015
法定代表人	曲振亭
注册资本	12600万元

续表

成立日期	2006 年 3 月 26 日
企业性质	股份有限公司
注册地址	郑州市中原区中原路 210 号
办公地址	郑州市中原区中原路 210 号
经营范围	工程设计,工程监理,工程咨询,岩土工程,工程测量,建设项目环境影响评价,编制开发建设项目水土保持方案,城乡规划编制,建设工程项目管理,建设工程总承包,房屋建筑、机电安装工程施工总承包,工程招标代理;技术成果转让,技术服务,技术承包;房屋租赁;企业管理及咨询;委托加工;从事货物和技术进出口业务(国家法律法规规定应经审批方可经营或禁止进出口的货物和技术除外),承办与其实力、规模、业绩相适应的国外工程项目;对外派遣实施上述境外工程所需的劳务人员;批发、零售:机械设备、机电设备、电线电缆、仪器仪表、建材。

二、收购股东超 200 人挂牌企业的解决之道

交易双方签署的《购买资产协议》和交易对方出具的承诺,杨彬、肖顺才、曲振亭、牛其志、李明等共 59 名业绩补偿义务人同意至迟不晚于上市公司召开股东大会审议本次交易事项前,标的公司完成召开董事会及启动向全国中小企业股份转让系统有限责任公司申请其股票终止挂牌的相关程序。交易对方均已承诺同意将标的公司的组织形式由股份有限公司变更为有限责任公司,并在相关董事会及/或股东大会上将就此投赞成票。

2018 年 9 月 20 日中赟国际召开第二届董事会第二十二次会议,2018 年 10 月 8 日中赟国际召开 2018 年第二次临时股东大会,审议通过了《关于申请公司股票自全国中小企业股份转让系统终止挂牌的议案》《关于公司拟在终止挂牌后由股份有限公司变更为有限责任公司的议案》等有关议案。

根据交易双方签署的《购买资产协议》和上述交易对方出具的承诺,各方同意,在标的公司股票自股转系统终止挂牌且中国证监会核准本次交易之日起 10 日内,交易对方中届时在标的公司任职的董事、监事、高级管理人员应将其持有的全部标的公司股份的 25%,以及除前述董事、监事、高级管理人员之外的交易对方应将所持有的标的公司全部股份过户至设研院名下。同时,自中国证监会核准本次交易之日起 15 日内,标的公司应符合变更为有限责任公司的相关条件;自中国证监会核准本次交易之日起 40 日内,办理完毕标的公司变更为有限

责任公司的工商变更登记手续。标的公司届时任职的董事、监事、高级管理人员应按照本次交易方案至迟不晚于标的公司变更为有限责任公司之日起10日内，将所持标的公司剩余全部股份/股权过户至设研院名下，并办理完毕标的资产转让的工商变更登记手续。

中赟国际共计277名股东，除河南能源化工建设集团有限公司及参与本次交易的219名交易对方之外，剩余中小股东共57名。标的公司实际控制人杨彬正与其就收购中赟国际股份的事宜进行沟通。为保障中赟国际中小股东的合法权益，上市公司已出具承诺，具体如下：

"对于中赟国际实际控制人杨彬持有的自中赟国际中小股东受让的中赟国际股份，本公司同意在杨彬受让的该部分中赟国际股份完成过户手续，且中赟国际股票自全国中小企业股份转让系统终止挂牌，以及中国证监会核准本次交易后30日内受让该部分股份。本公司本次收购的价格为5.10元/股，均以现金形式支付全部的收购价款。"

本次交易的交易对方中，中赟国际的董事、监事、高级管理人员共11名，其部分股份转让需待标的公司性质由股份有限公司变更为有限责任公司后方能进行。因此，标的公司实际控制人杨彬将与剩余中小股东协商股份转让事宜，保证标的公司在证监会核准本次交易的15日内符合变更为有限责任公司的相关条件；标的公司申请公司性质由股份有限公司变更为有限责任公司不存在障碍，中赟国际的董事、监事、高级管理人员持有的中赟国际股份能够依法转让。

评析：对于收购股东超200人新三板企业，设研院收购中赟国际项目提供了借鉴方式：1. 由新三板企业控股股东收购或承诺收购小股东持有的股东；2. 申请新三板摘牌；3. 上市公司出具承诺，承诺后续受让新三板控股股东所持有的从小股东处收购的股份。

三、挂牌企业历史沿革问题再次被关注

评析：标的公司于2015年12月在全国股转系统公开挂牌转让标的公司历史上曾存在股权代持、工会持股、无偿划转、预留股等情形、改制及股份清理等问题已经在《公开转让说明书》、反馈意见回复中披露。此次交易，相同问题再次受到深交所关注。

2018年9月7日收到贵所创业板公司管理部下发的《关于对河南省交通规划设计研究院股份有限公司的重组问询函》。深交所关注以下问题：

1. 预案显示，标的公司历史上曾存在股权代持、工会持股、无偿划转、预留股

等情形,请说明以上改制及股份清理过程的合法合规性、是否存在潜在纠纷、是否对本次交易构成影响。请独立财务顾问及律师发表意见。

2. 煤炭工业郑州设计研究院有限公司(以下简称郑煤院)成立办理工商登记时,10% 预留股由郑煤院的职工出资。截至 2011 年 8 月,库存股共计 859437.14 元已由董宪洲、张秋英、李肇征、杨超锋、阎卫平、刘信生、郑晓东、孙震海、陈景河、杨彬等 10 人按照参考净资产值确定的转让价格购买。请说明 10% 预留股是否由工会代持,库存股转让的具体价格以及公允性,股份受让方的确定过程及程序,股份转让履行的具体程序。

3. 请说明标的公司改制过程中是否存在历史遗留的员工安置问题,本次重组后是否涉及员工安置以及相关的安置成本,并说明该问题对标的公司经营状况的影响以及对本次交易的影响。请独立财务顾问、会计师、律师发表意见。

附件 1

上市公司收购新三板企业一览表(2016~2018 年)

收购方					标的方				
序号	最新公告日	公司名称	代码	受让后持股比例(%)	公司名称	证券代码	支付方式	交易金额(万元)	最新进度
1	2016 年 2 月 5 日	中来股份	300393. SZ	56	博玺电气	832012. OC	现金	6440	完成
2	2016 年 3 月 8 日	恒宝股份	002104. SZ	51	一卡易	430671. OC	现金	15300	完成
3	2016 年 3 月 28 日	众业达	002441. SZ	70	工控网(退市)	430063. OC	现金	21000	完成
4	2016 年 7 月 11 日	超图软件	300036. SZ	100	国图信息(退市)	834724. OC	股权 + 现金	46800	完成
5	2016 年 8 月 3 日	雷科防务	002413. SZ	100	奇维科技(退市)	430608. OC	股权 + 现金	89500	完成
6	2016 年 8 月 6 日	全志科技	300458. SZ	63. 33	东芯通信	430670. OC	现金	16800	完成
7	2016 年 8 月 25 日	东方国信	300166. SZ	43. 4783	海芯华夏	430706. OC	现金	11000	完成
8	2016 年 9 月 15 日	创业软件	300451. SZ	47. 5	创源环境	834269. OC	现金	750	完成
9	2016 年 10 月 14 日	天神娱乐	002354. SZ	100	一花科技	834380. OC	现金	98600	完成
10	2016 年 10 月 14 日	兴民智通	002355. SZ	58. 23	九五智驾	430725. OC	现金	24555. 091	完成
11	2016 年 11/16	田中精机	300461. SZ	55	远洋股份(挂牌终止)	T21191. OC	现金	39050	完成

续表

收购方					标的方				
序号	最新公告日	公司名称	代码	受让后持股比例(%)	公司名称	证券代码	支付方式	交易金额(万元)	最新进度
12	2016年12月20日	天际股份	002759. SZ	100	新泰材料(退市)	833259. OC	股权+现金	270000	完成
13	2016年12月21日	拓邦股份	002139. SZ	100	合信达(退市)	831848. OC	现金	12000	完成
14	2016年12月21日	广电运通	002152. SZ	51	汇通金融	833631. OC	现金	16653. 0612	完成
15	2017年1月7日	吉宏股份	002803. SZ	37. 77	金印联(退市)	835643. OC	现金	5412	完成
16	2017年1月13日	潍柴动力	000338. SZ	33. 5	弗尔赛	834626. OC	现金	4994. 9258	完成
17	2017年1月21日	华光股份	600475. SH	51	世纪天源	831948. OC	现金	7775. 44	完成
18	2017年1月23日	南洋股份	002212. SZ	100	天融信(退市)	834032. OC	股权+现金	570000	完成
19	2017年2月18日	康恩贝	600572. SH	57. 25	珍诚医药(挂牌终止)	T14398. OC	现金	34505	完成
20	2017年3月2日	聚光科技	300203. SZ	55. 58	安谱实验	832021. OC	现金	23089. 84	完成
21	2017年3月6日	中科电气	300035. SZ	97. 6547	星城石墨(退市)	831086. OC	股权+现金	48827. 34	完成
22	2017年3月8日	中南建设	000961. SZ	33. 33	金丘股份(退市)	837901. OC	现金	10000	完成
23	2017年3月10日	梦舟股份	600255. SH	70	梦幻工厂(挂牌终止)	T22894. OC	现金	87500	完成
24	2017年3月21日	联络互动	002280. SZ	42. 86	三尚传媒	836597. OC	现金	29997. 764	完成
25	2017年3月30日	新天科技	300259. SZ	52. 5	万特电气	430391. OC	现金	10496. 4	完成
26	2017年4月21日	中路股份	600818. SH	33	英内物联	837970. OC	现金	3600	完成
27	2017年5月17日	康跃科技	300391. SZ	100	羿珩科技(退市)	835560. OC	股权+现金	90000	完成
28	2017年5月18日	双林股份	300100. SZ	100	诚烨股份(退市)	835580. OC	现金	46500	完成
29	2017年5月18日	南方汇通	000920. SZ	56. 44	自然科技	834927. OC	现金	3237. 5	完成
30	2017年5月19日	光韵达	300227. SZ	100	金东唐(退市)	831089. OC	股权+现金	22100	完成

续表

收购方					标的方				
序号	最新公告日	公司名称	代码	受让后持股比例(%)	公司名称	证券代码	支付方式	交易金额(万元)	最新进度
31	2017年7月11日	惠伦晶体	300460.SZ	100	创想股份(退市)	835761.OC	现金	26000	完成
32	2017年7月22日	富祥股份	300497.SZ	70	泛谷药业	837090.OC	现金	1386.8	完成
33	2017年7月28日	天瑞仪器	300165.SZ	55.42	磐合科仪	830992.OC	现金	16881.5802	完成
34	2017年8月3日	再升科技	603601.SH	100	悠远环境	871259.OC	现金	44000	完成
35	2017年8月5日	众应互联	002464.SZ	100	彩量科技(挂牌终止)	T26728.OC	现金	47500	完成
36	2017年8月11日	金字火腿	002515.SZ	73.5	雕龙数据	836685.OC	现金	6762.5	完成
37	2017年8月28日	瑞康医药	002589.SZ	51	井泉中药	838294.OC	现金	10992.96	完成
38	2017年8月30日	大众交通	600611.SH	49.1667	大众物流(挂牌终止)	T19965.OC	现金	1013.1279	完成
39	2017年9月1日	摩登大道	002656.SZ	100	悦然心动(退市)	835625.OC	股权+现金	49000	完成
40	2017年9月5日	全信股份	300447.SZ	100	常康环保(退市)	833895.OC	股权+现金	72600	完成
41	2017年9月22日	浔兴股份	002098.SZ	65	价之链(退市)	838599.OC	现金	101399	完成
42	2017年10月9日	赛摩电气	300466.SZ	100	积硕科技(退市)	832224.OC	股权+现金	26300	完成
43	2017年10月12日	长荣股份	300195.SZ	100	大族冠华(退市)	830820.OC	现金	1600	完成
44	2017年10月16日	天源迪科	300047.SZ	94.8424	维恩贝特(退市)	831117.OC	股权+现金	79713.74	完成
45	2017年10月18日	花王股份	603007.SH	60	郑州水务	832006.OC	现金	25200	完成
46	2017年10月19日	华东重机	002685.SZ	100	润星科技(退市)	838016.OC	股权+现金	295000	完成
47	2017年10月19日	京蓝科技	000711.SZ	90.11	北方园林(退市)	831471.OC	股权+现金	72087.85	完成
48	2017年10月20日	飞凯材料	300398.SZ	100	和成显示(退市)	833241.OC	股权+现金	106400	完成

续表

收购方					标的方				
序号	最新公告日	公司名称	代码	受让后持股比例(%)	公司名称	证券代码	支付方式	交易金额(万元)	最新进度
49	2017年11月8日	南极电商	002127.SZ	100	时间互联(退市)	837139.OC	股权+现金	95600	完成
50	2017年11月8日	腾龙股份	603158.SH	54	力驰雷奥(退市)	834035.OC	现金	12538.8	完成
51	2017年11月11日	五洋停车	300420.SZ	100	天辰智能(退市)	838725.OC	股权+现金	25000	完成
52	2017年11月23日	赞宇科技	002637.SZ	73.815	新天达美(挂牌终止)	T23879.OC	现金	70742.2	完成
53	2017年12月14日	云内动力	000903.SZ	100	铭特科技(退市)	835954.OC	股权+现金	83500	完成
54	2017年12月16日	上海贝岭	600171.SH	100	锐能微(退市)	837010.OC	股权+现金	59000	完成
55	2017年12月16日	长城影视	002071.SZ	64.5	马仁奇峰(退市)	835397.OC	现金	16770	完成
56	2017年12月25日	海大集团	002311.SZ	60	大信集团(退市)	870237.OC	现金	29877.6	完成
57	2017年12月26日	三维通信	002115.SZ	100	巨网科技(退市)	833344.OC	股权+现金	134997.148	完成
58	2017年12月26日	海默科技	300084.SZ	85.01	思坦仪器(退市)	832801.OC	现金	45698.15	完成
59	2017年12月26日	上海天洋	603330.SH	66	信友新材(退市)	835357.OC	现金	5678.05	完成
60	2017年12月27日	清水源	300437.SZ	55	中旭建设(退市)	870088.OC	现金	36874.75	完成
61	2017年12月28日	科斯伍德	300192.SZ	49.22	龙门教育	838830.OC	现金	74936.078	完成
62	2018年1月6日	中国高科	600730.SH	51	英腾教育(退市)	838505.OC	现金	11475	完成
63	2018年1月13日	华源控股	002787.SZ	99.0996	瑞杰科技(退市)	430721.OC	现金	15	完成
64	2018年1月16日	黑芝麻	000716.SZ	100	礼多多(退市)	833690.OC	股权+现金	70000	完成

续表

收购方					标的方				
序号	最新公告日	公司名称	代码	受让后持股比例(%)	公司名称	证券代码	支付方式	交易金额(万元)	最新进度
65	2018年1月19日	帝欧家居	002798.SZ	98.39	欧神诺(退市)	430707.OC	股权+现金	196773.8884	完成
66	2018年1月25日	新元科技	300472.SZ	97.01	清投智能(退市)	836334.OC	股权+现金	77126.32	完成
67	2018年2月8日	集友股份	603429.SH	100	大风科技(退市)	870677.OC	现金	13000	完成
68	2018年3月3日	海达股份	300320.SZ	95.3235	科诺铝业(退市)	832210.OC	股权+现金	32934.82	完成
69	2018年3月7日	北特科技	603009.SH	95.7123	光裕股份(退市)	836748.OC	股权+现金	45271.9317	完成
70	2018年3月13日	乐普医疗	300003.SZ	100	乐普诊断(退市)	833729.OC	现金	14998.8	完成
71	2018年3月16日	鸣志电器	603728.SH	99.5374	运控电子(退市)	832187.OC	现金	29860.34	完成
72	2018年3月22日	应流股份	603308.SH	60	天津航宇(退市)	835493.OC	现金	2497.5	完成
73	2018年3月23日	深圳华强	000062.SZ	60	淇诺科技(退市)	839004.OC	现金	42426	完成
74	2018年3月27日	天士力	600535.SH	60	赛伦生物(退市)	835716.OC	现金	31000	完成
75	2018年3月29日	星帅尔	002860.SZ	51	新都安(退市)	837431.OC	现金	5100	完成
76	2018年3月30日	中通国脉	603559.SH	100	上海共创(退市)	835160.OC	股权+现金	41360	完成
77	2018年3月31日	新疆众和	600888.SH	32.02	远洋科技(退市)	836902.OC	现金	8999.9998	完成
78	2018年4月3日	迪威迅	300167.SZ	100	大成空间	831123.OC	现金	35	完成
79	2018年4月21日	神州高铁	000008.SZ	99.56	华高世纪(退市)	430039.OC	现金	92559.64	完成
80	2018年4月24日	康达新材	002669.SZ	31.284	必控科技(退市)	430469.OC	现金	998.24	完成
81	2018年4月26日	康美药业	600518.SH	100	恒祥药业(退市)	839400.OC	现金	7000	完成

续表

收购方					标的方				
序号	最新公告日	公司名称	代码	受让后持股比例(%)	公司名称	证券代码	支付方式	交易金额(万元)	最新进度
82	2018年4月28日	宝新能源	000690. SZ	42. 86	东方富海	T18737. OC	现金	252000	完成
83	2018年5月10日	鱼跃医疗	002223. SZ	100	中优医药(挂牌终止)	T23725. OC	现金	53728. 5	完成
84	2018年5月19日	天山生物	300313. SZ	96. 21	大象股份(退市)	833738. OC	股权+现金	237261. 45	完成
85	2018年6月1日	围海股份	002586. SZ	88. 2298	千年设计(退市)	833545. OC	股权+现金	142932. 195	完成
86	2018年6月5日	新北洋	002376. SZ	60	荣鑫科技	839288. OC	现金	8129. 95	完成
87	2018年6月9日	超讯通信	603322. SH	51	康利物联(退市)	836750. OC	现金	9180	完成
88	2018年6月15日	赛意信息	300687. SZ	51	景同科技(退市)	872048. OC	现金	13260	完成
89	2018年6月16日	美诺华	603538. SH	62. 22	燎原药业	831271. OC	现金	12017. 3684	完成
90	2018年6月19日	金冠股份	300510. SZ	100	鸿图隔膜(退市)	835844. OC	股权+现金	147624. 81	完成
91	2018年6月22日	鸿特科技	300176. SZ	100	远见精密(退市)	838110. OC	现金	30000	完成
92	2018年6月23日	万润科技	002654. SZ	51. 0248	中筑天佑(退市)	834029. OC	现金	20920. 168	完成
93	2018年6月30日	启迪桑德	000826. SZ	100	浦华环保(退市)	835956. OC	现金	130000	完成
94	2018年7月25日	中持股份	603903. SH	60	南资环保(退市)	839046. OC	现金	25200	完成
95	2018年7月28日	长虹华意	000404. SZ	68. 42	格兰博	837322. OC	现金	7410. 625	完成
96	2018年8月4日	万业企业	600641. SH	51	凯世通(退市)	870315. OC	现金	49470	完成
97	2018年8月18日	隆盛科技	300680. SZ	100	微研精密(退市)	835972. OC	股权+现金	30000	完成
98	2018年8月21日	中山公用	000685. SZ	63. 67	名城科技	870778. OC	—	—	完成
99	2018年8月24日	北陆药业	300016. SZ	33. 5	海昌药业	834402. OC	现金	13674. 036	完成

续表

收购方					标的方				
序号	最新公告日	公司名称	代码	受让后持股比例(%)	公司名称	证券代码	支付方式	交易金额(万元)	最新进度
100	2018年8月30日	南天信息	000948.SZ	40.02	红岭云	870543.OC	现金	581.56	完成
101	2018年9月4日	邦宝益智	603398.SH	100	美奇林(退市)	837188.OC	现金	44000	完成
102	2018年9月7日	新雷能	300593.SZ	52	永力科技	830840.OC	现金	26000	完成
103	2018年9月8日	大北农	002385.SZ	81.07	荣昌育种	430762.OC	现金	28000	完成
104	2018年9月12日	华达科技	603358.SH	51	恒义股份(退市)	872332.OC	现金	24735	完成
105	2018年9月13日	众生药业	002317.SZ	83.7697	逸舒制药	832796.OC	现金	7664.8672	完成
106	2018年10月10日	维力医疗	603309.SH	100	狼和医疗(退市)	836795.OC	现金	43000	完成
107	2018年10月20日	瑞丰光电	300241.SZ	49	ST星美灿(退市)	834244.OC	现金	2450	完成
108	2018年10月25日	高升控股	000971.SZ	99.997	华麒通信(退市)	834355.OC	股权+现金	91896.96	完成
109	2018年11月15日	万隆光电	300710.SZ	60	欣网卓信(退市)	836449.OC	现金	11880	完成
110	2018年11月20日	和胜股份	002824.SZ	51.4	新马精密(退市)	831845.OC	现金	6000	完成
111	2018年11月29日	南威软件	603636.SH	61	太极云软(退市)	834127.OC	现金	21348.845	完成
112	2018年11月29日	元隆雅图	002878.SZ	60	谦玛网络(退市)	870565.OC	现金	20851.02	完成
113	2018年12月1日	海欣股份	600851.SH	60.96	海欣药业	833211.OC	现金	2336.4	完成
114	2018年12月7日	星期六	002291.SZ	88.5651	遥望网络(退市)	834448.OC	股权+现金	177130.21	发审委通过
115	2018年12月12日	长方集团	300301.SZ	99.959	康铭盛(退市)	834736.OC	现金	1527.44	完成
116	2018年12月12日	维尔利	300190.SZ	59.5192	汇恒环保	836348.OC	现金	3000	完成
117	2018年12月15日	中潜股份	300526.SZ	100	蔚蓝体育(退市)	838191.OC	现金	19000	完成
118	2018年12月18日	万顺股份	300057.SZ	51	众智同辉	832361.OC	现金	818	完成

续表

收购方					标的方				
序号	最新公告日	公司名称	代码	受让后持股比例(%)	公司名称	证券代码	支付方式	交易金额(万元)	最新进度
119	2018年12月18日	汇金股份	300368.SZ	34	北辰德(退市)	870694.OC	现金	6565.2032	完成
120	2018年12月19日	天泽信息	300209.SZ	99.9991	有棵树(退市)	836586.OC	股权+现金	339997.06	证监会核准
121	2018年12月20日	瀛通通讯	002861.SZ	100	联韵声学(退市)	837832.OC	现金	18000	完成
122	2018年12月20日	隆平高科	000998.SZ	90	联创种业(退市)	430625.OC	股权	138690	完成
123	2018年12月21日	凯乐科技	600260.SH	58.36	长信畅中	830872.OC	现金	20800	完成
124	2018年12月25日	中环装备	300140.SZ	99.18	兆盛环保(退市)	836616.OC	股权+现金	71409.84	过户
125	2018年12月28日	振江股份	603507.SH	65.0002	上海底特	430646.OC	现金	18800	完成
126	2018年12月29日	至纯科技	603690.SH	100	波汇科技(退市)	839861.OC	股权+现金	68000	证监会核准
127	2018年12月29日	设研院	300732.SZ	87.2	中赟国际(退市)	834695.OC	股权+现金	56037.27	过户

资料来源：wind。

附件2

2018年新三板利好消息梳理

时　间	新三板利好消息梳理
2018年1月2日	证监会：新三板直接转板试点需审慎研究推进
2018年1月12日	证监会首度明确“三类股东”监管政策
2018年1月15日	新三板正式施行集合竞价
2018年1月24日	李明首提：2018年全国股转公司将着力推进市场精细化分层等四项工作，及企业两地挂牌问题
2018年2月中上旬	北京新三板股权转让个人所得税管理加强
2018年3月6日	证监会副主席姜洋透露证监会的六大重点工作之一：大力推进多层次资本市场体系建设，继续深化新三板改革
2018年4月21日	全国股转公司与香港交易所签署备忘录，“新三板+H”模式推出
2018年4月底	港交所对尚未盈利的生物科技公司敞开大门，新三板公司“蠢蠢欲动”

续表

时　间	新三板利好消息梳理
2018 年 5 月 3 日	发布《全国中小企业股份转让系统公开转让说明书信息披露指引——医药制造公司》
2018 年 5 月 18 日	全国股转公司与贸仲委签署合作框架协议共建纠纷解决机制
2018 年 5 月 24 日	发布《挂牌公司信息披露及会计业务问答(五)——股权质押、冻结、信息披露》
2018 年 5 月 25 日	正式发布 2018 年创新层挂牌公司名单
2018 年 5 月 28 日	隋强:推进新三板精细化分层
2018 年 6 月 1 日	全国股转公司、中国结算联合发布特定事项协议转让业务暂行办法
2018 年 6 月 19 日	国务院发文:允许外商投资新三板挂牌公司
2018 年 6 月 20 日	刘鹤首度公开提及"推进新三板制度改革"
2018 年 6 月 22 日	隋强:正积极协调配套 IPO 相关政策、国资外资投资等
2018 年 8 月 25 日	隋强首次提出"新三板市场改革将坚持'三个不动摇',很多措施在路上"
2018 年 8 月 31 日	证监会官网答复政协委员提案,首次提及"将深入论证在创新层之上再设置精选层"
2018 年 9 月 6 日	国务院常务会议明确免征新三板二级市场交易个税
2018 年 9 月 6 日	黄磊提出:新三板改革"两个方向"和"六条措施"
2018 年 9 月 26 日	国务院:支持发展潜力好但尚未盈利的创新型企业挂牌新三板
2018 年 10 月 8 日	证监会推出"小额快速"并购重组审核机制
2018 年 10 月 10 日	谢庚在《中国金额》撰文称:支持优质创新公司在新三板大额高效融资
2018 年 10 月 19 日	刘士余表示:"推进新三板发行与交易制度改革,提升对新三板企业的融资服务功能"
2018 年 10 月 26 日	全国股转公司启动第二轮新三板存量制度优化改革:优化股票发行与并购重组制度,建立做市商评价机制
2018 年 10 月 29 日	全国股转公司发布《全国中小企业股份转让系统挂牌推荐业务规定》等业务规则、修订《全国中小企业股份转让系统挂牌公司权益分派业务指南》

附件 3　上市公司收购新三板企业反馈问题参考

《中国证监会行政许可项目审查一次反馈意见通知书》

([181406]号中环装备收购兆盛环保)

1. 申请文件显示,江苏兆盛环保股份有限公司(以下简称兆盛环保或标的资产)的股票于 2016 年 4 月至 2018 年 4 月在全国中小企业股份转让系统(以下简称新三板)挂牌转让。2018年4月18日起终止挂牌。请你公司补充披露:(1)兆盛环保在新三板挂牌以来信息披露的合规性。(2)兆盛环保在新三板终止挂牌,是否已履行相关内部审议及外部审批程序。(3)兆盛环保就本次交易披露的财务报表与其在新三板挂牌时披露的财务报表是否存在差异;如存在,请补充披露出现差异的原因及合理性,并说明上市公司内部控制是否健全有效。请独立财务顾问、律师和会计师核查并发表明确意见。

2. 申请文件显示,本次交易后,尹志强仍持有兆盛环保0.82%股权,中节能环保装备股份有限公司(以下简称上市公司或中环装备)持有兆盛环保99.18%股权。请你公司补充披露:(1)上市公司未购买标的资产全部股权的原因、有无收购剩余股权的安排。(2)上市公司与尹志强是否就优先受让标的资产股权、交易后兆盛环保的公司治理等达成协议,如有,对上市公司公司治理及生产运营的影响。请独立财务顾问和律师核查并发表明确意见。

3. 申请文件显示,本次交易取得我会核准后,标的资产将由股份有限公司变更为有限责任公司,变更完成后再进行交割。请你公司按照《公司法》《公司登记管理条例》相关规定,结合标的资产公司章程等,补充披露:上市公司与标的资产股东就公司组织形式变更事项约定的协议内容、公司组织形式变更需要履行的程序和具体安排、是否存在实质性法律障碍及应对措施。请独立财务顾问和律师核查并发表明确意见。

4. 申请文件显示,交易对方无锡金久盛投资企业(有限合伙)是兆盛环保的主要部门管理人员及业务骨干进行激励而设立的员工持股平台,无实际经营业务。请你公司:(1)以列表形式穿透披露上述合伙企业的合伙人取得相应权益的时间、出资方式、资金来源等信息。(2)补充披露上述穿透披露情况在重组报告书披露后是否发生变动。如发生变动,补充披露是否构成对重组方案的重大调整。(3)补充披露上述有限合伙企业合伙协议约定的存续期限。(4)补充披露交易完成后最终出资的自然人持有合伙企业份额的锁定安排。(5)补充披露本次重组交易对方涉及合伙企业的合伙人之间是否存在分级收益等结构化安排。如无,请补充披露无结构化安排的承诺。请独立财务顾问和律师核查并发表明确意见。

5. 申请文件显示,2016年10月,经我会核准,上市公司发行股份购买中节能六合天融环保科技有限公司100%股权。请你公司补充披露:(1)本次交易是否符合上市公司及当时的控股股东、实际控制人在实施前次重组时所作相关承诺。(2)前次重组业绩承诺是否已如期足额履行,实际履行情况是否符合我会规定及双方约定。(3)上市公司及控股股东、实际控制人是否存在未履行的公开承诺,如有,对本次交易的影响。请独立财务顾问和律师核查并发表明确意见。

6. 申请文件显示,(1)交易对方之一黑龙江省容维证券数据程序化有限公司(以下简称黑龙江容维)现有股东18人。其中,前海乐涛、嘉兴傲泽为机构投资者,哈尔滨蓝度为员工持股平台。(2)黑龙江容维最近五年受到我会多项行政处罚。请你公司:(1)补充披露黑龙江容维及其股东是否存在分级收益等结构化安排。(2)以列表形式穿透披露黑龙江容维最终出资人及其取得相应权益的时间、出资方式、资金来源等信息。(3)补充披露上述穿透披露情况在重组报告书披露后是否曾发生变动;如发生变动的,补充披露是否构成对重组方案的重大调整。(4)计算最终出资人总人数,补充披露是否符合《证券法》第十条发行对象不超过200名和《非上市公众公司监管指引第4号——股东人数超过200人的未上市股份有限公司申请行政许可有关问题的审核指引》的相关规定。(5)补充披露黑龙江容维所受行政处罚的具体情况、是否已完成整改,是否构成本次交易的法律障碍。请独立财务顾问和律师核查并发表明确意见。

7. 申请文件显示,标的资产以其所有的土地使用权、房产、应收账款为抵押签订4项抵押担保合同,并存在1项对外担保。请你公司:(1)补充披露上述抵押发生的原因、实际借款用途,标的资产是否具备解除抵押的能力,解除抵押的具体安排,如不能按期解除抵押对本次交易的影响。(2)结合标的资产公司章程有关对外担保的审批权限和审议程序,补充披露标的资产提供对外担保是否已经履行必要的决策程序。请独立财务顾问和律师核查并发表明确意见。

8. 申请文件显示,技术人才是标的资产的核心竞争力之一。兆盛环保技术人员队伍稳定,主要核心技术人员7人。请你公司补充披露:(1)标的资产员工整体结构、科研人员情况,并与市场同类公司进行横向比较。(2)标的资产与核心技术人员劳动合同签订情况,是否设置了保障核心技术人员稳定的条款及其主要内容,包括但不限于服务期限、竞业禁止、违约追偿等。(3)其他防范核心、技术人员和经营管理团队流失风险的具体措施。请独立财务顾问和律师核查并发表明确意见。

9. 申请文件显示,兆盛环保于2016年11月30日取得高新技术企业证书,有效期三年。2016年至2018年享受15%的企业所得税优惠税率。请你公司补充披露:上述证书的续期计划、续期进展、是否存在重大不确定性及对本次交易评估值的影响。请独立财务顾问、律师和评估师核查并发表明确意见。请你公司:(1)结合财务指标,补充披露本次交易完成后上市公司主营业务构成、未来经营发展战略和业务管理模式。(2)补充披露本次交易在业务、资产、财务、人员、机构等方面的整合计划及可实现性。(3)补充披露交易完成后上市公司是否存在无法有效管理控制标的资产的风险及具体应对措施。请独立财务顾问核查并发表明确意见。

10. 申请文件显示,(1)本次交易拟向包括中节能集团在内的特定投资者非公开发行股份募集配套资金总额不超过41000万元,具体用途包括支付现金对价、中介费用及三个募投项目。(2)中环装备于2010年在创业板首发上市,截至2017年12月31日,所有首发募投项目均仍未达到预计效益。(3)截至2017年12月31日,中环装备货币资金余额为23799.31万元,资产负债率为58.75%;2017年实现归属于母公司所有者的净利润7597.86万元,2018年1~5月归属于母公司所有者的净利润为-3974.53万元。请你公司:(1)补充披露本次交易募投项目中拟购买土地、房产的具体性质。(2)补充披露本次交易募投项目中"设计研发及信息化管理中心项目"的建设必要性及与兆盛环保目前主营业务的关联性。(3)补充披露截至目前募投项目是否已取得环评备案。(4)补充披露本次交易募投项目产生的收益是否在业绩承诺和收益法评估中考虑。(5)结合截至2017年上市公司所有首发募投项目均未达到预计效益及2018年1~5月上市公司出现亏损的实际情况,补充披露本次募集配套资金是否符合《创业板上市公司证券发行管理暂行办法》第十一条的规定。(6)结合上市公司货币资金及财务性投资余额,资产负债率等,进一步补充披露本次交易募集配套资金的必要性。请独立财务顾问核查并发表明确意见。

11. 申请文件显示,本次交易采用差别化定价。黑龙江容维不参与标的资产经营管理,不承担本次交易业绩承诺补偿义务,其在本次交易中获得的对价股份在12个月锁定期满后可以一次性解锁;而周震球作为标的资产大股东及实际控制人之一,承担本次交易业绩承诺补偿义务,且在本次交易中获得的对价股份在12个月锁定期满后,需根据标的资产业绩实现情况分期解锁。差别化定价具体方案为黑龙江容维享有标的资产的对价调减1501.38万元,周震球享有的对价调增1501.38万元。请你公司结合标的资产的具体评估情况,进一步补充披露本次交易采用差异化定价的合理性,是否有利于保护上市公司及中小股东利益。请独立财务顾问核查并发表明确意见。

12. 申请文件显示,(1)本次交易业绩补偿义务人为周震球等6名交易对方,黑龙江容维和王羽泽不承担业绩补偿义务。(2)补偿义务人承诺兆盛环保

2017 年、2018 年、2019 年承诺净利润分别为 5600 万元、6700 万元和 7900 万元。(3)本次交易收益法评估中预测兆盛环保 2017 年、2018 年、2019 年预测净利润分别为 5800.04 万元、6703.14 万元和 7900 万元。(4)兆盛环保 2017 年实际实现净利润 5713.99 万元,实现扣除非经常性损益后归属于母公司所有者的净利润 5655.19 万元。如按业绩承诺计,2017 年兆盛环保实际完成净利润高于业绩承诺金额,如按收益法评估预测净利润计,2017 年兆盛环保实际完成净利润低于收益法评估预测。请你公司补充披露:(1)黑龙江容维等交易对方不承担业绩承诺的合理性。(2)本次交易业绩承诺是否存在延期安排。(3)兆盛环保 2017 年承诺净利润低于收益法评估预测净利润的原因及合理性,兆盛环保 2017 年实际实现净利润低于收益法评估预测净利润的具体原因。请独立财务顾问核查并发表明确意见。

13. 申请文件显示,(1)兆盛环保最近三年进行过 2 次增资及一次股权转让。(2)2015 年 7 月通过增资及股权转让方式引入黑龙江容维等 5 名股东,该次增资转让价格为 3.30 元/1 元出资额,对应 100% 股权价格为 35000 万元。(3)2017 年 2 月兆盛环保通过定向增发的方式引入股东王羽泽,该次增资价格为 5.00 元/股,对应 100% 股权价格为 60000 万元。(4)本次交易对应兆盛环保 100% 股权交易价格为 72000 万元。请你公司对前次增资及股权转让时点兆盛环保的经营业绩情况与本次交易评估时点兆盛环保的经营业绩情况进行比较分析,并进一步补充披露本次交易兆盛环保交易作价较前次增资转让价格存在较大增长的合理性。请独立财务顾问和评估师核查并发表明确意见。

14. 申请文件显示,(1)兆盛环保主要从事污水(泥)环保设备的设计、研发、制造、销售及服务。报告期 2016 年至 2018 年 1 ~ 5 月,兆盛环保主营业务收入分别为 29838.74 万元、40475.09 万元和 14386.85 万元,其中 2017 年增长率达到 35.6%。(2)兆盛环保报告期前五大客户集中度较低,且报告期存在较大变化。(3)兆盛环保收入确认原则含销售商品收入、提供劳务收入(包括采用建设移交方式即 BT 业务参与公共基础设施建设业务)、建造合同收入(污水处理工程业务)等,同时兆盛环保通过设立赵县兆盛等项目公司的方式开展工程建设项目。请你公司:(1)结合兆盛环保报告期主要项目合同签订情况,进一步补充披露报告期兆盛环保主营业务收入增长的具体原因及合理性。(2)结合兆盛环保的业务模式,进一步补充披露兆盛环保报告期前五大客户集中度较低且存在较大变化的具体原因。(3)结合各类业务的合同签订情况及主要条款,补充披露兆盛环保各类业务的具体收入确认政策和依据,是否符合企业会计准则的规定，是否存在对相同或相似的业务采取不同的收入确认政策。（4）以列表形式补充披露截至目前兆盛环保主要BT项目进展，是否正常运营，现金流回款是否正常。（5）补充披露兆盛环保建造合同相关收入参数的确认依据，完工进度能否准确确认，是否聘请第三方监理机构对项目的完工进度进行确认。请独立财务顾问和会计师补充披露针对兆盛环保收入确认政策的具体核查情况，包括但不限于上述“（3）、（4）、（5）”条反馈意见的内容，并就核查范围、核查手段和核查结论发表明确意见。

15. 申请文件显示，兆盛环保报告期综合毛利率分别为31.92%、35.17%和30.82%。请你公司：（1）结合兆盛环保报告期主要项目的毛利率情况，进一步补充披露报告期兆盛环保各类业务毛利率变化的具体原因及合理性。（2）补充披露兆盛环保报告期毛利率与同行业可比公司的毛利率比较情况。请独立财务顾问和会计师核查并发表明确意见。

16. 申请文件显示，（1）兆盛环保的主要产品为非标准化设备，每套设备采购的原材料、外协加工均不相同，成本构成具有一定差异。报告期主要采购内容为钢材、外购件及加工费等。（2）2018年1～5月兆盛环保第一大供应商为成都兆盛水务有限公司，其为兆盛环保持股49%的联营企业，另外51%股权为江西洪城水业环保有限公司持有。（3）重组报告书第176页披露，报告期内兆盛环保不存在董事、监事、高级管理人员和核心技术人员、其他主要关联方或持有兆盛环保5%以上股份的股东在前五名供应商中占有权益的情形。请你公司：（1）补充披露2018年1～5月兆盛环保第一大供应商为成都兆盛的情况与交易报告书关联方持有前五名供应商权益的情况信息披露是否一致。（2）结合成都兆盛的股权结构，补充披露兆盛环保报告期向成都兆盛采购钢材与非标设备的具体原因及合理性，并结合向无关第三方采购价格进一步补充披露相关关联交易定价的公允性。（3）补充披露兆盛环保报告期外协加工占总采购额的比例，兆盛环保对外协加工是否存在重大依赖。请独立财务顾问核查并发表明确意见。

17. 申请文件显示，（1）报告期兆盛环保应收票据及应收账款金额分别为20117.19万元、30538.07万元和30706.06万元；长期应收款主要是BT项目款项，报告期金额分别为5723.52万元、7209.24万元和7345.84万元；两者合计占兆盛环保总资产比例分别为56.8%、60.7%和59.7%。（2）兆盛环保报告期应收账款按账龄计提坏账准备。（3）兆盛环保报告期资产负债率分别为51.77%、53.70%和51.76%，报告期资产负债率均高于50%；经营活动现金流量净额分别为－3818.99万元、1832.12万元和－3012.32万元。（4）兆盛环保报告期主要负债项目为短期借款和应付账款及应付票据。请你公司:(1)补充披露兆盛环保报告期应收票据及应收账款、长期应收款上升的具体原因及合理性。(2)结合兆盛环保所处行业及BT业务特点、主要销售合同约定的收款期限情况及账龄情况,补充披露兆盛环保各环节应收账款、长期应收款确认时点及主要项目应收账回收是否符合合同约定,应收款收回是否存在重大风险。(3)补充披露截至目前兆盛环保应收账款及长期应收款的回收情况。(4)补充披露兆盛环保的长期应收款是否计提坏账准备。(5)综合兆盛环保报告期应收票据及应收账款和长期应收款规模较大、各期资产负债率均较高、经营活动现金流量净额合计为负且报告期各期均低于净利润、主要负债项目为短期借款和应付账款及应付票据等情况,进一步补充披露兆盛环保是否存在重大的偿债及资金链风险;结合主要负债的到期日情况,补充披露兆盛环保相关资产能否覆盖到期负债的偿付。请独立财务顾问和会计师核查并发表明确意见。

18. 申请文件显示,(1)报告期兆盛环保存货金额分别为7142.27万元、6334.01万元和9427.63万元;报告期末兆盛环保产成品金额较高,主要为伊宁污水处理厂建设项目等生产完毕未发货或已发货但未正式验货所致。(2)报告期兆盛环保存货周转率分别为2.86、3.95和3.07,存货周转率远高于同行业可比公司2017年存货周转率平均值1.42。请你公司:(1)结合兆盛环保的各类产品的生产周期情况,补充披露兆盛环保报告期存货金额变动的具体原因。(2)补充披露兆盛环保存货周转率远高于同行业可比公司的具体原因及合理性,兆盛环保收入确认时点是否符合行业惯例,收入确认政策是否稳健。请独立财务顾问和会计师核查并发表明确意见。

19. 申请文件显示,本次交易在评估基准日2017年7月31日,兆盛环保股东全部权益价值收益法评估结论为72018万元,增值率为185.09%。东洲评估以2018年5月31日为基准日,对标的资产进行了加期评估并出具资产评估报告,加期评估中,兆盛环保的股东全部权益价值评估价值为75682万元。经交易各方友好协商并经上市公司第六届董事会第十七次会议审议通过,本次交易仍以2017年7月31日基准日的评估结果为依据,交易价格不变。请你公司:(1)补充披露前次评估报告中预测兆盛环保2017年8～12月的营业收入、净利润等主要预测参数的实际完成情况。(2)结合前次评估报告和加期评估报告的具体情况,补充披露前次评估报告和加期评估报告的主要评估假设、评估参数等是否发生重大变化,并对前次评估报告和加期评估报告收益法评估预测的营业收入、净利润等主要参数进行比较分析。请独立财务顾问和评估师核查并发表明确意见。申请文件显示，(1)兆盛环保报告期营业收入分别为29886.55万元、40676.12万元和14470.65万元，预测期2018年至2021年预测营业收入分别为43660万元、49900万元、55883万元和60565万元，营业收入增长率分别为7.3%、14.3%、12.0%和8.4%。(2)从兆盛环保的主营业务来看，兆盛环保的产品主要为污水(泥)处理设备，客户主要为市政单位、大型环保工程企业等，其普遍采用公开招标的方式进行服务及采购。请你公司：(1)结合截至目前兆盛环保营业收入和净利润等实现情况，进一步补充披露兆盛环保2018年预测营业收入和净利润的可实现性。(2)结合兆盛环保所处行业的市场容量及发展空间、主要竞争对手及兆盛环保的竞争优势、目前在手订单情况和未来进一步开拓市场的能力，补充披露兆盛环保预测期营业收入保持持续增长的具体预测依据及可实现性。请独立财务顾问和评估师核查并发表明确意见。

20. 申请文件显示，(1)兆盛环保报告期综合毛利率分别为31.92%、35.17%和30.82%。预测期预测毛利率分别为33.4%、33.6%、33.7%、33.6%和33.6%，较为稳定。(2)报告期内兆盛环保各项目类别的毛利率差别较大。请你公司结合兆盛环保报告期各项目类别的毛利率差异情况及综合毛利率变动情况，进一步补充披露：兆盛环保预测期毛利率较为稳定的预测依据，未来保持毛利率稳定的具体措施。请独立财务顾问和评估师核查并发表明确意见。

21. 申请文件显示，(1)本次交易收益法评估中，兆盛环保预测期预测运营资本追加金额分别为3882.27万元、4308.22万元、4133.86万元和3240.55万元。(2)报告期兆盛环保应收账款金额较高，且2017年出现较为明显的上升；此外，兆盛环保报告期存在BT业务和建造合同业务。请你公司结合兆盛环保报告期主要BT业务和建造合同业务等现金流回款情况，补充披露兆盛环保预测期营运资本增加的预测依据，未来兆盛环保预测期现金流收回是否存在重大风险。请独立财务顾问和评估师核查并发表明确意见。

对河南省交通规划设计研究院股份有限公司的重组问询函

创业板许可类重组问询函〔2018〕第37号

河南省交通规划设计研究院股份有限公司董事会：

2018年8月28日，你公司直通披露了《河南省交通规划设计研究院股份有限公司发行股份及支付现金购买资产预案》(以下简称预案)。我部对上述披露文件进行了形式审查，请从以下方面予以完善：

1. 预案显示，标的公司历史上曾存在股权代持、工会持股、无偿划转、预留股等情形,请说明以上改制及股份清理过程的合法合规性、是否存在潜在纠纷、是否对本次交易构成影响。请独立财务顾问及律师发表意见。

2. 预案显示,煤炭工业郑州设计研究院有限公司(以下简称郑煤院)成立办理工商登记时,10%预留股由郑煤院的职工出资。截至2011年8月,库存股共计859437.14元已由董宪洲、张秋英、李肇征、杨超锋、阎卫平、刘信生、郑晓东、孙震海、陈景河、杨彬等10人按照参考净资产值确定的转让价格购买。请说明10%预留股是否由工会代持,库存股转让的具体价格以及公允性,股份受让方的确定过程及程序,股份转让履行的具体程序。请独立财务顾问及律师发表意见。

3. 预案显示,标的公司2017年营业收入、归属于母公司所有者的净利润,较2016年分别下降12.83%、43.55%,请说明:

(1)营业收入、净利润大幅下降的具体原因。

(2)标的公司报告期非经常性损益的构成以及形成原因,扣除非经常性损益后净利润的稳定性,非经常性损益是否具备持续性。

请独立财务顾问和会计师发表意见。

4. 预案显示,标的公司2016年、2017年及2018年1~6月毛利率分别为27.36%、26.28%、26.38%,净利率分别为7.15%、4.63%、5.94%。请对比公司以及其他可比公司,说明标的公司毛利率和净利率较低的原因。请独立财务顾问和会计师发表意见。

5. 请补充披露标的公司员工数量和年龄结构、员工年度薪酬总额、养老保险和医疗保险缴纳情况、补充养老金缴纳情况、员工退休工资的支付安排等,并说明本次交易完成后预计将会给公司增加的员工薪酬成本总规模,是否存在需补充缴纳社保等相关风险,如有,请说明解决措施。请独立财务顾问、会计师、律师发表意见。

6. 请说明标的公司改制过程中是否存在历史遗留的员工安置问题,本次重组后是否涉及员工安置以及相关的安置成本,并说明该问题对标的公司经营状况的影响以及对本次交易的影响。请独立财务顾问、会计师、律师发表意见。

7. 请说明交易完成后公司对标的公司的整合计划,包含但不限于对标的公司的管理层、员工、组织机构的安排等,说明本次交易完成后,公司将如何调动标的公司的业务发展积极性,以及如何提升标的公司的管理水平和盈利能力。

8. 预案显示,杨彬、肖顺才、李明、牛其志、曲振亭、吴里杨于2015年6月18日签署了《一致行动协议》,有效期三年,吴里杨提出《一致行动协议》期满后不再续签。请说明吴里杨提出《一致行动协议》期满后不再续签的具体原因。

9. 请补充披露标的公司以下财务数据：

（1）按产品或服务类型披露主营业务收入数据，按地区分布披露主营业务收入数据。

（2）前五大客户信息，包含但不限于客户名称、销售额、销售额占年销售额的比例、应收账款金额等；前五大供应商信息，包含但不限于供应商名称、采购金额、采购金额占年采购金额的比例、应付账款金额等。

（3）应收账款数据，包括应收账款金额、账龄、坏账准备计提情况、其后回款情况等。

（4）分合同列示正在履行的重大合同（金额1000万元以上）的完工进度、已确认收入金额和尚未确认收入金额。

（5）研发支出金额，以及研发支出费用化和资本化的金额。

10. 预案显示，补偿义务人承诺标的公司2018年、2019年、2020年、2021年经审计的公司合并财务报表中扣除非经常性损益后归属于母公司股东的净利润数额分别不低于人民币2200万元、3200万元、4200万元及5200万元。请结合标的公司历史业绩以及增长率、未完工合同、行业发展状况等量化分析业绩承诺的可实现性。请独立财务顾问发表意见。

11. 请补充披露收益法和资产基础法测算的具体过程及主要参数，并说明选取的参数是否合理。估值结果最终采用资产基础法，请补充披露标的公司各项资产的预估值结果。

12. 请补充披露标的公司于股转系统挂牌期间标的公司和交易对手是否受到中国证监会及派出机构的行政处罚或行政监管措施，是否受到股转系统的处分或自律监管措施。请独立财务顾问和律师发表意见。

请你公司就上述问题做出书面说明，并在2018年9月11日前将有关说明材料报送我部。

特此函告。

深圳证券交易所创业板公司管理部

2018年9月7日

《中国证监会行政许可项目审查一次反馈意见通知书》第180925号

天泽信息收购有棵树

问题一、申请文件显示：（1）2011年4月，你公司首次公开发行股份并在创业板上市，公司实际募集资金6.31亿元，超募资金投向中，收购无锡捷玛物联科技有限公司75%股权等4个项目未达到预期收益;(2)本次交易拟募集配套资金不超过13亿元,其中49639.49万元用于支付现金对价及交易相关费用,剩余部分用于标的资产跨境电商物流仓储产业园建设项目和中东跨境出口电商平台及海外仓储建设项目建设。截至2017年12月31日,上市公司和标的资产账面货币资金余额为11.33亿元,上市公司资产负债率为22.77%,交易完成后资产负债率为24%。请你公司:(1)结合募投项目实际收益情况,补充披露前次募集资金使用情况是否符合《创业板上市公司证券发行管理暂行办法》第11条关于“前次募集资金基本使用完毕,且使用进度和效果与披露情况基本一致”的规定。(2)结合标的资产现有业务情况及未来经营规划、行业发展趋势及竞争态势等,补充披露投建跨境电商物流仓储产业园建设项目和中东跨境出口电商平台及海外仓储建设项目的必要性。(3)补充披露本次跨境电商物流仓储产业园建设项目和中东跨境出口电商平台及海外仓储建设项目的具体投资概算及金额测算依据、除募集资金以外剩余资金的来源、项目进度安排、目前进展、以及投产时间及预期收益率情况。(4)补充披露本次重组募投项目相关审批事项的进展情况,是否存在实质性障碍,以及对本次重组的影响。(5)补充披露本次募集配套资金使用是否符合我会相关规定。(6)结合上市公司和标的资产现有货币资金用途、未来支出安排、资产负债率情况等,补充披露本次募集配套资金的必要性。请独立财务顾问核查并发表明确意见。

问题二、申请文件显示,(1)本次交易完成后,孙伯荣仍为上市公司实际控制人。(2)本次交易停牌前6个月和停牌期间,标的资产进行多次股权转让和增资,且交易对方中多家有限合伙企业存在增资、合伙人变更等情形。请你公司补充披露:(1)标的资产在停牌前六个月内及停牌期间、交易预案披露后进行增资和股权转让的原因及必要性,是否已履行必要的审议和披露程序,相关工商登记是否已完成,增资及股权转让涉及的相关价款来源是否合法、支付是否到位。(2)前述有限合伙企业增资、合伙人变更的原因和必要性,涉及的相关价款来源是否合法、支付是否到位。(3)标的资产前述股权转让和增资与本次重组的关系,是否为一揽子交易,是否存在其他协议或安排、是否存在关联方利益输送的情形。(4)李鹏本次交易选择现金退出的原因,肖四清与李鹏是否存在关联关系或一致行动关系。(5)交易对方的一致行动关系并计算一致行动方的合计持股比例。(6)交易对方是否存在参与配套募集资金的计划以及对上市公司控制权的影响。请独立财务顾问和律师核查并发表明确意见。

问题三、重组预案显示,根据上市公司与肖四清、日照小树股权投资管理合伙企业(有限合伙)等十三位交易对方签署的《盈利补偿协议》,交易对方承诺深圳市有棵树科技股份有限公司(以下简称有棵树)在2017年度、2018年度和2019年度预测实现的合并报表范围扣除非经常性损益后归属于母公司所有者的净利润分别不低于21000万元、32500万元和42500万元。标的资产2017年实现扣除非经常性损益的净利润15926.81万元。申请文件显示,肖四清等十四名补偿义务人承诺有棵树2018年、2019年、2020年实现的扣非归母净利润分别不低于人民币26000万元、33000万元、41000万元。本次交易完成前,补偿义务人持有标的资产股权比例为65.08%,即使补偿义务人足额履行补偿义务,上市公司仍将承担额外损失的风险。请你公司:(1)量化分析标的资产2017年实际业绩未达到承诺金额的原因及合理性。(2)结合标的资产历史业绩、未来前景及行业发展趋势等,补充披露标的资产2018年-2020年承诺业绩的可实现性。(3)补充披露原《盈利补偿协议》是否已解除以及与本次重组报告书中披露的《盈利补偿协议》的关系。(4)补充披露本次交易方案与预案相比,调低业绩承诺金额但未调整评估值与交易作价的原因及合理性。(5)补充披露部分交易对方未承担业绩承诺补偿义务的原因及合理性。(6)针对盈利补偿承诺未覆盖全部交易对价的风险,补充披露本次交易业绩承诺补偿方案设置的合理性,是否有利于保护上市公司及中小股东利益。请独立财务顾问、律师和评估师核查并发表明确意见。

问题四、申请文件显示,因第三方电商平台对于单个公司开设多个网店审批流程较复杂,标的资产为扩大业务规模,在报告期内通过签署《信息使用授权协议》的方式以员工或其他主体(个人或公司)信息在第三方电商平台注册设立网络店铺,前述第三方名义网店2016年和2017年的数量占比分别为61.43%和90.16%,营业收入占比分别为63.98%和76.21%。目前,有棵树正在实施针对第三方名义网店的整改计划。请你公司补充披露:(1)标的资产的业务模式,包括但不限于通过自营网站销售、通过第三方销售平台销售和B2B模式的经营内容、收付款模式、物流模式、活跃用户数量等。(2)标的资产与第三方电商平台合作模式、签署协议的主要内容及期限,以及对标的资产持续经营稳定性的影响。(3)对第三方名义网店的具体整改措施和计划、截至目前的实施进展,以及整改是否可能对标的资产业绩产生不利影响。(4)标的资产未来有关开设店铺的经营发展战略。(5)报告期内以第三方主体名义开设店铺是否符合店铺所在电商平台的规定、是否存在被第三方电商平台处罚的风险。(6)标的资产与第三方签署的《信息使用授权协议》在报告期内是否有效履行,是否存在协议方违约的情形。(7)标的资产报告期内以第三方主体设立店铺是否存在法律风险和潜在纠纷,以及对其持续经营的影响。请独立财务顾问和律师核查并发表明确意见。

问题五、申请文件显示,标的资产 2015 年至 2017 年的增资和股权转让中,股东肖四清、李鹏与增资方和股权受让方约定了包括“业绩承诺和补偿”“股份回售”“取得业绩补偿和回售的选择和保障”等内容的投资协议特殊条款。截至报告书出具日,上述特殊条款均已解除。请你公司:(1)结合投资协议特殊条款的约定,补充披露解除前述条款前,是否已触发需履行条款约定的情形以及是否按约定履行。(2)解除特殊投资条款履行的程序、是否存在潜在的法律纠纷以及对标的资产股权结构的影响。请独立财务顾问和律师核查并发表明确意见。

问题六、申请文件显示,出于境外上市的需要,有棵树的实际控制人肖四清自 2014 年开始搭建海外红筹架构。在海外红筹架构搭建尚未完成之际,肖四清与各相关主体协商一致,决定取消境外上市计划,拆除海外红筹架构。请你公司补充披露:(1)红筹架构是否彻底拆除,对标的资产股权结构的影响,是否存在诉讼等法律风险以及是否存在影响标的资产独立性的协议或其他安排。(2)拆除红筹架构中涉及的股权转让价款是否全部支付,增资资金是否全部到位。请独立财务顾问和律师核查并发表明确意见。

问题七、申请文件显示,标的资产历史上存在股权代持的情况。请你公司补充披露:(1)股权代持形成的原因,代持情况是否真实存在,被代持人是否真实出资,是否存在因被代持人身份不合法而不能直接持股的情况。(2)解除代持关系是否彻底,被代持人退出时有无签署解除代持的文件。(3)是否存在潜在的法律风险。请独立财务顾问和律师核查并发表明确意见。

问题八、请你公司补充披露:(1)境外子公司的主营业务以及是否均已取得开展经营活动所需的备案或资质。(2)美国有棵树从事仓储业务的许可有效期届满后的续期计划以及是否存在法律障碍。请独立财务顾问和律师核查并发表明确意见。

问题九、申请文件显示,上市公司主营业务为提供产业互联网 IT 服务及配套软硬件,标的资产主营业务为跨境电商。请你公司:(1)结合财务指标,补充披露本次交易完成后上市公司主营业务构成、未来经营发展战略和业务管理模式。(2)补充披露本次交易在业务、资产、财务、人员、机构等方面的整合计划、整合风险以及相应的管理控制措施。(3)结合上市公司实际控制人、管理团队的经历和背景,进一步补充披露本次重组后对标的资产进行整合及管控相关措施的可实现性。(4)补充披露上市公司主营业务多元化的经营风险,以及应对措施。(5)补充披露交易完成后上市公司适应标的资产所处跨境电商领域商业环境多变、产品发展更迭迅速相关特点,保持市场竞争优势和地位拟采取的措施及可实现性。请独立财务顾问核查并发表明确意见。

问题十、申请文件显示,标的资产主营业务为跨境电商出口业务,其经营主要是通过境外子公司在第三方平台设立的或控制的店铺实现海外销售。请你公司补充披露:(1)上市公司对标的资产跨境经营的管控措施、内部控制的有效性,是否存在跨境管控风险。(2)标的资产应对境外经营风险的具体措施。请独立财务顾问和律师核查并发表明确意见。

问题十一、申请文件显示,标的公司的主营业务是以B2C模式面向国外消费者,并依托eBay、亚马逊等第三方电商平台,将中国制造的产品销往世界各地100多个国家及地区。请你公司结合标的资产商品主要进口国近期的贸易政策和关税政策,补充披露标的资产报告期内是否存在涉及反倾销、反补贴等贸易调查,报告期内和可预见的未来年度主要产品类别进口关税税率的变化情况,以及前述情况对标的资产经营活动和盈利能力的影响,并充分提示相关风险。请独立财务顾问和律师核查并发表明确意见。

问题十二、请你公司补充披露标的资产报告期内是否存在刷评或刷单等不规范的营销行为。请独立财务顾问核查并发表明确意见。

问题十三、申请文件显示,有棵树除了直接向国内制造厂商采购产品外,还积极通过OEM模式培育自有品牌。请你公司补充披露:(1)有棵树自有品牌的产品类型和报告期内的销售占比。(2)有棵树通过OEM培育自有品牌产品是否存在知识产权侵权的风险以及应对措施。请独立财务顾问和律师核查并发表明确意见。

问题十四、申请文件显示,本次交易前,有棵树主营业务由跨境电商出口业务和“海豚供应链”(有棵树旗下的跨境电商进口业务)两部分构成。鉴于历史期跨境电商进口业务盈利能力较弱,且存在监管政策及市场环境的不确定性,经交易各方审慎考量及友好协商,有棵树明确以跨境电商出口业务作为未来业务发展核心,并对其跨境电商进口业务进行剥离,即以5140万元对价向日照青山绿水股权投资管理合伙企业(有限合伙)出售深圳市维康氏电子商务有限公司(以下简称维康氏电商)100%股权(标的资产先将旗下海豚供应链相关业务13家主体剥离整合至维康氏电商)。剥离完成后有棵树及其子公司体内不再包含跨境电商进口业务。请你公司:(1)补充披露上述剥离资产报告期内的主要财务数据,占标的资产相应指标的比例。(2)结合剥离资产历史业绩情况和未来发展趋势等,补充披露出售跨境电商进口业务的必要性及交易作价的合理性。(3)鉴于上述资产剥离事项的交易对方由标的资产实际控制人肖四清控制,补充披露标的资产未来是否面临与肖四清控制的实体存在竞争性业务的风险及解决措施。(4)补充披露上述资产剥离事项对本次交易评估值的影响。请独立财务顾问、会计师和评估师核查并发表明确意见。

问题十五、申请材料显示,标的资产主要从事跨境电商出口业务,客户通过在自营网站或第三方销售平台(如 eBay、亚马逊、Wish、速卖通等)下单并按公司指定的付款方式支付货款后,由公司委托物流公司将商品配送交付予给客户,公司在将商品发出并交付予物流公司时确认收入;对于 B2B 模式下,按照货物交付给客户作为风险报酬转移时点。请你公司:(1)补充披露报告期标的资产海外销售核查情况,包括但不限于采购合同、海外库存、销售情况、物流信息、收入成本确认等。(2)补充披露海外情况核查手段、核查范围的充分性、有效性及标的资产业绩特别是“第三方名义网店”业绩的真实性。请独立财务顾问、律师和会计师核查并发表明确意见。

问题十六、申请文件显示,对于销售退回业务,有棵树分两种情形进行会计处理:(1)对于当月退回的销售订单,有棵树将直接冲减营业收入;(2)对于当期未退回但仍处于退货期的销售业务,有棵树管理层将合理估计其退回概率并在会计期末冲减当期营业收入和营业成本,并计提相应的预计负债,期后实际发生上期销售订单的退货时,冲减计提的预计负债。请你公司:(1)按商品类别,补充披露报告期各会计年度标的资产实际发生的销售退回金额。(2)补充披露标的资产针对各类商品制定的退货期及收取退货费用的政策;对于仍处于退货期的销售业务,标的资产预计的退货比例及合理性。请独立财务顾问和会计师核查并发表明确意见。

问题十七、申请文件显示,标的资产 2016 年度、2017 年度销售费用占营业收入的比例约为 40% 。请你公司:(1)补充披露销售费用中平台交易费、订单执行费的具体内容,并结合确认依据及标准以及同行业可比公司情况,说明发生额的合理性。(2)结合报告期内标的资产收入变动情况,补充披露运输费发生金额的合理性。请独立财务顾问和会计师核查并发表明确意见。

问题十八、申请文件显示,标的资产主营的跨境电商出口业务需要企业置备一定规模的存货,以快速响应市场需求,保证存货供应的充足性及物流运输的及时性,提升境外终端客户的消费体验。随着报告期内标的资产营业收入及净利润的快速增长，存货账面余额大幅增长，2016年底为3.87亿元，占流动资产的28.56%，2017年底为8.32亿元，占流动资产的49.82%。存货的周转速度和管理水平将直接影响标的资产的资产流动性和业绩增长的可持续性，如果销售迟滞导致存货周转不畅，将对标的资产的偿债能力和资金周转能力带来不利影响。请你公司：(1)结合报告期内标的资产营业收入增长情况、业务范围及运营模式变动情况等，补充披露标的资产存货余额变动的合理性。(2)按照存货库龄维度补充披露报告期各会计期末存货账面余额、跌价准备和账面价值情况，针对跌价准备列示计提金额的具体计算依据，并分析期末余额是否充分反映了存货的滞销风险。(3)补充披露标的资产应对存货滞销风险的相关措施及实施效果。请独立财务顾问和会计师核查并发表明确意见。

问题十九、申请文件显示，标的资产日常经营主要以跨境出口零售业务为主，上述销售、采购的主要结算货币为外币。若未来汇率出现大幅波动，存在对公司财务状况造成不利影响的风险。请你公司补充披露：(1)汇率变动对标的资产财务状况的具体影响方式及预期效果。(2)标的资产应对汇率变动影响的相关措施及有效性。

问题二十、请你公司：(1)补充披露收益法评估中，各类业务营业收入预测数据的具体预测参数和依据。(2)结合标的资产历史业绩、市场占有率、竞争优势、发展前景、行业变动趋势等，补充披露收入预测数据的可实现性。请独立财务顾问和评估师核查并发表明确意见。预测的依据及合理性，请独立财务顾问和评估师核查并发表明确意见。

问题二十二、申请文件显示，本次发行股份及支付现金购买资产的交易对方为有棵树的32名股东，请你公司：(1)补充核查交易对方中的有限合伙、以持有标的资产股份为目的的公司，并披露每层股东、合伙人等投资主体取得相应权益的时间、出资方式、资金来源等信息。(2)补充披露上述穿透披露情况在重组报告书披露后是否曾发生变动。(3)如最终出资的法人或自然人取得标的资产权益的时点在本次交易停牌前六个月内及停牌期间，且为现金增资，补充披露穿透计算后的总人数是否符合《证券法》第10条发行对象不超过200名的相关规定。(4)补充披露交易对方中的有限合伙企业是否专为本次交易设立，是否以持有标的资产为目的，是否存在其他投资，以及合伙协议约定的存续期限。(5)如专为本次交易设立，补充披露交易完成后最终出资的法人或自然人持有合伙企业份额的锁定安排。请独立财务顾问和律师核查并发表明确意见。

问题二十三、申请文件显示，有棵树股票于2016年4月6日起在全国中小企业股份转让系统挂牌公开转让,2017 年 9 月 18 日起在全国股转系统终止挂牌。请你公司补充披露:(1)标的资产股东方决定终止挂牌的原因。(2)标的资产在股转系统挂牌以来信息披露的合规性。(3)本次重组披露信息与挂牌期间披露信息是否存在差异。(4)本次交易估值与标的资产在全国中小企业股份转让系统挂牌期间市值的差异情况及合理性。请独立财务顾问和律师核查并发表明确意见。

问题二十四、申请文件显示,本次交易独立财务顾问为海通证券股份有限公司,交易对方中的上海海通创新赋泽投资管理中心(有限合伙,以下简称海通赋泽)和深圳海通创新元睿投资管理中心(有限合伙,以下简称海通元睿)的执行事务合伙人均为海通证券控股的海通创新资本管理有限公司。海通赋泽和海通元睿 2015 年 7 月增资入股标的资产,目前持有标的资产 1. 6218% 的股份,交易完成后将持有上市公司 0. 59% 的股份。请你公司结合前述交易对方的投资收益和本次交易独立财务顾问费,补充披露前述情形对财务顾问独立性的影响以及是否符合《上市公司并购重组财务顾问业务管理办法》第十七条规定。请独立财务顾问和律师核查并发表明确意见。

问题二十五、申请文件显示,上市公司拟发行股份及支付现金向肖四清等 32 位交易对方购买其持有的有棵树 99. 9991% 股权。请你公司补充披露本次交易未购买有棵树 100% 股权的原因以及目前是否存在收购剩余股权的计划或安排。请独立财务顾问核查并发表明确意见。

问题二十六、请你公司补充披露上市公司前次重组相关资产运行情况及承诺履行情况。请独立财务顾问核查并发表明确意见。

参考文献

1. 崇越资本:《2018 新三板并购盘点》,载 https://mp.weixin.qq.com/s/V0iBUOcISIka VdErWn3A8A2018。

2. 韩廷宾:《东方略 7000 万美元拿下 HPV 治疗性疫苗迈出生物医药坚实一步》,载挖贝网,http://www.wabei.cn/roll/index.html。

3. 邵好、乔翔:《并购重组支付差异化玄机》,载《上海证券报》2015 年 11 月 10 日。

4. 老盈盈:《赛腾股份尝鲜首单投行揭秘定向可转债并购运作》,载《经济观察报》2018 年 11 月 17 日。

5.《2018 新三板并购蓝皮书》,载新三板智库中国并购基金网,http://www.mafund.cn。

6. 佚名:《新三板企业重大资产重组法律实务》,载微信公众平台,https://mp.weixin.qq.com。

7. 付立春:《东北新三板 2019 年策略报告之一:政策跌宕起伏重大增量改革或将落地》,载新浪财经频道,http://vip.stock.financs.sina.cn/q/go.php/vReport_show/kind/lastest/rptid/4412255/index.phtml。

8.《2018 年港股破发潮! 5 家就有 1 家发行失败发得出去已经赢了》,载金股街网,http://www.jingujie.com/dongtail/117275-2.html。

图书在版编目(CIP)数据

新三板股票发行与重组并购操作实务与图解 / 刘婷编著. -- 修订本. -- 北京 : 法律出版社, 2019
ISBN 978 - 7 - 5197 - 3472 - 5

Ⅰ. ①新… Ⅱ. ①刘… Ⅲ. ①上市公司－企业管理－中国－图解 Ⅳ. ①F279.246 - 64

中国版本图书馆 CIP 数据核字(2019)第 089751 号

新三板股票发行与重组并购操作实务与图解
(修订版)
XINSANBAN GUPIAO FAXING YU CHONGZU BINGGOU CAOZUO SHIWU YU TUJIE(XIUDINGBAN)

刘 婷 编著

策划编辑 郑 导
责任编辑 郑 导
装帧设计 马 帅

出版 法律出版社
总发行 中国法律图书有限公司
经销 新华书店
印刷 固安华明印业有限公司
责任校对 周合芝
责任印制 张建伟

编辑统筹 独立项目策划部
开本 710 毫米 × 1000 毫米 1/16
印张 16.5
字数 216 千
版本 2019 年 6 月第 2 版
印次 2019 年 6 月第 1 次印刷

法律出版社/北京市丰台区莲花池西里 7 号(100073)
网址/www. lawpress. com. cn
投稿邮箱/info@ lawpress. com. cn
举报维权邮箱/jbwq@ lawpress. com. cn
销售热线/010 - 83938336
咨询电话/010 - 63939796

中国法律图书有限公司/北京市丰台区莲花池西里 7 号(100073)
全国各地中法图分、子公司销售电话:
统一销售客服/400 - 660 - 6393
第一法律书店/010 - 83938334/8335
西安分公司/029 - 85330678
重庆分公司/023 - 67453036
上海分公司/021 - 62071639/1636
深圳分公司/0755 - 83072995

书号:ISBN 978 - 7 - 5197 - 3472 - 5
定价:65.00 元
(如有缺页或倒装,中国法律图书有限公司负责退换)